Gerald Sittser

Du lässt mich Freiheit atmen

*Wie Gottes Wille uns zu guten
Entscheidungen führt*

BRUNNEN

VERLAG GIESSEN · BASEL

Titel der amerikanischen Originalausgabe:
The Will of God as a Way of Life.
Finding and Following the Will of God
Zondervan Publishing House, Grand Rapids, Michigan.
Copyright © 2000 by Gerald Sittser

Aus dem Amerikanischen von
Ulrike Becker
Lektorat: Renate Hübsch

Bibelzitate erfolgen in der Regel nach der Übersetzung:
Hoffnung für alle
© 1996 by International Bible Society
Übersetzung: Brunnen-Verlag Basel und Gießen

© der deutschen Ausgabe:
2002 Brunnen Verlag Gießen
Umschlagmotiv: IFA Bilderteam, Frankfurt
Umschlaggestaltung: Ralf Simon
Satz: DTP Brunnen
Druck und Bindung: Wiener Verlag, Himberg
ISBN 3-7655-1817-4

Für meine Kinder
Catherine, David und John –
sie sind ganz eindeutig
Gottes Wille für mein Leben.

INHALT

Danksagung   7

TEIL EINS: DEN WILLEN GOTTES ERKENNEN

1. Die Zukunft ist offen ...   9
2. Unsere erstaunliche Freiheit   25
3. Hindernisse   40
4. Gehorsam als Lebensstil   54

TEIL ZWEI: DIE EIGENE LEBENSBERUFUNG FINDEN

5. Berufung und Beruf   66
6. Entdecken, was ich tun soll   81
7. Viele Berufungen – ein einziges Leben   103

TEIL DREI: DEM GEHEIMNIS STANDHALTEN

8. Mit Widersprüchen leben   124
9. Leid achtet keine Grenzen   143
10. Im Leid nicht untergehen   159

TEIL VIER: LEBEN ZWISCHEN
GESTERN UND MORGEN

11. Sich dem Unabänderlichen stellen   170
12. Sich von den Schatten der Vergangenheit
    befreien lassen   183

13. Die Zukunft vorbereiten   194

14. In der Gegenwart leben   207

TEIL FÜNF: ENTSCHEIDUNGEN TREFFEN

15. Die kleinen Dinge wichtig nehmen   224

16. Entscheidungen treffen   240

17. Alles wird gut   258

Anmerkungen   266

DANKSAGUNG

Was mich dazu brachte, ein Buch über den Willen Gottes zu schreiben, erzähle ich ausführlicher im ersten Kapitel. Aber an dieser Stelle mag eine kurze Erklärung hilfreich sein. Die Frage nach dem Willen Gottes beschäftigt mich seit meiner Studienzeit. Dieses Buch ist der Niederschlag dessen, was mich über Jahre im Nachdenken, in Gesprächen, im Ringen um ein Verständnis beschäftigt hat. Es geht mir nicht darum, fünf einfache Schritte zu skizzieren, wie man den Willen Gottes erkennt; ich möchte vielmehr einen Verständnishorizont für die Frage nach Gottes Willen eröffnen. Wenn meine Leser nach der Lektüre dieses Buches einen klareren Blick dafür haben, wie der Wille Gottes in ihrem Leben konkret wird, und zwar genau in der Situation, in der sie sind, dann hätte ich mein Ziel erreicht.

Die Ersten, die diese Ideen vor Jahren getestet haben, waren meine Studenten. Ihre Fragen und Einsichten bestätigten mir, was ich schon immer ahnte – die Lernenden sind die eigentlichen Lehrer. Ich habe an der Frage nach Gottes Willen mit Leuten gearbeitet, die ein persönliches Interesse an einer Antwort hatten – Studenten fragen sehr intensiv danach, wie Gottes Weg für sie aussieht. Sie haben mir entscheidend geholfen, die Ideen zu entwickeln, die ich hier vorstelle. Ich danke ihnen für ihr leidenschaftliches Fragen, das sie zu so guten Lehrern für mich gemacht hat.

Bücher entstehen als Gemeinschaftsprodukte, auch wenn meist nur ein Name auf dem Umschlag erscheint. Deshalb möchte ich hier noch die Menschen erwähnen, die an der einen oder anderen Stelle einen Beitrag zu diesem Buch geleistet haben. Jim Edwards und Karen Peterson Finch haben mir in einem frühen Stadium des Buches durch ihre kritische Rückmeldung weitergeholfen. Laura Bloxham empfahl mir Romane, die mein Verständnis für das menschliche Ringen darum, den Willen Gottes zu erkennen, erweiterten. Marcia Everett verdanke ich ebenfalls hilfreiche Hinweise auf relevante Bücher sowie eine kritische Durchsicht meines Manuskriptes. Meine Schwester und ihr Mann haben mir großartigen Rückhalt gegeben. Bill Robinson, Forrest Baird, Andrea Palpant, Tad Wisenor, Katie Wisenor, Bob Mitchell, Janelle Thayer, Todd und Monica Holdridge und Kelly Walsh lasen meine Entwürfe und gaben mir hilfreiche Kommentare. Für das, was ich geschrieben habe, übernehme ich die volle Verantwortung. Aber diesen Freunden danke ich dafür, dass sie mich ermutigt und herausgefordert haben, mein Bestes zu geben.

Am meisten verdanke ich meinen drei Kindern: Catherine, David und John. Sie gaben mir nicht nur die Zeit, die nötig war, um das Buch fertig zu stellen, sondern haben mich auch mit Interesse an dem Projekt begleitet. Der entscheidendste Beitrag, den sie zu diesem Buch geleistet haben, ist nicht so offensichtlich, aber umso bedeutender: Durch sie habe ich mehr über den Willen Gottes gelernt, als sie jemals ahnen – einfach, weil sie der Wille Gottes für mein Leben *sind*. In Liebe, Dankbarkeit und Treue widme ich ihnen dieses Buch.

Teil eins
Den Willen Gottes erkennen

1
Die Zukunft ist offen ...

In den ersten zwanzig Jahren meines Lebens war ich mir völlig sicher, den Willen Gottes für mein Leben zu kennen. Ich würde einmal Medizin studieren und Arzt werden. Darüber war ich mir so sicher wie über die Tatsache, dass es nicht leicht sein würde, dieses Ziel zu erreichen. Ich ging noch zur Schule, da unterhielt ich mich schon ernsthaft mit einem plastischen Chirurgen über die Möglichkeit, nach dem Studium in seiner Praxis einzusteigen. Er lud mich in sein Ferienhaus ein und zeigte mir Dias über seine Arbeit. Als ich dann ans College kam, schrieb ich mich voller Begeisterung für mathematische und naturwissenschaftliche Seminare ein. Ich kannte nur ein Ziel. Alles andere betrachtete ich als ablenkend und störend – etwa so lästig wie Hausarbeit an einem heißen Sommertag.

Doch ich machte einen entscheidenden Fehler bei der Auswahl der Universität. Das College, das ich wählte, hatte eine stark geisteswissenschaftliche Ausprägung, Naturwissenschaften waren zwar vertreten, aber man konnte keinen anerkannten naturwissenschaftlichen Abschluss erwerben. Das Studium dort war auf breite Allgemeinbildung angelegt. Um also am *Hope College* meinen Abschluss zu machen, musste ich Dostojevski lesen, Beethoven hören, mich mit den Ursachen des Krimkriegs auseinander setzen und stilistisch überzeugende Essays schreiben.

Ich hatte genauso viel Lust, mich mit geisteswissenschaftlichen Seminaren herumzuschlagen wie als Urlaubslektüre ein Lexikon zu lesen. Aber ich hatte kaum eine Wahl. Im ersten Semester schrieb ich mich für ein Literaturseminar ein, in dem es um das Verfassen eigener literarischer Texte ging. Jahrelang hatte ich mich durch literarische Werke nur hindurchgequält; selbst verfasst hatte ich nur dann etwas Literarisches, wenn meine Lehrerin mich dazu zwang. Glücklicherweise kannte sich meine Professorin mit Typen wie mir aus. Sie war engagiert, von ihrer Sache überzeugt und eine Expertin im Umgang mit literarisch uninteressierten Studenten. Als ich ihr gegenüber einmal kundtat, dass ich dieses lästige Seminar eigentlich nicht bräuchte, weil ich ohnehin nicht vorhätte, einmal als Autor meine Brötchen zu verdienen, sagte sie nur: „Jerry, man weiß nie, wo man beruflich einmal landet."

Sie hatte natürlich Recht. Ich landete sehr weit von dem Ziel entfernt, das mir so eindeutig als Gottes Wille für mein Leben erschienen war. Ich besuchte nie eine medizinische Fakultät; stattdessen bewarb ich mich an einem theologischen Seminar. Ich wurde nicht Arzt, sondern Pfarrer. Später schloss ich noch ein Studium an und nun bin ich Theologieprofessor, unterrichte an einem College - und in meiner freien Zeit schreibe ich Bücher. Mit Worten umzugehen ist ein zentraler Bestandteil meiner Arbeit. So wurde dieses Literaturseminar in meinem ersten Studienjahr noch sehr nützlich für mich, und meine damalige Dozentin erwies sich als Prophetin. Es sollte sich zeigen, dass sie und das Seminar eine wichtige Vorbereitung auf eine Berufung werden sollten, die mir damals nicht im Traum in den Sinn gekommen wäre.

Wir können die Zukunft nicht vorhersagen

Aus dieser Erfahrung lernte ich eine wichtige Lektion: *Wir wissen nie, wie die Dinge ausgehen werden.* Was uns als der

Weg erscheint, den wir einschlagen sollen, kann sich so plötzlich wenden wie das Wetter an der Küste. Deshalb ist es nur weise, wenn wir auf unserem Weg im Gespräch bleiben mit Gott und auf seine Weisungen achten, selbst wenn es sich um Nebensächlichkeiten zu handeln scheint – etwa um die Fähigkeit, gute Aufsätze zu verfassen oder ein Literaturseminar zu besuchen. Vielleicht ist es ja der Wille Gottes, dass wir gerade diesen nebensächlichen Dingen unsere Aufmerksamkeit widmen, während unsere wenig greifbaren Zukunftspläne uns nur vom Wesentlichen abhalten.

Im Rückblick auf die 49 Jahre meines Lebens entdecke ich ein wiederkehrendes Muster. Immer wieder war ich fest davon überzeugt zu wissen, wohin mein Lebensweg führen soll; doch schließlich gelangte ich in eine völlig andere Richtung. Und diese völlig andere Richtung erwies sich als der Weg Gottes für mich. Mit zwanzig war ich überzeugt davon, dass ich nach Gottes Willen einen medizinischen Beruf ergreifen sollte. Stattdessen wurde ich Pfarrer. Mit dreißig hatte ich vor, auch langfristig im Gemeindedienst zu bleiben; doch heute unterrichte ich an einer Universität. Mit vierzig hatte ich keinerlei Ambitionen, schriftstellerisch tätig zu werden; und nun bin ich dabei, dieses – mein fünftes – Buch zu schreiben. An jedem dieser Punkte glaubte ich, den Willen Gottes für mein Leben zu kennen. Ich meinte Bescheid zu wissen. Aber die Dinge verliefen anders, als ich es geplant hatte.

Vor ein paar Jahren schließlich kam mir der Gedanke, dass ich entweder mit notorischer Regelmäßigkeit am Willen Gottes vorbei lebte oder dass ich ein falsches Verständnis davon hatte, was der Wille Gottes überhaupt ist. Die erste Möglichkeit erschreckte mich zutiefst, denn ich hatte schon so lange gelebt und so viele irreversible Entscheidungen getroffen (z. B. zu heiraten und Kinder zu haben), um noch auf einen völligen Neuanfang hoffen zu können. Außerdem gab es zu viele Anzeichen, die gegen die Annahme sprachen, ich hätte den Willen Gottes völlig verfehlt – z.B. meine Zufriedenheit mit dem Leben und meine Freude an meiner Arbeit. Es schien mir unvorstellbar, dass jemand unabsichtlich so weit vom Kurs abkommen sollte, ohne es zu merken.

So kam ich zu dem Schluss, dass ich wohl ein falsches Verständnis davon hatte, was der Wille Gottes eigentlich ist. Wie ein Detektiv, der eine falsche Spur nach der anderen verfolgt hat, beschloss ich, dass ich eine völlig andere Perspektive wählen müsse, um den Willen Gottes zu betrachten. Das sollte eine der spannendsten Entscheidungen meines Lebens werden.

Ein tragischer Verlust

Die Tatsache, dass wir die Zukunft unmöglich voraussagen können, war der erste Anstoß dazu, in der Frage nach dem Willen Gottes neue Wege einzuschlagen. Doch es war nicht der Einzige. Ein Zweites kam hinzu: Ich musste einen tragischen Verlust hinnehmen. Ich hatte meine Frau Lynda mit einundzwanzig Jahren geheiratet. Ich war mir damals sicher gewesen, *die* Frau fürs Leben gefunden zu haben. Ich wäre nie auf den Gedanken gekommen, es könne andere geben, die Gott an meine Seite hätte stellen wollen. Lynda und ich hatten manche Auseinandersetzungen, wie die meisten Ehepaare. Doch ich hatte nie Zweifel daran, dass Lynda die Richtige für mich war. Ich nahm einfach an, dass ich mit ihr meinen Lebensabend verbringen würde – als ob die richtige Partnerwahl das garantieren könnte.

Jahrelang wünschten wir uns vergeblich Kinder. Doch schließlich wurde Lynda schwanger und in den folgenden sechs Jahren bekamen wir vier Kinder, zwei Mädchen und zwei Jungen. Als John, unser Jüngster, zu Welt kam, war sie gerade vierzig geworden. Alle unsere Freunde beglückwünschten uns zu unserer Traumfamilie. Und wir beide waren unendlich glücklich. Wir lebten in der unerschütterlichen Gewissheit, den Willen Gottes zu kennen und zu tun.

Dieses Hochgefühl endete urplötzlich im Herbst 1991. Wir befanden uns auf der Heimfahrt von einem Volksfest in einem Indianerreservat auf einem einsamen Highway in Idaho. Ein betrunkener Autofahrer raste mit 140 Stundenkilometern auf dieser Straße entlang, verlor beim Spurwechsel die Kontrolle über seinen Wagen und kollidierte mit unserem Minivan. Lynda, meine vierjährige Tochter Diana Jane und meine Mutter Grace, die uns übers Wochenende besucht hatte, kamen bei diesem Unfall ums Leben. John, der zu diesem Zeitpunkt gerade mal zwei Jahre alt war, wurde schwer verletzt. Catherine (damals acht), David (sieben) und ich wurden verletzt, mussten aber nicht ins Krankenhaus.

Diese Erfahrung stürzte mich in ein permanentes Schwindelgefühl; lange kämpfte ich darum, mein inneres Gleichgewicht wieder zu finden. Ich hatte angenommen, meine Ehe mit Lynda sei ebenso Gottes Wille gewesen wie unsere wunderbaren Kinder und das glückliche, stabile und offensichtlich gesegnete Leben, das wir geführt hatten. Wir waren, wie uns so viele bestätigt hatten, eine „Traumfamilie" gewesen. Wie konnte Gott eine solche Tragödie zulassen?

Ich konnte nicht glauben, dass Gott seine Meinung darüber, was er mit uns vorhatte – eine glückliche Ehe und eine gesunde Familie –, so plötzlich geändert haben sollte. Wie aber sollte nun mein Leben als allein erziehender Vater von drei Kindern, die unter einem schweren Trauma litten, ebenso in Gottes Absichten liegen? Der Unfall zwang mich dazu, meine Ansichten über den Willen Gottes noch einmal zu überdenken. Hatte Gott für mich denn nur ein „gutes, glückliches Leben" geplant? Wenn ich das annahm, wie sollte ich dann das Leid einordnen, das ich erfahren hatte? Oder hatte Gott etwas ganz anderes mit mir vor – etwas, das zwar auch gut war, zugleich aber auch schwer und schmerzlich?

Wenn das der Fall war, musste ich mich der Tatsache stellen, dass ich den Willen Gottes gründlich missverstanden hatte.

Dieser zweite Hinweis – für mich eine grausame Entdeckung – machte mich fast verrückt. Ich saß stundenlang schweigend da und war unfähig und vermutlich auch gar nicht bereit, irgendeinen Sinn in dem Geschehenen zu erkennen. Zunächst konnte ich gar nicht nüchtern darüber nachdenken. Mein innerer Schmerz benebelte meine Sinne, so als wäre ich gerade aus einer Narkose erwacht. Doch mit der Zeit versuchte ich, über das Erlebte nachzudenken und den Sinn dahinter zu erfassen.

Auch las ich die Bibel mit neuen Augen. Und die Bibel war es, die mir einen dritten und letzten Gedankenanstoß gab. Ich werde darauf im nächsten Kapitel näher eingehen. Ich entdeckte in der Bibel, dass sie den Willen Gottes kaum als einen Weg für unsere Zukunft beschreibt, den wir entdecken und einschlagen müssten. Stattdessen warnt uns die Bibel davor, aus Angst vor dem, was sein wird, Vermutungen über die Zukunft anzustellen. Vielmehr sichert sie uns zu, dass Gott die Dinge in der Hand hat, und fordert uns auf, den Willen Gottes, den wir für das Hier und Jetzt erkannt haben, auch zu tun.

Ein verbreitetes Missverständnis

Ich weiß nicht mehr, wo und wann ich mir den traditionellen Ansatz über Gottes Willen zu Eigen machte. Ich denke, ich habe ihn einfach als biblische Wahrheit hingenommen und nicht weiter darüber nachgedacht, genauso wie man die Reihenfolge der Buchstaben des Alphabets kommentarlos akzeptiert. Dieser Ansatz versteht den Willen Gottes als einen speziellen Weg für unsere Zukunft, den wir einschlagen sollen. Gott kennt diesen Weg und hat ihn für uns vorbereitet. Wir sind dafür verantwortlich, diesen Weg zu entdecken – den Plan Gottes für unser Leben. Wir haben die Aufgabe, unter den vielen möglichen Wegen den von Gott vorgezeichneten herauszufinden. Wenn wir die richtige Wahl treffen, ernten wir dafür Gottes Wohlwollen; wir leben gemäß unserer Berufung und unser Leben gelingt.

Wenn man diesem Ansatz folgt, wird das Leben zu einem Irrgarten, sobald eine Entscheidung ansteht. Es gibt nur einen Weg, der weiterführt. Alle anderen Wege sind Sackgassen; die Entscheidung, ihnen zu folgen, ist eine Fehlentscheidung. Gott kennt natürlich den richtigen Weg. Er hat ihn ja schließlich für uns ausgesucht. Und wir müssen diesen Weg finden. Darum besitzen unsere Entscheidungen ein ungeheures Gewicht. Wenn wir die richtige Wahl treffen, werden wir Gottes Segen erfahren und Erfolg und Glück erleben. Wenn wir uns falsch entscheiden, leben wir am Willen Gottes vorbei und bleiben für immer in einem undurchdringlichen Labyrinth gefangen.

Deshalb bitten wir Gott um Führung. Wir suchen nach Zeichen, fragen andere um Rat, lesen die Bibel, um darin Hinweise zu finden, und prüfen unser Herz. Wir hoffen auf ein eindeutiges Zeichen Gottes. Am liebsten hätten wir eine Stimme, die vom Himmel zu uns herabschallt. Doch schließlich kommt der Augenblick, in dem wir uns entscheiden müssen. Wir müssen unter den vielen Colleges, an denen wir uns beworben haben, eines auswählen. Wir müssen ein Stellenangebot annehmen oder ablehnen. Wir müssen uns für eine Heirat entscheiden oder die Beziehung beenden. Wir müssen das neue Haus kaufen oder bleiben, wo wir sind. Wir müssen *einen* Weg gehen und alle anderen verwerfen.

Doch schon nagt eine bohrende Frage in unseren Gedanken. Der Zweifel plagt uns wie die Erinnerung an einen bösen Traum, die nicht verblassen will. Was ist, wenn wir die verkehrte Entscheidung getroffen haben? Was soll aus uns werden, wenn wir am Willen Gottes vorbei leben? Was ist, wenn unser Weg uns in eine Sackgasse führt?

Was zählt denn eigentlich wirklich?

Viele Jahre habe ich mich an diesen Ansatz gehalten, um den Willen Gottes für mein Leben zu analysieren und zu entdecken. Ich tat das nicht bewusst. Wäre ich kritischer mit diesem Ansatz umgegangen, wären mir sicher Zweifel gekommen. Ich nahm dieses Modell einfach als richtig hin und folgte ihm mit einem guten Maß an Bauchweh. Ich wollte möglichst keine Fehler machen.

Doch mit der Zeit fand ich heraus, dass dieser Ansatz Probleme mit sich bringt. Zum einen lenkt er unsere Aufmerksamkeit auf vermeintlich wichtige Entscheidungen über unsere Zukunft; die kleinen, scheinbar unwichtigen Alltagsentscheidungen bleiben unbeachtet. Wir überlegen uns zum Beispiel genau, auf welche Schule oder Universität wir gehen, welchen Beruf wir ergreifen oder wen wir heiraten sollen. Das ist durchaus vernünftig, denn diese Entscheidungen haben weitreichende Konsequenzen. Aber wir machen uns kaum Gedanken über unseren Fernsehkonsum oder darüber, wie viel wir telefonieren oder wie selten wir unsere Kinder loben. Doch unsere kleinen täglichen Alltagsentscheidungen besitzen eine kumulative Wirkung, die oftmals weit größere Auswirkungen hat als die großen Entscheidungen, die wir hin und wieder über unsere Zukunft fällen.

Wenn ich heute zurückblicke, was für eine Qual die Entscheidung zwischen Medizin und Theologie in meinen College-Tagen mit sich brachte, so bin ich einerseits amüsiert, andererseits ist es mir peinlich. Diese Entscheidung blockierte mich über Monate hinweg. Ich betete, suchte seelsorgerlichen Rat, dachte lange und angestrengt über die Vor- und Nachteile beider Optionen nach. Ich wollte wissen, welcher der beiden Wege dem Willen Gottes entsprach. Doch egal wie verbissen ich auch suchte, ich konnte die Entscheidung nicht mit dem sicheren Gefühl fällen, zweifelsfrei nach Gottes Willen gehandelt zu haben. Mir ging es wie einem Wanderer, der nach einer langen Reise an eine Wegkreuzung ohne Beschilderung kommt. Ich musste meine Entscheidung treffen, ohne mir sicher sein zu können, dass ich den richtigen Weg gewählt hatte. Ich fühlte mich verwirrt und elend.

Bei alledem hatte ich nicht bemerkt, wie sehr mich diese qualvolle Entscheidungsprozedur verändert hatte. Ich war so mit mir selbst beschäftigt wie ein Kind, das sich im Spiegel betrachtet, und so unausstehlich wie eine gereizte Katze. Meine Frau Lynda holte mich schließlich aus meiner Selbstbespiegelung heraus. „Wen interessiert es denn schon, wofür du dich entscheidest?", fragte sie mich. „Ich jedenfalls möchte einfach nur meinen Ehemann wiederhaben!" Ironischerweise machte ich mir so viele Gedanken über meine Entscheidung, dass ich die nahe liegenden Personen und Dinge völlig vergaß. Ich hatte Lynda vernachlässigt, ich verlor das Interesse an meinem Studium und übersah meine alltäglichen Pflichten. Ich dachte fast nur noch an mich selbst.

Natürlich hatte Lynda die treffende Frage gestellt. Durch diese Frage wurde ich aus meiner Obsession herausgerissen. Ich fing an, die Entscheidung als solche zu hinterfragen. „Ist es denn wirklich wichtig, für welche Möglichkeit ich mich entscheide?", fragte ich mich. Ich kannte sowohl Ärzte als auch Pfarrer, die Schurken waren. Ich wusste also, dass keiner dieser beiden Berufe mich automatisch zu einem guten Menschen machen würde oder die Garantie mit sich brächte, einem noblen Zweck zu dienen. Ich hatte mittlerweile herausgefunden, dass kaum ein Beruf in sich gut oder schlecht ist – und das galt auch für die Medizin und die Theologie. Vielleicht würde ich ein neuer Albert Schweitzer oder Billy Graham. Vielleicht würde ich aber auch ein weiterer KZ–Arzt oder evangelisierender Scharlatan. *Wie* ich in einem Beruf – ob Medizin, ob Theologie – wirken konnte, hing von meinem Charakter, meinen Überzeugungen und meiner Kompetenz ab.

So kam ich zu dem Schluss, dass es nicht so wichtig war, ob ich Medizin oder Theologie studierte. Wenn ich nicht auf die kleinen Alltagsentscheidungen Acht hatte – ein fleißiger Student oder ein liebevoller Ehemann oder ein verantwortungsbewusster Christ zu sein –, dann konnte mir keiner dieser Wege die Frucht einbringen, die ich mir für mein Leben wünschte.

Wir müssen uns daher nicht verrückt machen, wenn es um wichtige Zukunftsentscheidungen geht, und meinen, wir könnten den Willen Gottes für unser Leben verpassen. Wir müssen nur das tun, was wir heute schon als richtig erkannt haben. Gott hat in den wesentlichen Fragen bereits deutlich gesprochen. Unsere Alltagsentscheidungen – wenn wir beschließen, nach einem Streit uns mit unserem Ehepartner zu versöhnen, einem unfreundlichen Kollegen mit Achtung zu begegnen oder um Gottes Hilfe zu bitten, wenn wir gerade nicht den Eindruck haben, dass wir sie besonders brauchen –, solche Alltagsentscheidungen bestimmen, ob wir den Willen Gottes tun oder nicht. Wenn wir Schwierigkeiten haben, beruhen sie nicht auf einem Mangel an Erkenntnis, sondern vielmehr auf unserer mangelnden Bereitschaft, das bereits Erkannte umzusetzen.

Natürlich gibt es trotzdem immer noch Entscheidungen über unsere Zukunft, die uns schwer fallen, z.B. die Wahl zwischen einem Medizinstudium und der Theologie. Wir müssen solche Entscheidungen fällen und sie sind in den seltensten Fällen leicht. Und dennoch sind sie von sekundärer Bedeutung. Die Frage, wer wir sein wollen und wie wir tagtäglich leben, bestimmt unsere generelle Flugbahn. Vielleicht sagt uns die Bibel deswegen so wenig über den Willen Gottes für unsere Zukunft und so viel darüber, was wir tun sollen, um seinen Willen hier und jetzt zu erfüllen.

Verbirgt Gott etwas vor uns?

Das oben beschriebene Verständnis des Willens Gottes birgt ein weiteres Problem. In ihm äußert sich eine falsche, negative Sicht Gottes. Dieser Ansatz geht davon aus, dass Gott aus irgendeinem Grund etwas vor uns verborgen hält, und wir müssen danach suchen – so eine Art geistliches Versteckspiel. Nach diesem Denkansatz verbirgt Gott seinen Willen vor uns, und wir müssen uns auf die Suche danach machen. Er scheint Freude daran zu haben, uns die Suche schwer zu machen. Er versteckt sich lieber, als sich finden zu lassen; uns zu frustrieren, bereitet ihm mehr Spaß, als uns die Freude zu gönnen, seinen Willen entdeckt zu haben.

Durch meine eigenen Kinder habe ich jedoch sowohl Gott als auch dieses Spiel mit neuen Augen zu sehen gelernt. Als meine Kinder noch klein waren, spielten wir häufig im Winter oder bei Regenwetter im Haus Verstecken. Manchmal habe ich mich versteckt und manchmal die Kinder. Ich war im Verstecken gewöhnlich besser. Aber ich habe ihnen immer kleine Hinweise gegeben, damit sie mich leichter finden konnten. Wenn sie mein Versteck gefunden hatten, quietschten sie vor Freude, denn mich zu finden, war ihr größtes Vergnügen.

Der Spaß bei diesem Spiel war, gefunden zu werden, nicht sich zu verstecken. Das Verstecken diente nur dem Jubel, wenn man schließlich gefunden wurde. Dann umarmten wir uns und lachten. Und das Wichtigste bei diesem Spiel war die Beziehung zwischen meinen Kindern und mir, und eben diese Beziehung wurde durch das Spiel gestärkt. Niemals kam es mir in den Sinn, mich so gut zu verstecken, dass die Kinder mich nicht finden würden.

Durch dieses simple Spiel mit meinen Kindern wurde mir etwas deutlich über den Willen Gottes. Ist sein Wille denn etwas, was wir erst entdecken müssen, oder etwas, was wir bereits kennen? Ist er etwas, was Gott vor uns verborgen hat und was wir mühsam herausfinden müssen, oder ist er etwas, was wir einfach nur tun müssen? Ich gehe davon aus, dass Gott dort, wo es nötig ist, eine sehr klare Sprache spricht. Er spielt doch keine geistlichen Spielchen mit uns, um uns zu frustrieren. Wir bedeuten ihm noch viel mehr, als unsere Kinder uns bedeuten. Er freut sich an uns. Er will, dass wir seinen Willen tun, weil er genau weiß, dass nur das uns letztlich glücklich machen wird. Gott hat schon genug Mühe damit, uns davon zu überzeugen, *dass* wir seinen Willen tun sollen. Warum sollte er es sich und uns noch schwerer machen, indem er diesen Willen vor uns verbirgt? Hat Gott seinen Willen so undurchsichtig und unergründlich dargestellt?

Was wäre denn, wenn wir eine falsche Entscheidung treffen? Bedeutet eine Fehlentscheidung, dass ich den Willen Gottes für mein Leben für immer verloren habe? Nehmen wir an, ich habe mich entschlossen, Leiter einer Firma oder Abteilung zu werden, obwohl Gott wollte, dass ich Lehrer werde. Ich habe Ellen geheiratet, obwohl Gott Sarah zu meiner Frau machen wollte. Ist denn Gott so grausam, dass er mich wegen einer „falschen" Entscheidung von all dem Guten abschneidet, das er für mein Leben im Sinn hatte? Vielleicht wäre ich als Lehrer besser gewesen als als Firmenleiter. Trotzdem kann ich Gott als Chef der Firma dienen. Vielleicht hätte Ellen besser zu mir gepasst als Sarah. Trotzdem kann ich mit Sarah eine gute Ehe führen.

Viel zu viele Menschen meinen, wenn sie Probleme haben oder schwierige Zeiten durchmachen müssen, sie hätten Lebensentscheidungen getroffen, die nicht dem Willen Gottes entsprachen. Und dann verbringen sie den Rest ihres Lebens damit, ihre Fehlentscheidung zu bedauern. Wer so handelt, vertut die eine Chance, die wir trotz widrigster Lebensumstände immer noch besitzen – nämlich den Willen Gottes in dieser Situation zu tun und so die Beziehung zu Gott zu stärken. Der oben skizzierte verbreitete Ansatz führt zur Infragestellung unserer Entscheidung und zu Wunschdenken („Hätte ich doch nur …"); und das steht im Gegensatz zu der Gnade, die Gott uns in Christus geschenkt hat.

Es war meine eigene leidvolle Geschichte, die mir die Augen für diesen Zusammenhang öffnete. Lag denn der Verlust, den ich erleiden musste, außerhalb des göttlichen Willens? Wäre das der Fall, wäre ich dann für den Rest meines Lebens dazu verdammt, mit Gottes zweiter Wahl (oder etwas noch Schlechterem) zu leben? Zunächst wehrte ich mich gegen den Gedanken, dass Gott etwas mit unserem Verkehrsunfall zu tun hatte oder ihn auch nur zugelassen haben könnte. Aber ich schreckte auch vor dem Gedanken zurück, Gott könne angesichts dieses Unfalls ohnmächtig gewesen sein – so als wäre der Unfall für ihn ebenso überraschend gekommen wie für mich.

Eine Frage verfolgte mich: Hat Gott mein Leid *gewollt?* War es sein *Wille* gewesen? Wollte ich diese Frage mit Ja beantworten, so erschien mir Gott grausam und sadistisch. Ich wusste, dass ich einem so grausamen Gott nur schwer vertrauen konnte. Doch wenn ich die Frage mit Nein beantwortete, erschien mir Gott machtlos, wie ein General ohne Waffen und ohne Armee. Einem so schwachen Gott würde ich ebenso wenig vertrauen können. Wer, so fragte ich mich, würde schon einem Gott nachfolgen wollen, der entweder ein Sadist oder ein Schwächling ist? Bei diesen beiden Alternativen kam mir sogar der Gedanke, ob es nicht besser wäre, den Glauben völlig aufzugeben und das Leben allein zu meistern. Mit anderen Worten, Gottes Rolle bei diesem Unfall war mir ein völliges Rätsel.

Schließlich begann ich jedoch, eine andere Frage zu stellen. Ich hatte mir so viele Gedanken über Gottes Rolle in meinem Unglück gestellt, dass ich meine eigene Rolle darüber ganz vergessen hatte. Wie, so fragte ich mich, sollte ich nach dem Willen Gottes auf diese Tragödie *reagieren?* Ich nahm an, dass Gott seine Vorhaben hatte – die ich mein Lebtag nicht durchschauen konnte – und dass ich anderseits meine Aufgaben hatte – und die wiederum konnte ich begreifen. Ich sagte mir, egal welche Rolle Gott bei dem allen spielte, ich hatte einiges zu tun. Ich konnte zwar den Rest meiner Tage damit verbringen, Gott Vorwürfe zu machen, und würde mich dabei wahrscheinlich auch noch im Recht fühlen. Aber was würde das nützen, wenn ich auf diese Weise zuließ, dass diese Tragödie den Rest meines Lebens ruinierte – und nicht nur meines, sondern auch das meiner Kinder und Enkelkinder und wer weiß wie vieler anderer Menschen? Ich wollte endlich die Wunden heilen lassen und wieder anfangen zu leben. Ich wusste, dass diese Reaktion viel eher dem entsprach, was Gott von mir wollte.

Einige Monate nach dem Unfall las ich das Buch Hiob. Eine Erkenntnis verfolgte mich geradezu. In seinem Leid erfuhr Hiob nichts als Isolation und Entfremdung, als wäre er ein einsames Atom mitten in der Leere des Universums. Eines war Hiob nicht bewusst: dass der allmächtige Gott ihn sah und dass die himmlischen Heerscharen den Atem anhielten und hofften, er werde Gottes Vertrauen nicht enttäuschen. Der Ruf Gottes hing davon ab, wie Hiob reagieren würde. Und auch wenn Hiob sich allein gelassen fühlte, war er doch nicht allein. Hiob meinte, Gott habe ihn verlassen, doch das stimmte nicht. Gott hatte nur gewagt, auf Hiob zu vertrauen – und das ist geradezu eine Umkehrung dessen, wie in unseren Augen normalerweise die Beziehung zwischen Gott und Mensch aussieht.

Gott spielte kein Spiel mit Hiob. Er war da und er handelte auf eine Art und Weise, die Hiob unmöglich begreifen konnte. Und bei alledem hatte Hiob seine Aufgabe. Gott wollte, dass Hiob im Glauben durchhielt – und das tat Hiob auch, wenn auch unter großen Schmerzen.

Die Zukunft ist das Land der Götter

Schließlich gibt es noch ein letztes Problem bei dem herkömmlichen Verständnis des Willens Gottes. Dass wir ständig mit dem beschäftigt sind, was vor uns liegt, offenbart unseren Wunsch, eine Zukunft unter Kontrolle zu bekommen, die sich uns schlicht und ergreifend entzieht. Wir sehnen uns nach der Sicherheit zu wissen, was die Zukunft bringt. Das ist uns lieber als das Risiko, Gott zu vertrauen, während sich eine uns unbekannte Zukunft nach und nach vor unseren Augen entfaltet. Wir hoffen auf ein Licht, das uns den gesamten Lebensweg erhellt. So wären wir die Schwierigkeit los, Gott vertrauen zu müssen und Schritt für Schritt seinen Willen zu entdecken und zu tun. Wir wüssten so viel über die Zukunft, dass unsere Beziehung zu Gott immer mehr an Bedeutung verlöre – so wie ein Lehrer für den irrelevant wird, der meint, alles aus Lehrbüchern allein lernen zu können.

Von dieser Sehnsucht, die Zukunft zu kennen, ist der Mensch schon immer besessen gewesen. Die Menschen haben Wahrsager, Propheten, Schamanen, Hexen, Priester und alle Arten von Orakeln befragt, nur um herauszufinden, was die Zukunft bringen wird und was sie tun sollen. Seher haben aus den Eingeweiden geschlachteter Tiere gelesen, aus den Rissen in Muschelschalen, aus dem Flug der Vögel und aus den Sternen, nur um vorhersagen zu können, was die Götter im Sinn haben und wie die Zukunft aussehen wird. Die Mesopotamier beobachteten die Sterne und erfanden die zwölf Sternzeichen. Wahrsagerinnen lesen aus Teeblättern, Tarotkarten und Kristallkugeln.

Himmelszeichen liefern die nötigen Informationen für das Horoskop, das viele Menschen auch heute noch in ihrer Tageszeitung lesen. Die Astrologie kann vermeintlich alles vorhersagen – von Kriegen bis hin zu Naturkatastrophen. Der spätmittelalterliche Prophet Nostradamus hat viel über zukünftige Ereignisse geschrieben; und manche nehmen diese Vorhersagen ernst. Die verschiedenen Methoden der Voraussage und Kontrolle der Zukunft offenbaren nur, wie sehr wir uns danach sehnen zu wissen, was Gott – oder das Schicksal – für uns bereithält. Wer möchte denn nicht die Zukunft kennen? Wer möchte den Willen Gottes für das eigene Leben denn nicht kennen?

Was also hält die Zukunft für mich bereit? Was hält sie für jeden von uns bereit? Wir wissen es einfach nicht. Wir können es nicht wissen und wir *sollen es nicht wissen.* Würden wir die Zukunft kennen, wären wir zu überrascht oder zu verängstigt (oder beides), um sinnvoll darauf zu reagieren und das Beste daraus zu machen. Im Verlauf unseres Lebens werden wir zweifelsohne schockiert sein von dem, was uns widerfährt. Mit dreißig hätte ich nicht geglaubt, jemals Vater von vier Kindern zu werden, und doch hatte ich vier Kinder, als ich vierzig wurde. Mit vierzig hätte ich nie ernsthaft darüber nachgedacht, was werden würde, wenn Lynda sterben sollte und ich die Kinder allein großziehen müsste. Doch nun werde ich bald fünfzig und ich bin Witwer und kümmere mich allein um meine drei Kinder.

Will ich auch nur einen einzigen Gedanken über meine Zukunft wagen? Will ich wirklich wissen, was mir die Zukunft bringen wird? Wie sollte mir ein solches Wissen denn helfen? Wie sollte es irgendeinem Menschen helfen? Würden wir eine Zukunft voraussehen, die hart und voller Leid ist, so würden wir starr vor Angst auf diese schreckliche Wirklichkeit warten und uns wünschen, wir könnten unser Schicksal abwenden. Und gleichzeitig würden wir die Chance verpassen, die das Leid mit sich bringt – die Chance weiser zu werden und charakterlich zu wachsen. Würden wir andererseits erfahren, dass unsere Zukunft leicht und angenehm verlaufen wird, so würden wir uns gelangweilt und eingelullt zurücklehnen und uns um die Fähigkeit bringen, uns an unserem angenehmen Leben zu freuen.

Dieses Buch ist mein Versuch zu klären, wie wir den Willen Gottes für unser Leben verstehen und entdecken können. Der zentrale Gedanke dieses Buches ist weder eine abstrakte Theorie noch eine dieser kuriosen Mitteilungen, wie man sie in manchen alten Zeitungen findet. Was ich aus meinem persönlichen Erleben und durch intensives Nachdenken gelernt habe und nun hier niederschreibe, hat mir Freiheit, Geborgenheit und Zuversicht gegeben. Und ich wünsche mir, dass es das auch für Sie tun wird.

Drei Erlebnisse haben meine Auffassung über den Willen Gottes radikal verändert. Zunächst die Umstände, die dazu führten, dass ich einen völlig anderen beruflichen Weg einschlug, als ich zunächst gedacht hatte. Diese Erfahrung stellte meine unangemessene Beschäftigung mit der Zukunft in Frage. Dann musste ich mich dem Verlust all dessen stellen, was mir wichtig war. Die Erfahrung persönlichen Leids untergrub meine Sehnsucht nach Kontrolle und Sicherheit. Und schließlich suchte ich in der Bibel nach Antworten. Und die Bibel stellte meinen Grundansatz in Frage, den Willen Gottes für die Zukunft entschlüsseln zu wollen. Darüber werden wir im nächsten Kapitel Näheres erfahren.

2

UNSERE ERSTAUNLICHE FREIHEIT

Als ich daranging herauszufinden, welche Einsichten die Bibel zur Frage nach dem Willen Gottes enthielt, bemerkte ich schnell, was die Bibel zu diesem Thema *nicht* sagt. Jakobus ermahnt uns, mit Mutmaßungen über die Zukunft zurückhaltend zu sein, da wir nicht wissen, was die Zukunft bringen wird.

Da ist noch etwas. Manche von euch sagen: „Heute oder morgen wollen wir hier- und dorthin reisen. Wir wollen dort ein Jahr bleiben, gute Geschäfte machen und viel Geld verdienen." Ihr plant so großartig und wisst nicht einmal, was morgen geschieht! Was ist denn schon euer Leben? Nichts als ein leiser Hauch, der - kaum ist er da - auch schon wieder verschwindet. Darum sollt ihr immer nur sagen: „Wenn der Herr will und wir leben, wollen wir dieses oder jenes tun!" Ihr aber seid stolz auf eure Pläne und gebt damit an. Doch eine solche Überheblichkeit ist durch und durch verwerflich. Wer aber weiß, was richtig ist, und tut es trotzdem nicht, der wird vor Gott schuldig.
(Jakobus 4,13–17)

Jakobus redet hier zu Menschen, die meinten, den Willen Gottes für ihre Zukunft zu kennen, und daraus eine falsche Sicherheit ableiteten. Sie glaubten zu wissen, was die Zukunft ihnen bringen würde, nämlich Wohlstand. Jakobus bezeichnet das als Überheblichkeit. Niemand, so Jakobus, kann wissen, was morgen sein wird; sicher ist nur, dass wir an Grenzen und auf Schwierigkeiten stoßen werden und dass der Tod uns erwartet. All unsere Zukunftsabsichten bleiben von Gott abhängig. „Wenn der Herr will ..." – dieser Zusatz sollte jeden unserer Zukunftspläne begleiten. Wir wissen aber, was wir hier und heute tun sollen. Für Jakobus ist das, was wir über den Willen Gottes für die Gegenwart wissen, wichtiger als das, was wir über den zukünftigen Willen Gottes zu wissen meinen. Statt über die Zukunft zu spekulieren, sollen wir lieber auf den Willen Gottes für die Gegenwart Acht haben.

In der Bergpredigt ermahnt uns Jesus, uns keine Sorgen über das Morgen zu machen, sondern uns auf das zu konzentrieren, was wir heute tun sollen. Wir sollen das Vertrauen haben, dass der Gott, der die Lilien auf dem Feld kleidet und sich um die Vögel am Himmel kümmert, auch unsere

Bedürfnisse stillen wird. Dieser Gott wird für das Morgen sorgen; darum sollen wir unsere Energie auf das Heute konzentrieren. „Deshalb habt keine Angst vor der Zukunft! Es ist doch genug, wenn jeder Tag seine eigenen Lasten hat. Gott wird auch morgen für euch sorgen" (Mt. 6,34).

Was Jesus über den Willen Gottes sagt, ist bestechend einfach. Er weist uns an, dass wir uns weder um die momentanen Umstände noch um zukünftige Probleme Sorgen machen sollen wie Menschen, die nicht an Gott glauben. Stattdessen fordert er uns auf: „Gebt nur Gott und seiner Sache den ersten Platz in eurem Leben, so wird er euch auch alles geben, was ihr nötig habt" (Mt. 6,33). Dieser Vers sagt nichts aus über die Suche nach dem Willen Gottes für unsere Zukunft, so wie sie in dem Ansatz definiert ist, den ich in Kapitel 1 beschrieben habe. Jesus verlangt von uns vielmehr, dass wir die richtigen Prioritäten setzen und das Wichtigste an die erste Stelle stellen.

Bei uns stehen vielleicht gerade zehn wichtige Entscheidungen an, zu denen es hundert mögliche Wege gibt. Wir wünschen uns möglicherweise, dass Gott uns genau sagt, was wir zu tun haben, wohin wir gehen und wie wir uns entscheiden sollen. Jesus aber verlangt von uns nur, dass unser Herz und unsere Motive rein sind und dass unsere Grundrichtung stimmt und unser geistlicher Kompass in Richtung Reich Gottes „eingenordet" ist. Wir können guten Gewissens unter hundert Möglichkeiten eine wählen und befinden uns immer noch im Einklang mit dem Willen Gottes. Letztlich zählt allein, dass wir das Reich Gottes und seine Gerechtigkeit an die erste Stelle setzen.

Jesus will, dass wir unsere Zeit und Energie auf die kleinen Aufgaben des Alltags verwenden, nicht auf die großen Entscheidungen, die wir hin und wieder zu fällen haben. Die kleinen Aufgaben bereiten uns auf größere vor; kleine Taten werden zum Grundstock für größere; die Treue in den uns unwichtig scheinenden Dingen befähigt uns, klug mit den

Aufgaben umzugehen, die uns so wichtig erscheinen – und es möglicherweise ja auch sind.

> Doch bedenkt: Nur wer im Kleinen ehrlich ist, wird es auch im Großen sein. Wenn ihr bei kleinen Dingen unzuverlässig seid, wird man euch niemals etwas Großes anvertrauen. Geht ihr also schon mit Geld unehrlich um, wer wird euch dann die Reichtümer des Himmels geben wollen? Verwaltet ihr das Geld anderer Leute nachlässig, wie kann euch Gott dann das schenken, was euch gehören soll?
> (Lukas 16,10–12)

Der Apostel Paulus argumentiert ähnlich. Sein Brief an die Römer geht den wichtigen Fragen nach der Sünde des Menschen und der Erlösung durch Gott auf den Grund. Paulus setzt sich auseinander mit dem Problem, die Gnade Gottes auszunutzen, indem man in der Sünde verharrt, und mit der Erfahrung, das Richtige tun zu wollen und es doch nicht zu erreichen. Er beschreibt die Rolle des Heiligen Geistes im Leben der Christen und erläutert, welchen Platz die Juden im Heilsplan Gottes haben. Sein Brief ist nicht leicht zu verstehen, sehr komplex, nuanciert und anspruchsvoll. Doch wo es Paulus darum geht, den wichtigsten Punkt des Glaubens deutlich zu machen – die Frage, welche Antwort Gott von uns im Blick auf das erwartet, was er für uns getan hat –, redet der Apostel ebenso schlicht und direkt wie Jesus. Gottes Wille ist, dass wir ihm jetzt und hier dienen und ihn ehren; es geht dabei nur wenig um großartige Zukunftspläne:

> Weil ihr Gottes Barmherzigkeit erfahren habt, fordere ich euch auf, liebe Brüder, mit Leib und Leben für Gott da zu sein. Seid ein lebendiges und heiliges Opfer, das Gott gefällt. Einen solchen Gottesdienst erwartet er von euch. Nehmt nicht die Forderungen dieser Welt zum Maßstab, sondern ändert euch, indem

ihr euch an Gottes Maßstäben orientiert. Nur dann könnt ihr beurteilen, was Gottes Wille ist, was gut und vollkommen ist und was ihm gefällt (Römer 12,1–2).

Ebenso warnt Paulus die Christen in Ephesus und mahnt zu einem geheiligten Lebensstil. Er schreibt: „Achtet also genau darauf, wie ihr lebt: Nicht wie Menschen, die von Gott nichts wissen wollen, sondern als Menschen, die ihn kennen und lieben. Dient Gott, solange ihr es noch könnt, denn wir leben in einer schlimmen Zeit. Sträubt euch nicht gegen das, was der Herr von euch erwartet; begreift endlich, was er von euch will!" (Eph. 5,15–17). Und was will der Herr von uns? Geht es um irgendeinen Geheimplan, den Gott mit uns hat und den wir mühevoll über Tage, Wochen oder gar Jahre hinweg entschlüsseln müssen? Nein, ganz und gar nicht. Gott geht es vielmehr um ein verantwortungsbewusstes Leben, das vom Heiligen Geist geführt ist und mit dem wir unseren guten, gütigen Gott loben. Paulus geht es vor allem darum, wie Menschen, die glauben, sich im ganz normalen Leben verhalten.

Nein, die Verfasser biblischer Bücher ignorieren die Zukunft nicht. Sie betrachten sie jedoch in einem anderen Licht als wir. Sie glauben, dass Gott in Christus das Vergangene erlöst hat und dass er alle Dinge in der Zukunft zum Guten wenden wird (vgl. Röm. 8,28–32). Gott hatte das erste Wort; er wird auch das letzte haben. Die biblischen Autoren halten immer wieder fest, dass Christus schließlich wiederkehren und Gottes Reich aufrichten wird. Gott ist der Herr über die Zukunft, weil er Herr über alles ist. Wir Menschen besitzen nicht die Macht, die Zukunft zu bestimmen, weil wir begrenzte Wesen sind. Darum betonen die Verfasser der Bibel so oft, wie wir in der Gegenwart leben sollen – denn das ist genau die Zeit, die wir haben, um darin Gott zu erkennen und seinen Willen zu tun.

Paulus unterstreicht in seinem zweiten Brief an die Korinther die Bedeutung des gegenwärtigen Augenblicks, indem er schreibt: „Denn Gott hat gesagt: ‚Ich will dein Gebet erhören. Es wird eine Zeit der Gnade für dich geben, einen Tag, an dem du meine Hilfe erfährst!' Genau diese Zeit ist jetzt da, der Tag der Rettung ist nun gekommen" (6,2). Die Zuversicht des Paulus, dass Gott die Zukunft in der Hand hält, befähigte ihn, Gott in der Gegenwart selbst unter den widrigsten Umständen zu gehorchen. Er lebte ein Leben voller Integrität, Gerechtigkeit und Glauben. Er war Gott treu, auch in Verfolgung und Gefangenschaft, weil er glaubte, dass Gott alles recht machen würde.

> In allem empfehlen wir uns als Gottes Mitarbeiter: in Bedrängnissen, in Not und Angst bleiben wir standhaft. Auch wenn man uns schlägt und einsperrt, wenn wir aufgehetzten Menschen ausgeliefert sind, bis zur Erschöpfung arbeiten, uns kaum Schlaf gönnen und auf Nahrung verzichten, soll sichtbar werden, dass wir Gott gehören. Wir beweisen dies durch ein untadeliges Leben und darin, dass wir Gottes Absichten erkennen; durch Geduld und Freundlichkeit, in allem, was Gottes Heiliger Geist durch uns wirkt, und durch eine aufrichtige Liebe zu jedem Menschen wird sichtbar, dass wir Gottes Mitarbeiter sind. Wir verkünden Gottes Wahrheit und leben aus seiner Kraft.
> (2. Korinther 6,4–7)

Natürlich mussten die Jünger Jesu ebenso wie wir heute Entscheidungen im Blick auf ihre Zukunft treffen. Paulus musste zum Beispiel festlegen, wann er auf Missionsreise gehen wollte, wohin sie führen sollte und wie er arbeiten wollte. Er und seine Begleiter beteten, fasteten und warteten dann auf Gottes Reden (vgl. Apg. 13,1–3). Aber Paulus vertraute auf den Heiligen Geist und änderte seine Pläne, wenn er erkannte, dass Gott etwas anderes vorhatte (vgl. Apg. 16,6–10). Dennoch weist nichts im Neuen Testament darauf hin, dass Paulus sich jemals mit der Frage abgequält hat, was Gott in Zukunft mit ihm vorhatte. Er widmete sich ganz den gegenwärtigen Aufgaben, weil er die wenige Zeit, die ihm blieb, für das einsetzen wollte, was ihm bereits als Gottes ausdrücklicher Wille bekannt war.

Wenn wir die großen Gestalten der Bibel in inneren Kämpfen erleben, dann niemals deshalb, weil sie darum ringen, den Willen Gottes zu erkennen, sondern weil sie darum kämpfen, ihn zu tun. Jesus kannte seinen Auftrag – er wusste, dass sein Weg am Kreuz enden würde. Er bat Gott, „ihn vor diesem Leiden zu bewahren", damit ihm die Kreuzigung und die Trennung von seinem himmlischen Vater erspart blieb. Doch gleichzeitig unterwarf er sich dem Willen des Vaters und nahm sein Leiden und seinen Tod an: „Aber nicht was ich will, sondern was du willst, soll geschehen" (vgl. Lk. 22,39–46).

Auch Paulus scheint wenig mit dem Problem gekämpft zu haben, wie er den Willen Gottes für sein Leben erkennen soll. Gottes Willen zu tun hingegen war das, worum er mit Eifer und Furcht rang. Er fand starke Worte angesichts der Gefahr, den Willen Gottes in seinem Leben nicht zu erfüllen: „Wehe mir, wenn ich das Evangelium nicht predigte!" (1. Kor. 9,16, Luther).

Ich will hier nicht behaupten, ein solches Verständnis darüber, was Gott von uns erwartet, könne uns die Schwierigkeit ersparen, immer wieder Entscheidungen über unsere Zukunft zu treffen. Nichts kann uns diese Verantwortung abnehmen. Wir sind keine vom Instinkt geleiteten Geschöpfe, die deshalb jagen, nach Süden fliegen oder Nester bauen, weil es in ihrer Natur liegt. Wir sind menschliche Wesen und wir müssen Entscheidungen fällen. Doch egal wie wir uns entscheiden, es muss uns immer darum gehen, dass Gottes Reich und seine Gerechtigkeit die größte Leidenschaft unseres Lebens sind.

Eine überraschende Schlussfolgerung

Während ich angesichts meiner eigenen Verunsicherung, meines tiefen Leids und meines intensiven Bibelstudiums mit der Frage rang, wie man den Willen Gottes erkennen kann, kam ich zu einer überraschenden Schlussfolgerung. Der Wille Gottes hat mehr mit unserer Gegenwart zu tun als mit unserer Zukunft. Es geht dabei sowohl um unsere Motive wie um unser Handeln. Es geht mehr um die kleinen Alltagsentscheidungen als um die großen Zukunftsbeschlüsse. Der Augenblick, in dem wir Gottes Willen wirklich kennen und tun müssen, ist das Hier und Jetzt. Wir sollen Gott mit unserem ganzen Herzen, unserer ganzen Seele und mit all unserer Kraft lieben und unseren Nächsten wie uns selbst. Das ist die Grundverantwortung, auf die Jesus unsere Aufmerksamkeit lenken will, so wie ein Basketballtrainer seinen Spielern Grundfertigkeiten wie das Dribbeln, Pässe und gezielte Korbwürfe einprägt.

Was Jesus uns über den schlichten Willen Gottes sagt, besitzt daher für jede nur denkbare Situation Bedeutung, egal ob wir nun Arzt oder Pfarrer, verheiratet oder unverheiratet, jung oder alt, gesund oder krank sind. Mit unseren alltäglichen Entscheidungen können wir Gott Ehre erweisen und ihm dienen – darin, wie wir uns zu Hause oder am Arbeitsplatz verhalten, wie wir unsere Zeit und unsere Gaben einsetzen, wie groß unsere Bereitschaft ist, auch alltägliche Aufgaben zu erledigen, in unserer Bereitwilligkeit zu dienen, in unserer Bereitschaft, uns an andere und Gott hinzugeben. Das sind die Dinge, in denen sich entscheidet, ob wir Gottes Willen tun. Wir wissen, was Gott von uns im Alltag erwartet, selbst wenn die Zukunft noch so sehr im Dunkeln liegt. Dass wir nicht wissen, was Gott in der Zukunft von uns erwartet, entbindet uns nicht von der Pflicht, heute seinen Willen zu tun.

Wenn wir die Frage nach dem Willen Gottes so betrachten, gewinnen wir eine erstaunliche Freiheit. Wenn wir

Gottes Reich und seine Gerechtigkeit an die erste Stelle setzen – und das *ist* der Wille Gottes für unser Leben –, dann werden alle Entscheidungen, die wir bezüglich unserer Zukunft fällen, *der Wille Gottes für unser Leben sein.* Es gibt viele Richtungen, die wir einschlagen *könnten*, viele Möglichkeiten, die wir wählen *könnten.* Solange wir Gott suchen, könnte jeder dieser Wege zum Willen Gottes für unser Leben werden, auch wenn nur einer – nämlich der von uns gewählte – letztlich tatsächlich zu Gottes Willen wird.

Mit anderen Worten: Gott kennt nicht nur einen Willen für unser Leben, sondern viele. Gott hat, um ein Beispiel zu nennen, nicht nur einen Lebenspartner für uns geschaffen, den es zu „finden" gilt. Es gibt viele Personen, die wir heiraten könnten, wenn wir uns überhaupt für die Ehe entscheiden. Gott kennt auch nicht nur einen beruflichen Weg für uns, den wir entdecken müssen. Stattdessen gibt es viele Berufe, die wir wählen könnten. Natürlich müssen wir immer noch Entscheidungen fällen. Und einige dieser Entscheidungen werden uns nicht leicht fallen. Doch wir können darauf vertrauen, dass das, wofür wir uns entscheiden, Gottes Wille für unser Leben sein wird.

Gott ist deshalb so überraschend flexibel, was die Zukunft angeht, weil er bezüglich der Gegenwart so extrem unflexibel ist. Da besitzt eine Frau zum Beispiel völlige Freiheit, Bill oder Edward zu heiraten, Computerspezialistin zu werden oder Tagesmutter. Aber niemand besitzt die Freiheit, irgendetwas wichtiger zu nehmen als Gott. Gott will in unserem Leben an erster Stelle stehen. Wenn wir Gottes Reich und seine Gerechtigkeit über alles andere gestellt und unser Leben ganz Gott anvertraut haben, ist die Welt auf einmal voller offener Türen. Paulus behauptet mutig: „Merkt ihr, wie unsinnig es ist, sich auf Menschen etwas einzubilden? Euch gehört doch alles: Paulus, Apollos und Petrus, ja die ganze Welt, das Leben wie der Tod, die Gegenwart wie die Zukunft – alles gehört euch! Ihr selbst aber gehört Christus, und Christus gehört Gott" (1. Kor. 3,21–23). In Christus gehört uns alles. Gott sorgt dafür, dass sich alles, auch unsere Zukunft, letztlich in der ewigen Welt zu unserem Vorteil wendet. Die einzige Bedingung dafür ist, dass wir Jesus Christus nachfolgen und unser ganzes Leben von ihm prägen lassen.

Der Trappistenmönch Thomas Merton, der viele Bücher über den Glauben verfasst hat, war der Ansicht, dass in jedem beliebigen Augenblick unendlich viele Möglichkeiten stecken. „Jeder Augenblick und jede Begebenheit im Leben eines jeden Menschen auf dieser Erde pflanzt etwas in seine Seele hinein. So wie der Wind Tausende von Samen mit sich trägt, so birgt jeder Augenblick die Keime geistlicher Vitalität in sich, die sich unmerklich auf den Geist und den Willen des Menschen legen." Wir müssen nur für diese Augenblicke sensibel sein. Wir müssen aufmerksam werden für das, was Gott Tag für Tag in uns bewirkt. „Die meisten dieser unzähligen Samen vergehen und sind für immer verloren, weil die Menschen nicht darauf vorbereitet sind, sie in sich aufzunehmen: denn solche Samen können nur im guten Boden von Freiheit, Spontaneität und Liebe gedeihen." Wir werden zu diesem guten Boden, so schließt Merton, indem wir Gott in dem Augenblick suchen, der gerade Gegenwart ist – denn das ist der einzige Augenblick, den wir besitzen. [1]

Welche praktischen Konsequenzen hat dieser Grundsatz? Gott will, dass wir jeden Tag *das Augenfällige tun,* und das ist, Gott zu ehren. Ignatius von Loyola, der Begründer des Jesuitenordens, hat in seinen *Geistlichen Übungen* geschrieben:

> In jeder guten Wahl muss, soweit es an uns liegt, das Auge unserer Absicht einfach sein, indem ich nur nach dem schaue, wofür ich geschaffen bin, nämlich zum Lobpreis Gottes, unseres Herrn, und zur Rettung meiner Seele. Und so muss, was immer ich erwähle, derart sein, dass es mir für das Ziel hilft, für das ich geschaffen bin.[2]

Wir sollen also Gott suchen, uns immer wieder von unserer Sünde abwenden und geistlich diszipliniert leben. Wir sollen unsere Familie, unsere Freunde und unsere Nächsten lieben. Wir sollen uns in einer christlichen Gemeinde engagieren. Wir sollen an unserem Charakter arbeiten, Bedürftigen helfen und unsere Berufung im Leben ausfüllen. Vor allem sollen wir Gott vertrauen und ihm unser Leben übergeben.

Thomas von Kempen schreibt in seinem Klassiker aus dem 15. Jahrhundert *De Imitatio Christi:* „Eitelkeit aller Eitelkeiten, und alles ist eitel als allein, Gott zu lieben und ihm allein zu dienen. Das ist die höchste Erkenntnis: die Welt so zu sehen, wie sie tatsächlich ist, gefallen und vergänglich; die Welt nicht um ihrer selbst willen, sondern um Gottes willen zu lieben; und all sein Streben darauf zu richten, das Reich des Himmels zu erlangen."[3]

Warum diese Spannung?

Ob ich gern mit der Spannung lebe, die diese Theologie mit sich bringt? Ganz und gar nicht! Wenn ich die Sache so betrachte, erscheint es mir, als lägen alle Entscheidungen allein in meiner Hand, so als wäre Gott das alles egal.

Dennoch gibt es tatsächlich wohl gute Gründe für diese Spannung. Zum einen hält sie uns davon ab, das Leben in einen geistlichen und einen säkularen Bereich aufzuteilen. So argumentiert schon C. S. Lewis, dass Gott keine religiösen Leistungen von uns will – den Zehnten oder eine bestimmte Anzahl von Stunden freiwilligen Dienstes oder den wöchentlichen Besuch einer Bibelstunde. Als unser Schöpfer und Erlöser beansprucht er jeden Augenblick unseres Lebens für sich und besitzt einen rechtmäßigen Anspruch auf uns. Im christlichen Glauben ist das ganze Leben geistlich und untersteht der Herrschaft Gottes. Er gibt uns alles; er verlangt alles von uns. Gott will nicht etwas von uns; er will uns selbst.[4]

Religiöse Aktivitäten sind an sich nicht mehr wert als jedes andere Tun. Natürlich dienen sie einem guten Zweck. Der wöchentliche Gottesdienst lenkt unsere Aufmerksamkeit auf die Güte und Herrlichkeit Gottes. Wenn wir beten und die Bibel lesen, tun wir uns leichter, die Weisheit und Gnade Gottes in uns aufzunehmen, so wie durstige Wanderer von einer erfrischenden Gebirgsquelle trinken. Diese Beschäftigung mit religiösen Dingen erleuchtet und inspiriert uns. Doch sie besitzt für Gott keine größere Bedeutung als die abendliche Gute-Nacht-Geschichte einer Mutter bedeutet, die die Erziehung ihrer Kinder als etwas viel Größeres begreift als diesen kurzen Moment am Ende eines Tages. Gott will, dass wir alles unter seine Herrschaft stellen – die Dinge, die unmittelbar in einem religiösen Zusammenhang stehen, und auch die, die wir nicht als religiös betrachten. So bringt diese Spannung, Gottes Reich an die erste Stelle zu setzen, etwas Positives mit sich. Sie verhindert, dass wir unser religiöses Leben auf einen bestimmten Wochentag oder auf bestimmte Tätigkeiten begrenzen.

Franz von Sales, im 17. Jahrhundert ein viel gesuchter Seelsorger und Meister in spirituellen Fragen, war der Überzeugung, dass wahrhaftige geistliche Hingabe – und dazu gehörte für ihn, dass man sein gesamtes Leben für Gott einsetzte – automatisch Auswirkungen auf das übrige Leben habe, sodass sich die Unterscheidung in geistlich und weltlich ohnehin aufheben würde. Eine solche Hingabe beeinflusst und verwandelt alle Lebensbereiche, so wie Lack allem, was er bedeckt, einen wunderbaren Glanz verleiht.

> Wahrhaftige Hingabe erreicht sogar noch mehr. Nicht nur, dass sie all unseren Lebenssituationen und Geschäften keinen Schaden zufügt; im Gegenteil, sie bereichert diese Dinge und verleiht ihnen erst ihre Attraktivität. Die Hingabe verleiht der Fürsorge für die Familie Friedfertigkeit, der Liebe zwischen Mann und Frau Ernsthaftigkeit, dem Dienst für einen Herr-

scher Loyalität; sie macht jegliche Art von Tätigkeit angenehmer und liebenswerter.[5]

Es gibt noch einen zweiten Grund für die Spannung in Jesu Worten. Diese Spannung hält uns davon ab, Gott auf die lange Bank zu schieben. Als Jesus sagte: „Sucht zuerst Gottes Reich" und: „Es ist genug, dass jeder Tag seine eigene Sorge habe", ging es ihm darum, dass wir das Heute als den Augenblick – und zwar als den einzig möglichen Augenblick – ansehen, in dem wir Gott nachfolgen und dienen können. Es reicht nicht aus, dass wir uns keine Sorgen um eine für uns ohnehin nicht kontrollierbare Zukunft machen. Wir sollen vielmehr ganz für das zur Verfügung stehen, was im Augenblick das Naheliegendste ist, so wie ein Kind an einem schönen Sommertag seiner Lieblingsbeschäftigung nachgeht. Wenn wir den Willen Gottes mit irgendeiner zukünftigen Aufgabe gleichsetzen, die wir irgendwann einmal für Gott tun wollen, vergessen wir nur allzu leicht die kleinen, alltäglichen Aufgaben. Sehr schnell missbrauchen wir unsere Zukunftsträume (z.B. davon, welch ein wunderbarer Chirurg wir einmal sein könnten) als Entschuldigung dafür, dass wir Gott hier und jetzt links liegen lassen.

Studenten beanspruchen gerne das Recht auf ihre „Sturm- und Drangzeit", weil sie das Leben schließlich später, wenn sie in der „realen" Welt von Beruf, Ehe und Familie stehen, noch ernst genug nehmen müssen. Doch wer seine Verantwortung, den Willen Gottes zu tun, derart aufschiebt, gerät leicht in schlechte Gewohnheiten hinein. Erst schieben wir den Willen Gottes auf, bis wir unsere erste Arbeitsstelle haben, dann warten wir bis zur Heirat oder bis die Kinder da sind. Und dann entschuldigen wir uns, bis wir die ruhigere Phase der zweiten Lebenshälfte erreichen. Mit anderen Worten, wir schieben den Willen Gottes so lange vor uns her, bis uns keine Zeit mehr bleibt, ihn zu tun. Nie kommt der passende Augenblick; immer heißt es: „Später!"

Doch der richtige Moment, Gottes Willen zu tun, ist *jetzt* – er ist immer jetzt und niemals später. Meinen Kindern sage ich immer: „Es wird dir nie leicht fallen, deine Geschwister zu lieben – zumindest nicht, wenn du anfängst es zu versuchen. Es wird nur leichter, wenn du Übung darin gewinnst. Und damit fängst du am besten heute noch an."

Je früher wir uns daran machen, Gottes Willen zu tun, umso besser – und zwar nicht für Gott, sondern für uns. Gott befiehlt uns nicht, seinen Willen zu tun, weil er das nötig hätte, als wäre er irgendein kleiner Diktator, der sein Ego dadurch aufbaut, dass seine Untertanen vor ihm im Staub kriechen. Gott befiehlt uns, ihn zu suchen, weil er unsere tiefste Sehnsucht ist. Ohne ihn sind wir nur etwas Halbes. Wenn wir seinen Willen von uns wegschieben, opfern wir damit das glückliche und erfüllte Leben, das wir führen könnten. Wir sind auf Gott hin geschaffen, und nur unsere völlige Hingabe kann uns Befriedigung schenken. Augustinus, im 5. Jahrhundert Bischof in Nordafrika, hat es in seinen *Bekenntnissen* wunderbar ausgedrückt:

> Und loben will dich der Mensch, ein so geringer Teil deiner Schöpfung; der Mensch, der sich unter der Last der Sterblichkeit beugt, dem Zeugnis seiner Sünde, einem Zeugnis, dass du den Hoffärtigen widerstehest; und doch will dich loben der Mensch, ein so geringer Teil deiner Schöpfung. Du schaffest, dass er mit Freuden dich preise, denn zu deinem Eigentum erschufst du uns, und ruhelos ist unser Herz, bis es ruhet in dir.[6]

Und schließlich verleiht uns die Spannung, Gottes Reich an die erste Stelle zu setzen, Freiheit, Zuversicht und die Sicherheit, die wir brauchen, um Entscheidungen zu fällen. Wenn wir Gott wahrhaftig über alles andere stellen, werden wir *immer seinen Willen tun,* egal wohin uns unsere jeweiligen

Entscheidungen führen; denn das *ist* Gottes Wille, dass wir sein Reich suchen. Wenn wir an eine Kreuzung kommen, an der es keine Wegweiser gibt, besitzen wir die *Freiheit,* das zu wählen, was wir wollen; wir können *zuversichtlich* sein, dass Gott mit uns geht, egal wie wir uns entscheiden; und wir können *sicher* sein, dass unsere Entscheidungen zu seinem Willen für uns werden. Mit anderen Worten, wir können gar nicht verlieren. Wir können keine Entscheidung treffen, die nicht mit dem Willen Gottes in Einklang steht, weil wir selbst bereits mit Gottes Willen im Einklang sind. So zeigt sich, dass die Entscheidung mit dem meisten Gewicht nicht die zwischen zwei möglichen Wegen ist – z.B. ob man den Job in Kalifornien annehmen oder in Idaho bleiben soll –, sondern die Wahl zwischen zwei möglichen Lebensstilen: entweder für Gott oder gegen Gott.

Aber ist es denn *so* leicht? Ja, wenn wir uns für das „leichte" Leben der völligen Hingabe an Gott entscheiden. Jesus hat gesagt: „Ich meine es gut mit euch und bürde euch keine unerträgliche Last auf" (Mt. 11,30), auch wenn uns der erste Schritt der Unterwerfung unter sein Joch alles andere als leicht vorkommen mag. Doch wie leicht oder schwer das ist, steht nicht zur Sache. Vieles fängt mit Schwierigkeiten an und erweist sich schließlich als leicht; denken wir nur daran, wie man mit einer neuen Sportart beginnt oder ein neues Instrument erlernt oder sich in ein neues Studienfach einarbeitet. Bei der Nachfolge ist das genauso. Sie widerspricht unserer egozentrischen Natur. Und doch liegt sie zugleich tief in unserem Wesen. Gott hat uns für sich geschaffen. Das Leben, das wir eigentlich führen *sollen* – und das wir zutiefst führen *wollen* –, ist ein Leben, das sich jeden Tag neu an Gott hingibt.

Wir werden sehen, dass Gott einen Plan für unser Leben hat. Wir werden diesen Plan jedoch entdecken, indem wir schlicht und einfach den Willen Gottes tun, den wir kennen – den Willen Gottes für das Hier und Heute. Dann wird sich unser Leben Schritt für Schritt vor uns entfalten. Wir werden im richtigen Augenblick alles Nötige erkennen. Wir werden durch eine offene Tür in einen Raum eintreten und mit der Zeit werden wir erfahren, durch welche Tür wir als Nächstes gehen sollen. Und wenn uns eine klare Weisung fehlt, werden wir einfach eine Tür aussuchen und hindurchgehen. Dieser Prozess wird sich fortsetzen, und wir werden von einem Raum zu nächsten, von einer Lebensphase zur nächsten voranschreiten. Wir werden den Willen Gottes mit der gleichen Natürlichkeit erkennen lernen wie wir als Kleinkind das Laufen gelernt haben – nämlich Schritt für Schritt. Wir werden niemals ängstlich zurückschauen müssen, uns niemals wegen vergangener Entscheidungen Sorgen machen müssen und niemals den Zweifel hegen, Gott könne uns im Stich gelassen haben.

Mit den Jahren werden wir ein Muster entdecken – wir werden erfahren, dass unser Leben genau den Verlauf genommen hat, den Gott für uns vorgesehen hatte. Allerdings werden wir dieses Muster erst im Rückblick erkennen. In der Zwischenzeit sollten wir unsere Energie auf den gegenwärtigen Augenblick richten. Gott – so viel ist sicher – wird dort deutlich reden, wo es nötig ist. Und in einer Sache hat er sich sehr klar ausgedrückt: Wir sollen ihn über alles andere stellen.

3

HINDERNISSE

Ich bin mir nicht sicher, ob die Christen in den Ländern der Dritten Welt unseren relativ modernen und typisch westlichen Wahn teilen, den Willen Gottes speziell für uns erkennen zu müssen. Wir sind auch deshalb so durcheinander, weil wir in einer postmodernen Welt leben. Unsere gegenwärtige Kultur konfrontiert uns mit einer Vielzahl von Entscheidungsmöglichkeiten; wir stehen unter dem Druck, ein ruheloses, fragmentiertes Leben zu führen und uns von immer mehr Beziehungen zu isolieren. Diese Merkmale unserer Gesellschaft – Entscheidungsmöglichkeiten, Geschäftigkeit und Isolation – machen es uns beinahe unmöglich, den Willen Gottes zu erkennen.

Wir stehen so oft vor Entscheidungen, dass uns allein schon die bloße Menge an Alternativen erschlägt – so als wollte man in einem riesigen Einkaufszentrum etwas aussuchen. Wir sind fast ständig am Rennen und es fällt uns schwer, bei unseren Entscheidungen unser Leben als Ganzes im Blick zu behalten. Wir leben so isoliert, dass uns nur wenige Menschen gut genug kennen, um uns bei Entscheidungen beraten zu können. Wie wir in diesem Kapitel sehen werden, möchte Gott von uns, dass wir die Qualität unseres Lebens über die Quantität der uns zur Verfügung stehenden Optionen stellen; dass wir unser Lebenstempo bremsen und die verschiedenen Bereiche unseres Lebens so gut es geht integrieren; dass wir Freundschaften mit Menschen aufbauen, die uns ganz kennen und nicht nur einen kleinen isolierten Teil von uns. Gottes Wille könnte die Herausforderung für uns bedeuten, dass wir uns einige Trends unserer Gegenwartskultur entziehen bzw. sie sogar umkehren.

Tradition!

Ein Pfarrer erzählte mir neulich von einem Gespräch mit einem Freund, in dem es um die Frage der Partnerwahl ging. Er fragte seinen Freund, der in Indien aufgewachsen war: „Wann haben Sie sich in Ihre Frau verliebt?"

„Oh, ich denke, das war so etwa in unserem vierten Ehejahr", lautete die Antwort.

Der Pfarrer wollte es nicht glauben: „Wie kann das sein?", fragte er.

„Unsere Ehe war von unseren Eltern arrangiert worden. Wir lernten uns erst eine Woche vor der Hochzeit kennen. Wir hatten gar nicht die Zeit, uns vor unserer Ehe ineinander zu verlieben. Das kam erst später."

Ganz offensichtlich stellte sich für diesen Inder nicht die Frage, welchen Lebenspartner er nach Gottes Willen finden sollte. Seine Eltern fällten diese Entscheidung für ihn. Er musste jedoch lernen, die Frau zu lieben, die man für ihn ausgesucht hatte. Er lernte sie zu lieben, während er im Alltag der Ehe mit ihr zusammenlebte. Das war Gottes Wille für sein Leben.

Die Welt, von der dieser Mann erzählte, unterscheidet sich von unserer modernen, westlichen Kultur. Er lebte in einer traditionellen Gesellschaft. In dem Musical *Anatevka* wird uns von einer jüdischen Familie erzählt, die ebenfalls in einer traditionellen Gesellschaft lebt. Tevje, Vater und Familienoberhaupt, erzählt von einem Mann mit Fiedel, der auf einem steilen Hausdach balanciert, mit Mühe sein Gleichgewicht hält und gleichzeitig seine Violine spielt. Tevje fragt, wie man sein Gleichgewicht halten kann, und gibt selbst die Antwort: „Das kann ich dir mit einem einzigen Wort sagen – Tradition!"

Die Tradition macht es dieser kleinen Dorfgemeinschaft möglich, in einer unsicheren und feindseligen Welt zu überleben. Die Tradition sagt dem Einzelnen, was er essen und anziehen und wie er arbeiten soll. Die Tradition erinnert die Menschen an ihre jüdische Identität. Die Tradition verpflichtet den Vater, für die Familie zu sorgen und Ehemänner für seine Töchter zu finden; sie verlangt von der Mutter, in ihrem Haushalt für Frieden und eine koschere Ernährung zu sorgen. Die Tradition sorgt für die Ordnung und Stabilität der Dorfgemeinschaft. Durch die Tradition, so schließt Tevje, „weiß hier jeder von uns, wer er ist und was der liebe

Gott von ihm erwartet." Die jüdischen Bewohner dieses Dorfes besitzen folglich nicht die Freiheit – aber auch nicht den damit verbundenen Druck –, sich für einen Ehepartner, einen Beruf oder andere Dinge selbstständig zu entscheiden. Die Tradition entscheidet für sie.

Die Tradition schafft auch das Zusammengehörigkeitsgefühl in Tevjes kleinem Dorf. „Wir kommen alle prima miteinander aus", sagt Tevje mit einem Augenzwinkern, das deutlich zeigt, dass die Harmonie unter den Dorfbewohnern nicht ganz so ideal ist, wie er behauptet. Doch die Menschen in Anatevka arbeiten zusammen, feiern gemeinsam Gottesdienste, tanzen und trinken zusammen und studieren gemeinsam in der Thora. Sie geben ihre Töchter den Söhnen ihrer besten Freunde. Sie helfen einander und verteidigen sich gegenseitig. Wenn es zu Konflikten kommt, was in einem solchen Gefüge unweigerlich der Fall ist, regeln sie diese untereinander, denn die Gemeinschaft von Anatevka funktioniert. Sie *müssen* ihre Konflikte lösen, denn es gab niemanden, an den sie sich wenden könnten. Anatevka gibt dem Leben seiner Bewohner Stabilität und befähigt sie, ihre Entscheidungen unter dem Kriterium zu fällen, was für die Gemeinschaft am besten sei, statt nur auf das individuelle Wohl zu achten.

Unsere moderne und postmoderne Gesellschaft hat das Gesetz der Tradition über Bord geworfen. Wir wollen möglichst viele Wahlmöglichkeiten haben. Uns geht es um Freiheit und Chancen; wir schätzen unsere Unabhängigkeit. Für uns wäre es undenkbar, für das Wohl der Gemeinschaft unsere Freiheit zu beschneiden oder die Vielzahl unserer Optionen zu begrenzen oder unsere Unabhängigkeit aufzugeben.

Zu viele Entscheidungsmöglichkeiten

Die Freiheit sich zu entscheiden kann zur Last werden, wie wir alle aus eigener Erfahrung wissen: „Wer die Wahl hat, hat die Qual." Sich entscheiden zu können ist eine Sache, aber wenn uns zu viele Möglichkeiten zur Wahl stehen, ist das etwas anderes. Dann ist das wie der Besuch eines großen Kaufhauses oder die Menü-Auswahl auf einer gut sortierten Speisekarte – die große Auswahl überfordert und lähmt uns. Wo sollen wir anfangen? Wie sortieren wir das Angebot, um die nötigen Prioritäten zu setzen? Was einmal Sache der Tradition war, wie wir am Beispiel des Inders und des Dorfes Anatevka gesehen haben, ist heute eine Frage der persönlichen Entscheidung geworden. Wir können uns entscheiden, wie wir wollen. Ein Freund von mir meinte kürzlich: „Ich habe noch kein einziges glückliches Kind in einem *Toys R Us*-Markt gesehen. Dort gibt es einfach viel zu viele Spielsachen, zwischen denen das Kind sich entscheiden muss. Das ist zu viel für Kinder."

Zwei meiner Kinder werden bald vor der Wahl stehen, auf welches College sie gehen wollen. Eine ganze Reihe von Colleges wird um sie werben, bis sie schließlich ihre Entscheidung gefällt haben. Und sie stellen es geschickt an mit ihrer Computertechnologie, ihren toll aufgemachten Werbeprospekten und ihren Schnupperwochenenden. Welches College werden meine Kinder bei diesem Überangebot an guten Einrichtungen wählen? Wie werden sie ihre Entscheidung treffen? Wie werden sie den Willen Gottes erkennen? Es wäre viel einfacher, wenn ich die Wahl für sie treffen würde. Doch diese Zeiten sind längst vorbei. Meine Kinder werden sich selbst entscheiden müssen. Und sie fühlen sich jetzt schon überfordert. Und ich übrigens auch – dabei stehen wir erst ganz am Anfang.

Das Internet ist zu einem Sinnbild des modernen Lebens geworden. Ich bin kein Internet-Fan, aber ich habe bereits häufig genug darin gesurft, um zu wissen, dass es in etwa so viele Informationen enthält wie ein Ozean Wassertropfen. Wir haben Zugang zu allem, was wir uns wünschen, können kaufen, was wir wollen und uns über jedes beliebige Thema informieren. Das Internet bietet uns eine unbegrenzte Auswahl, doch es stellt uns auch vor mehr Entscheidungen, als wir jemals fällen können und wollen.

Warum wünschen wir uns so viele Optionen? Unsere moderne Gesellschaft hat unsere Erwartungen daran, was das Leben leisten kann und soll, ins Unendliche gesteigert. Auch die Werbung nährt unseren Hunger nach mehr – nach Besserem, Schnellerem, Neuerem – und vermittelt uns das Gefühl, wir hätten ein Recht darauf, jeden Wunsch erfüllt zu bekommen. Ständig wird uns präsentiert, was der Markt alles bietet, und wir meinen, wir hätten einen Anspruch darauf – auf Glück, auf Reichtum, auf Schönheit und auf Macht. Daher leben wir unausgesprochen nach sehr selbstsüchtigen Regeln: Ich habe ein Anrecht, meine Wünsche umgehend erfüllt zu bekommen. Mir stehen aufgrund dessen, was ich bin, bestimmte Privilegien zu. Ich habe nicht nur das Recht, mein persönliches Glück anzustreben, ich habe es verdient, glücklich zu sein, und ich tue alles, um das zu erreichen. Ich habe nur das Neueste, Größte und Beste verdient. Das ist mein Recht.

Wir glauben also, alles wählen zu dürfen, was unser Herz sich wünscht, und unsere Wahlmöglichkeiten unbegrenzt vervielfältigen zu können. Je mehr Optionen uns zur Verfügung stehen, umso besser. Dabei übersehen wir, dass die Quantität der Optionen noch nichts über deren Qualität aussagt. Würde man uns die Wahl lassen, auf welche von zehn Arten wir sterben wollen, würde uns das wohl kaum glücklicher machen, oder?

Ständig auf Achse

Es ist schlimm genug, dass wir so viele Entscheidungen treffen müssen. Noch schlimmer ist, dass unser Leben so hektisch geworden ist. Wir stehen ständig unter Zeitdruck – und das trübt unser Urteilsvermögen, insbesondere unsere Fähigkeit, Situationen, Dinge, Probleme zu beurteilen und gute Entscheidungen zu treffen. Wir haben so viel zu tun, unsere Terminpläne sind so voll, dass uns oft die Zeit fehlt, über die anstehenden Entscheidungen angemessen nachzudenken.

Als Witwer mit drei lebhaften Kindern bin ich, verglichen mit meinen verheirateten Freunden, vielleicht in einer Sondersituation, aber die Hektik meines eigenen Tagesablaufs ist kennzeichnend für den Lebensstil der meisten Menschen in der Mittelschicht unserer Gesellschaft. Ich habe höchstens den Vorteil, dass ich Nein sagen kann, und jeder versteht es, weil ich ja meine drei Kinder allein großziehen muss. Meine verheirateten Freunde haben diese Entschuldigung nicht. Trotzdem geht es bei ihnen nicht weniger verrückt zu. Wenn ich mir sonntagabends ein paar Minuten nehme, um meinen Terminkalender auf den neusten Stand zu bringen, bin ich jedes Mal aufs Neue erstaunt über die schiere Masse an Aufgaben, Terminen und Personen, mit denen ich es im Verlauf einer Woche zu tun haben werde.

Trotzdem macht es mich auch stolz, wenn ich meinen Wochenplan erstelle und Zeile um Zeile mit Terminen, Aktivitäten und Pflichten fülle – gerade so als wäre die Tatsache, dass ich so beschäftigt bin, ein Zeichen für meinen Wert als Person. Ich werde unterrichten, mich mit Studenten treffen, Seminare vorbereiten, Prüfungsfragen erarbeiten und Seminararbeiten bewerten. Ich werde Sitzungen mit meinen Kollegen und der Collegeverwaltung besuchen; ich werde Dutzende E-Mails beantworten und mit Kollegen und Freunden telefonieren.

Auch werde ich meine Kinder morgens zum Training, mittags zur Musikschule und abends zu ihrer Jugendgruppe fahren. Am Wochenende besuche ich ihre Sportwettkämpfe oder ihre künstlerischen Aufführungen. Ich koche, wasche, putze (unter Mithilfe meiner Kinder natürlich). Ich plaudere mit den Nachbarn, lese meine Post und kümmere mich um die tausend Kleinigkeiten, die so anfallen. Und wenn dann noch Zeit bleibt, versuche ich ein bisschen Sport zu treiben oder mich ein paar Minuten hinzusetzen und einen Roman oder eine Zeitschrift zu lesen. So ist das mit dem hektischen Leben.

Meine Kinder sind nicht ganz so beschäftigt, aber selbst bei ihnen geht es schon ganz schön hektisch zu. Wie viele Kinder aus der amerikanischen Mittelschicht treiben sie Sport, lernen ein Instrument und gehen zu einer kirchlichen Jugendgruppe. Ich bin in den Sechziger- und Siebzigerjahren aufgewachsen und kann mich nicht daran erinnern, schon so verplant gewesen zu sein wie die Kinder heute; und auch meine Mutter hatte nicht so viel auf dem Programm stehen wie ich jetzt.

Irgendwie hat sich unser Lebensstil gewandelt. Ich zum Beispiel begrüße die vielen Möglichkeiten, die sich mir eröffnen, aber ich klage über die damit einhergehende Hektik. Ich habe die Worte Mahatma Gandhis nicht verinnerlicht: „Es gehört mehr zum Leben, als nur das Tempo zu erhöhen."

Und als ob wir nicht schon beschäftigt genug wären, kommt noch hinzu, dass wir unter dem ständigen Druck leben, weitere Verpflichtungen einzugehen, verbunden mit der Angst, etwas zu verpassen oder andere zu enttäuschen, wenn wir es nicht tun. Selten machen wir uns dabei die Konsequenzen unserer Entscheidungen bewusst. Jede neue Verpflichtung bedeutet noch mehr Verzettelung, Stress und Überlastung.

Wenn ich zum Beispiel gebeten werde, als Referent auf ein Einkehrwochenende mitzufahren, zwinge ich mich geradezu, mir die versteckten Kosten bewusst zu machen. Mir fehlt dadurch nicht nur die Zeit, die ich für meine anderen Aufgaben bräuchte, ich muss mich auch auf die Einkehrtage vorbereiten, meine Kräfte einteilen, damit ich bei den Referaten mein Bestes geben und für die Teilnehmer da sein kann. Und nach dem Wochenende brauche ich genügend Kraft für die liegen gebliebenen Arbeiten zu Hause und für das, was mir und den Kindern verloren gegangen ist. Trotzdem habe ich oft ein schlechtes Gewissen, wenn ich solche Anfragen ausschlage. Ich frage mich manchmal, was mich dazu treibt, so viele Verpflichtungen zu übernehmen und mir so viel Hektik zuzumuten, und wieso ich mich in dem Glauben wiege, alles tun und alles mitnehmen zu können. Ironischerweise ist unsere Produktivität an allen Ecken genau der Faktor, der uns daran hindert, die Stimme Gottes zu vernehmen und seinen Willen zu tun.

In den letzten 25 Jahren ist ein ganzer Wirtschaftszweig entstanden, der Techniken für das Zeitmanagement vermarktet, die uns helfen sollen, die Komplexität, den Stress und den Erwartungsdruck unserer heutigen Zeit in den Griff zu bekommen. Wir lernen, aus jedem Tag noch einmal 30 Minuten Produktivität herauszuschlagen, in noch weniger Zeit noch mehr zu leisten und unsere Energien wie durch ein Brennglas zu bündeln. Vor Jahren las ich ein Buch zum Thema Zeitmanagement, das mir den *totalen Erfolg* versprach, wenn ich den Strategien des Autors folgen sollte. Der Autor behauptete, ich könne „alles erreichen, was ich wollte" und mein „Leben zu hundert Prozent in den Griff bekommen". Ich fand seine Gedanken hilfreich und ich lernte auch, meine Zeit besser einzuteilen, aber dieses Buch ließ das eigentliche Problem links liegen: unsere Hektik und unser in Einzelfragmente aufgespaltenes Leben. Ist denn Produktivität als solche schon eine Tugend? Ist es immer gut, sich ganz dem Erfolg zu verschreiben? Ist es richtig, die Welt um den Preis zu gewinnen, dass wir unsere Seele verlieren?

Jesus sagt uns: „Wer sein Leben um jeden Preis erhalten will, der wird es verlieren, aber wer sein Leben für mich einsetzt, der wird es für immer gewinnen. Denn was gewinnt ein Mensch, selbst wenn ihm die ganze Welt zufällt und er dabei das ewige Leben verliert? Mit nichts auf dieser Welt kann er es wieder erwerben" (Mt. 16,25.26). Es ist traurig, dass unsere heutige Gesellschaft uns mit der erschreckenden Aussicht konfrontiert, wir würden auf der Strecke bleiben, bei Beförderungen übergangen, finanziell benachteiligt oder im Mittelmaß verhaftet bleiben, wenn wir unsere Zeit und Kraft nicht effektiv genug managen, uns nicht überall engagieren oder unsere Kinder nicht zu Höchstleistungen anspornen.

Will Gott, dass wir ein derart irrsinniges Leben führen? Können wir Gottes Willen entdecken – was immer wir darunter verstehen –, solange wir in einer solchen ständigen Überanspannung leben? Ist es wirklich so wichtig, dass wir unsere ehrgeizigen Pläne verwirklichen, wenn wir dabei letztlich unsere Seele verkaufen? Das ist doch wohl ein zu hoher Preis.

Moderne Menschen sind einsam

Unser Leben ist zudem auch noch zersplittert. Oft werden wir in hundert Richtungen zugleich gezerrt, müssen Beziehungen zu den unterschiedlichsten Leuten leben und wandern zwischen verschiedenen „Welten" hin und her. Viele von uns leben in vier, fünf oder gar sechs solcher „Welten" – Nachbarschaft, Gemeinde, Arbeitsplatz, Vereine, Sport, irgendwelche Gremien usw. –, die untereinander kaum Berührungspunkte haben. Das einzig Kontinuierliche daran ist das isolierte Selbst, das von einer „Umwelt" zur nächsten wechselt.

Wir sollten uns nichts vormachen, jedem von uns fällt es schwer, von einer „Welt" in die nächste zu hasten, ohne sich dabei zu verzetteln oder hin und wieder den Verstand zu verlieren. Weiß denn überhaupt noch irgendjemand – selbst der Ehepartner oder die besten Freunde –, wie ich als Person mein Leben führe? Kennt mich denn überhaupt noch jemand wirklich? Gibt es noch jemanden, der einmal nachhakt und mich auf meinen Lebensstil hin befragt? Wir könnten leicht in jeder dieser „Welten" eine separate Identität mit völlig unterschiedlichen Werten entwickeln, ohne dass uns irgendjemand auf die Schliche käme. Und zu einem gewissen Grad tun wir das ja auch. Im Beruf herrscht Rücksichtslosigkeit, im Sportverein erzählt man schlüpfrige Witze, den Nachbarn lässt man links liegen und in der Gemeinde zeigt man sein frommes Gesicht – und oft sind uns diese Brüche in unserem Leben nicht einmal bewusst.

Das Bedürfnis nach Gemeinschaft ist bei allen Menschen gleich. Doch in traditionellen Gemeinschaften bedeutet Gemeinschaft etwas völlig anderes als in unserer modernen Gesellschaft. Wir haben heute mit vielen sozialen Gruppen Berührungspunkte, aber selten gibt es einen festen Personenkreis – Familie, Freunde oder Gemeinde –, der das Ganze unseres Leben zu sehen bekommt und uns wirklich gut kennt. Da sind die einen, die uns nur als ihren Kollegen kennen und kaum etwas über unsere Familie wissen. Da sind andere, denen wir auf dem Fußballplatz begegnen, aber keiner von ihnen erlebt uns im Rahmen unserer Kirchengemeinde. Wo immer wir Gemeinschaft erleben, ist sie etwas Fragmentarisches. Es gibt Menschen, die wir tagtäglich sehen und von denen wir dennoch nichts wissen.

Wir wären erstaunt, wenn wir einmal zählen würden, wie vielen Menschen wir im Verlauf einer Woche begegnen. Einige wenige sind gute Freunde, manche sind Bekannte, doch die meisten sind für uns fremd. Wenn ich mir das klar mache, überkommt mich manchmal das Gefühl, als sei ich ein Mensch ohne Freunde. Ein Fremder in der Welt, die doch meine Welt ist. Ist diese Erfahrung so anders als das, was die meisten Menschen erleben?

Wie können wir den Willen Gottes erkennen, wenn wir nicht mehr in eine Gemeinschaft eingebunden sind, die uns dabei Rat geben und unterstützen kann? In großen Firmen werden Menschen im Zuge von Umstrukturierungsmaßnahmen ohne Rücksicht auf Freundschaften, familiäre Beziehungen oder Gemeindezugehörigkeit vom einen Ende des Landes ans andere oder sogar ins Ausland versetzt. Junge Leute entscheiden sich heute für ihren Lebenspartner, ohne dass die Eltern irgendeinen Einfluss darauf hätten. Manche Eltern lernen den zukünftigen Schwiegersohn oder die Schwiegertochter sogar erst kennen, nachdem die Entscheidung für die Heirat bereits gefallen ist. Menschen entscheiden sich für einen bestimmten Beruf, ohne zuvor den Rat von Freunden oder Angehörigen eingeholt zu haben; dabei kennen die sie doch am besten. Wir sind wie Gänse, die sich auf ihren Flug in den Süden begeben, ohne sich dem Schutz eines größeren Zugs anzuschließen. Kein Wunder, dass wir uns so oft verirren.

Freunde von mir, die an einem theologischen Seminar unterrichten, erzählen mir, dass sie oft Studenten haben, die ihren „Ruf" in den geistlichen Dienst – und das ist ja eine Angelegenheit, bei der der Wille Gottes eine beachtliche Rolle spielt – ohne eine Bestätigung durch ihre Heimatgemeinde empfangen haben. Diese Studenten haben keinerlei Erfahrung mit geistlichen Diensten und wissen kaum, was bei einer solchen Aufgabe von ihnen gefordert wird, und ihnen fehlt ein Mentor, der älter ist als sie selbst. In vielen Gemeinden der Dritten Welt hingegen werden Mitglieder, die für eine solche Aufgabe reif genug sind, von der Gemeinde selbst berufen. Die Gemeinde schickt sie auf eine Schule, wo sie die nötige Ausbildung erhalten. Bei uns tun Gemeinden das nicht – zu ihrem eigenen Schaden.

Unser angestrengtes Fragen danach, worin denn nun der Wille Gottes für uns besteht, spiegelt uns, wie isoliert und zersplittert wir leben. Wir fällen unsere Entscheidungen aus dem hohlen Bauch heraus, weil uns der nötige Kontakt zu Menschen fehlt, die uns etwas über unsere Stärken und Schwächen sagen könnten. Wenn wir Teil einer Gemeinschaft sind, werden sich manche Entscheidungen, die uns kompliziert erscheinen, als gar nicht so schwierig erweisen. Die Gemeinschaft bietet uns Informationsquellen, Klärungsmöglichkeiten und Entscheidungshilfen – aber nur, wenn wir einer solchen Gemeinschaft wirklich angehören.

Durch den Anschluss an eine Gemeinschaft kann sich vieles ändern. So erging es jedenfalls der in San Francisco beheimateten Schriftstellerin Anne Lamott. Ihr Weg zum Glauben war ungefähr so schwierig, als würde man barfuß den Himalaya erklimmen. Jahrelang war sie alkohol- und drogenabhängig gewesen. Mithilfe einer Gemeinde, der größtenteils Arme und Menschen aus sozialen Randgruppen angehörten, fand sie zum Glauben. Sie wünschte sich, dass ihr Sohn ebenfalls in der liebevollen Gemeinschaft dieser Gemeinde aufwächst. Und wie viele Eltern drängte sie ihn, zur Kirche zu gehen. Der Grund dafür war einfach und er sagt einiges über diese Art von Gemeinschaft, die so viele Menschen vermissen.

> Mein Hauptgrund ist, dass ich ihm das geben möchte, was ich selbst gefunden habe: einen Weg, auf dem er gehen kann, und ein Licht, das ihm leuchtet. Die meisten Leute, die ich kenne und die das haben, was ich mir wünsche – ein Ziel, ein mutiges Herz, Ausgeglichenheit, Dankbarkeit und Freude –, sind Menschen mit einer tiefen Frömmigkeit. Sie leben in einer Gemeinschaft, in der sie miteinander beten und ihren Glauben leben. ... Sie folgen einem Licht, das heller strahlt als der dumpfe Schein ihrer eigenen Kerze; sie sind Teil von etwas, das schön ist.[7]

Anne Lamott wurde Teil dieser ganz besonderen kleinen Gemeinschaft. Dort entdeckte sie auch, was es heißt, den schlichten Willen Gottes zu tun. „Unsere verrückte kleine

Kirche ist voll von Leuten, die sich für Frieden und Freiheit einsetzen, die auf den Straßen und in den Häusern beten, die Briefe schreiben und in Obdachlosenunterkünften Essen austeilen."[8]

Ich will nicht behaupten, die traditionelle Gemeinschaft sei ein Ideal, das wir wieder beleben müssten. Das kleine Dorf Anatevka aus dem gleichnamigen Musical war kein Paradies. Auch traditionelle Gemeinschaften haben ihre Probleme. Oft sind sie eng und von Machtstrukturen durchsetzt, die dem Einzelnen eine Rolle aufzwingen, die sich nicht mit seinen Wünschen und Interessen decken. Ich persönlich genieße die Freiheit, die das moderne Leben mir verschafft. Aber diese Freiheit hat ihren Preis.

Wir stehen vor zu vielen Entscheidungen. Wir leben viel zu hektisch. Und obwohl wir Woche für Woche Hunderten von Menschen begegnen, leben wir relativ isoliert und einsam. Wie ist es unter diesen Gegebenheiten möglich, den Willen Gottes zu erkennen? Das Leben erscheint uns häufig zu komplex, hektisch und einsam, um überhaupt irgend etwas über Gott erfahren zu können. Im nächsten Kapitel werden wir untersuchen, wie wir unser Leben strukturieren können – indem wir Qualität über Quantität stellen, indem wir unser Lebenstempo den Bedürfnissen unserer Seele anpassen und indem wir in einer gesunden Gemeinschaft leben. Kurz gesagt, wir werden uns damit befassen, wie wir den Willen Gottes tun können, indem wir ihm im Alltag gehorsam sind.

4

Gehorsam als Lebensstil

Meine Kinder wollen ihre eigenen Entscheidungen fällen. Wenn wir gemeinsam zum Einkaufszentrum fahren, entdecken sie mit Begeisterung, welche Geschäfte seit unserem letzten Besuch neu eröffnet wurden. Neue Geschäfte bedeuten neue Auswahl, und eine größere Auswahl ist in den Augen meiner Kinder etwas Gutes.

Meine Kinder bilden da keine Ausnahme. Die meisten Jugendlichen wollen so viele Entscheidungsmöglichkeiten wie möglich haben – sie wollen beliebig viel Zeit beim Shoppen verbringen und dabei so viel Geld ausgeben, wie ihnen passt; sie wollen stundenlang im Internet surfen und alle Filme sehen, die im Kino kommen; sie wollen keine Tanzparty und keinen Sportwettkampf auslassen. Aber ist dieser Drang nach unbegrenzter Freiheit gesund? Wie die Schlange im Paradies kann er uns vergessen machen, dass so viele Entscheidungsmöglichkeiten auch eine ganze Reihe von Gefahren mit sich bringen.

Ich sehe ja, welche Auswirkungen das auf meine jugendlichen Kinder hat. Die Bandbreite an Entscheidungen überfordert sie. Sie befinden sich in einem permanenten Taumel, weil sie vor einer so überwältigenden Zahl von Entscheidungen stehen. Doch dieses Problem betrifft nicht nur die Teenager von heute. Wir alle sind hin und wieder wie gelähmt angesichts der vielen Entscheidungen, die wir treffen müssen. Freiheit entpuppt sich nicht nur als Freund, sondern auch als Feind. Was bringt uns die große Auswahl, wenn wir uns nicht mehr für das entscheiden, was gut und richtig ist?

Zwei Arten von Freiheit

Vielleicht haben wir nicht richtig verstanden, was Freiheit ist. In der amerikanischen Gesellschaft wird Freiheit als ein Nichtvorhandensein von Beschränkungen und als der Schutz – und die Ausweitung – persönlicher Rechte angesehen. Diese Rechte finden sich bereits in der Verfassung der USA, in der uns das Recht auf Glaubens- und Redefreiheit sowie in großen Zügen auch die Freiheit, uns nach unserem Gutdünken zu verhalten, zuerkannt wird.

Wir können an viele Götter glauben oder an einen oder auch an keinen. Wir können sagen und schreiben, was uns in den Sinn kommt, selbst wenn es falsch, verdorben oder aufrührerisch ist. Wir können unseren Interessen nachgehen, solange wir damit keinem anderen schaden. Wir können Bestseller lesen oder Waffen sammeln oder Schlangen als Haustiere halten oder uns via Internet Pornographie reinziehen oder auch unser Wohnzimmer von oben bis unten schwarz anstreichen. Wir können Unmengen von Geld anhäufen, es für einen guten Zweck spenden oder es für sinnlose Vergnügungen ausgeben. Wir können nach dem streben, was edel, weise und visionär ist, oder dem nachgehen, was eitel, dumm und selbstsüchtig ist. Niemand in unserem Land muss einer bestimmten Kirche angehören, eine bestimmte Partei wählen oder bestimmte Theorien oder Ansichten für wahr halten.

Freiheit ist geradezu eine Ware geworden. Kürzlich las ich in einer Zeitschrift eine Anzeige, die mich von einem neuen Eau de Toilette überzeugen wollte, dessen Name bezeichnenderweise „Freiheit" ist. Da hieß es: „Gehen Sie, wohin Sie wollen. Tun Sie, was Sie wollen. Leben Sie so, wie Sie es wollen. Das ist Freiheit … „Freiheit" – eine neue Duft-Dimension." Natürlich wird in dieser Anzeige nichts darüber gesagt, *wohin* man gehen, *was* man tun oder *wie* man leben soll. Das scheint völlig nebensächlich. Entscheidend ist nicht, was wir mit unserer Freiheit tun (außer natürlich das neue Produkt zu kaufen!), entscheidend ist allein, dass wir diese Freiheit haben.

Dieser Drang nach Freiheit hat auch seinen Weg in den christlichen Glauben gefunden. In Umfragen zeigt sich zwar, dass die Mehrheit der Amerikaner immer noch religiös eingestellt ist, dass viele sich jedoch vom traditionellen christlichen Glauben entfernen. Amerikaner wollen mit für sie neuen religiösen Ideen experimentieren (Taoismus oder Hinduismus zum Beispiel); sie lehnen Lehren wie die von der Ausschließlichkeit Jesu als dem einen Heilsweg zu Gott ab und sie untergraben traditionelle moralische Werte (wie die Treue gegenüber dem Eheversprechen). In den westeuropäischen Ländern ist das in vielleicht noch stärkerem Ausmaß der Fall. „Freiheit" im Zusammenhang mit Religion bedeutet die Freiheit, die eigene Glaubensüberzeugung zu kreieren.

Viele Theologen betrachten diese Entwicklung kritisch. Was ist christlicher Glaube wert, wenn er sich immer – mit einer gewissen Zeitverzögerung – den gesellschaftlichen Entwicklungen anpasst? Wenn das populäre Verständnis von Religion sich durchsetzt, dann spiegelt auch das Christentum bald nur noch, was Menschen ohnehin schon glauben, was das gegenwärtige Lebensgefühl bestimmt und was sie sich von Gott wünschen. Und damit steht der Mensch und nicht Gott im Zentrum. Der Mensch bestimmt, was wahr ist. Eine solche Religiosität hält zwar die menschliche Freiheit hoch – allerdings wohl doch nicht selten auf Kosten der Wahrheit.

Die Bibel definiert Freiheit völlig anders. Wirkliche Freiheit finden wir erst, wenn wir uns an Jesus binden. „Wer mir folgen will, darf nicht mehr an sich selber denken; er muss sein Kreuz willig auf sich nehmen und mir nachfolgen. Wer sein Leben um jeden Preis erhalten will, der wird es verlieren. Wer aber sein Leben für mich einsetzt, der wird es für immer gewinnen. Denn was hat ein Mensch davon, wenn er die ganze Welt gewinnt, aber dabei das ewige Leben verliert?" (Lk. 9,23–25).

Jesus ist kompromisslos: Wirkliches Leben werden wir nur finden, wenn wir unserem sündhaften und ich-süchtigen Selbst absterben. Wenn wir etwas gewinnen wollen, was in Ewigkeit zählt, müssen wir Dinge aufgeben, die nur in dieser vergänglichen Welt zählen. Wenn wir in Gottes Reich die Ersten sein wollen, müssen wir uns darauf einlassen, in dieser Welt zu den Letzten zu gehören. Wir müssen unser Kreuz auf uns nehmen und Jesus nachfolgen. Dietrich Bonhoeffer, der während des Zweiten Weltkriegs wegen seiner – christlich motivierten – Beteiligung am Attentat gegen Hitler getötet wurde, schreibt in seinem Werk *Nachfolge*: „Dass Jesus der Christus ist, gibt ihm die Vollmacht zu rufen und auf sein Wort Gehorsam zu fordern. Jesus ruft in die Nachfolge, nicht als Lehrer und Vorbild, sondern als der Christus, der Sohn Gottes."[9]

Das heißt: Wahre Freiheit finden wir in der Hingabe unseres Willens an Gott – im Gehorsam. Obwohl wir uns nach unbegrenzter Entscheidungsfreiheit sehnen, ist nur eine einzige Entscheidung ausreichend und weise: die Entscheidung für den Gehorsam.

Was hat diese Diskussion über das biblische Freiheitsverständnis mit unserer Suche nach dem Willen Gottes zu tun? Es zeigt sich, dass das Verlangen nach Freiheit, wie es durch unsere Kultur vorgegeben wird, Einfluss hat auf die Art und Weise, wie wir nach dem Willen Gottes suchen. Hinter dem traditionellen Ansatz, was der Wille Gottes sei, verbirgt sich die Grundannahme, es sei gut, möglichst viele Optionen zu haben, von denen sich jedoch nur eine als *der* Wille Gottes entpuppt. Somit wird uns die Last aufgebürdet herauszufinden, welche der vielen Optionen die richtige und wahrhaftige ist.

Gottes Wille ist wie das *eine* Weihnachtsgeschenk unter dem Baum, das für uns ist, obwohl da doch so viele

Geschenke liegen – und jedes könnte unseres sein. Wir müssen unseres irgendwie herausfinden, obwohl auf keinem Päckchen ein Namensschild klebt. So wird unsere Suche nach dem Willen Gottes zu einer wahren Irrfahrt.

Aber was wäre, wenn unter dem Baum überhaupt nur ein Päckchen liegen würde? Dann wäre es kein Problem, dass kein Namensschild daran befestigt wurde. Was, wenn die Idee mit der Entscheidung an sich schon am Kern der Sache vorbeigeht? Was wäre, wenn die Freiheit, die wir so sehr herbeisehnen – die Freiheit alles zu bekommen, was wir wollen – uns an der Freiheit hinderte, die wir eigentlich brauchen – die Freiheit, das zu wählen, was Gott von uns will?

Was Gott von uns will, ist uns bereits bekannt – wir müssen es nicht erst mühsam herausfinden. Der Wille Gottes drückt sich in seinem Gebot aus, sein Reich und seine Gerechtigkeit an die erste Stelle zu setzen. Der Wille Gottes enthält also ein klares Mandat – wir sollen Gott ohne Abstriche zum Mittelpunkt unseres Lebens machen. Paradoxerweise finden wir gerade durch diese Entscheidung wahre Freiheit. Es die Freiheit des Gehorsams. Das ist Gottes Wille für jeden von uns.

Was die Bibel über Freiheit sagt

Das Alte wie das Neue Testament bezeugen diese Wahrheit – Freiheit erwächst aus dem Gehorsam. Die Israeliten lebten 400 Jahre lang als Sklaven in Ägypten. Dann sandte Gott Mose, um sie zu befreien. Mose stellte sich dem Pharao entgegen, der die Israeliten nicht ziehen lassen wollte. Doch zehn Plagen zwangen den ägyptischen Herrscher schließlich, sich dem Willen Gottes zu beugen und dem Volk Israel die Freiheit zu gewähren. Das Volk verließ Ägypten und zog in die Wüste. Dort, in der Wüste, entdeckten sie eine Freiheit, die sich allein aus dem Wegfall der bisherigen Unterdrückung definiert – die Freiheit *von* etwas. Sie waren jetzt frei, eigenständig zu leben. Doch Freiheit in dem umfassenden Sinn – die Freiheit *zu* etwas – mussten sie erst noch entdecken: frei zu sein, um *für* Gott zu leben.

Diese Freiheit entdeckten sie am Berg Sinai, wo Mose die Zehn Gebote empfing. Diese Gebote wollten das Volk Israel nicht aufs Neue unterdrücken, so als wären sie einem menschlichen Despoten entronnen, nur um nun von einem göttlichen Despoten unterjocht zu werden. Die Zehn Gebote verhießen ihnen *wahre* Freiheit – die Freiheit, die Menschen finden, wenn sie im Einklang mit den Absichten Gottes leben und sein Plan sich in ihrem Leben erfüllt.

Die Zehn Gebote sind für uns Menschen das, was die Systemeinstellungen für den Computer darstellen. Sie ermöglichen uns zu funktionieren, ohne abzustürzen. Sie sind Gottes Systemeinstellungen für den Menschen und sie helfen uns, ein gutes, produktives und erfülltes Leben zu führen. Trotzdem geschah es immer wieder, dass die Israeliten die Zehn Gebote missachteten. Sie lebten lieber nach ihrem eigenen Gesetz, ohne Systemsteuerung, und zahlten einen hohen Preis für ihre Torheit (vgl. 2. Mose 3–33).

Auch der Apostel Paulus kannte dieses Problem. Es gab Anhänger, die seine Theologie der Gnade nur deshalb unterstützten, weil sie ihnen vermeintlich die Freiheit gab, so zu leben, wie es ihnen gerade passte. Sie missbrauchten die Gnade, um ihren Ungehorsam dadurch zu rechtfertigen. Sie rühmten sich sogar ihrer Sünden, weil die ja bewiesen, wie frei sie waren. Sie wollten sich keine Grenzen setzen lassen und keine Verantwortung auf sich nehmen.

Besonders eine Gruppe in der Gemeinde von Korinth nutzte die Freiheit aus, die sie in Christus empfangen hatten. Sie nahmen sich das Recht heraus zu tun, was ihnen in den Sinn kam. Sie fanden es sogar gut, dass ein Mann in einer ehebrecherischen Beziehung mit seiner Stiefmutter lebte; und wenn jemand ihre vermeintlichen Rechte einschränkte, zogen sie vor Gericht (vgl. 1. Kor. 5–6).

Paulus widerlegt ihre Haltung, indem er ihr eigenes Lebensmotto aufnimmt: „‚Es ist alles erlaubt‘, sagt ihr. Das mag stimmen, aber es ist nicht alles gut für euch. Diese Parole ‚Es ist alles erlaubt‘ darf aber nicht dazu führen, dass ich mich von irgendetwas beherrschen lasse und meine Freiheit verliere" (1. Kor. 6,12). Paulus stellt der Definition von Freiheit, wie sie die Korinther vertreten, eine christliche Definition entgegen: „Oder habt ihr etwa vergessen, dass euer Leib ein Tempel des Heiligen Geistes ist, den euch Gott gegeben hat? Ihr gehört also nicht mehr euch selbst. Gott hat einen hohen Preis gezahlt, um euch freizukaufen; deshalb dient nun auch mit eurem Leib dem Ansehen Gottes in der Welt" (1. Kor. 6,19.20).

Auch Jesus verkündet, dass wir wahre Freiheit nur finden, wenn wir unser Leben Gott unterstellen. Freiheit finden wir nicht, indem wir tun, was uns passt, sondern indem wir tun, was Gott von uns verlangt. Frei werden wir, wenn wir Gott gehorchen. Und wieder gilt: Dieser Gehorsam *ist* Gottes Wille für unser Leben.

Gehorsam, zu dem uns Jesus und die gesamte Schrift aufrufen, ist jedoch alles andere als die Unterwerfung unter eine Willkürherrschaft. Er hat auch nichts mit der Gesetzlichkeit der Pharisäer zu tun. Die Pharisäer nahmen das Gesetz des Alten Testamentes zwar ernst, doch der ernst gemeinte Wunsch, die Gebote zu erfüllen, führte dazu, dass sie gesetzlich und selbstgerecht wurden. Sie zwangen den Menschen ein Joch auf, das äußerlich die Erfüllung unzähliger Gesetze verlangte, jedoch keine Umkehr im Innern zur Folge hatte. Es gab zum Beispiel detaillierte Vorschriften für den Sabbat: Man dürfe kein Feuer anzünden, kein Holz sammeln und keine Speisen zubereiten. Aber all diese Vorschriften gingen am eigentlichen Kern des Sabbats vorbei. Die Pharisäer, so Jesus, angelten zwar jede Fliege aus der Suppe, verschluckten aber zugleich ganze Kamele. Sie verkürzten den Gehorsam auf die Einhaltung kleinlicher

Regeln und übersahen völlig, um Recht, Gerechtigkeit und Barmherzigkeit zu ringen (vgl. Lk. 11,37–52).

Jesus stellt sich der bedrückenden Gesetzlichkeit der Pharisäer entgegen – jedoch nicht mit der Parole: Alles ist erlaubt. Er verkündet und er lebt, worum es beim Gehorsam wirklich geht: nämlich um den guten und ursprünglichen Plan Gottes, um seine Absichten. Die Pharisäer befolgten strenge Regeln, wie man seine Hände zu waschen hatte; Jesus hingegen forderte ein reines Herz. „Äußerlich seid ihr Pharisäer ohne Fehler, ihr glänzt wie die Becher, aus denen ihr trinkt. Aber innerlich seid ihr schmutzig und verkommen. Ihr Scheinheiligen! Ihr wisst doch ganz genau, dass Gott beides geschaffen hat – Äußeres und Inneres. Meint ihr da wirklich, dass er nur auf das Äußere achtet? Eure Schüsseln und Becher sind voll. Gebt das, was drin ist, den Armen, dann seid ihr auch vor Gott rein!" (Lk. 11,39–41).

Bonhoeffer hatte diese Unterscheidung Jesu zwischen äußerer Gesetzlichkeit und innerem Gehorsam erkannt. Er schreibt über die radikalen Forderungen Jesu:

> Das ist wiederum kein allgemeines Gesetz; vielmehr das genaue Gegenteil von aller Gesetzlichkeit. Es ist abermals nichts anderes, als die Bindung an Jesus Christus allein, d.h. gerade die vollkommene Durchbrechung jeder Programmatik, jeder Idealität, jeder Gesetzlichkeit. Darum ist kein weiterer Inhalt möglich, weil Jesus der einzige Inhalt ist. Neben Jesus gibt es keine Inhalte mehr. Er selbst ist es.[10]

Jesus stand mit seinen Regeln über das Zusammenleben der Menschen (wie wir sie z.B. in der Bergpredigt finden) durchaus auf dem Boden der Realität. Seine Gebote waren nicht willkürlich, kleinlich oder nebensächlich. Jesus selbst lebte nach den Maßstäben, die er vertrat; er testete sie im Alltag und erwies damit, dass sie gut und umsetzbar sind. Seine Gebote dienen dem Leben; sie können Leben verändern.

Darum bejahte er die Gebote des Alten Testamentes, weil sie eine Ausführung der Verheißungen Gottes waren, und erfüllte sie ganz. Und das erwartet er auch von denen, die ihm nachfolgen.

Wenn wir Gottes Geboten im Glauben an Christus gehorsam sind, werden sie unser Leben auf den Kopf stellen. Sie werden uns auf wunderbare Weise erneuern, uns zu geheiligten und reifen Menschen machen, die feststehen wie ein gut gewachsener Baum. Gott erhebt einen Anspruch auf uns und verheißt uns, dass er uns in die Geschöpfe verwandeln wird, zu denen er uns geschaffen hat. Wenn Christus das vollkommene Bild dessen ist, wie Gott sich unser Menschsein gedacht hat, dann sind Gottes Gebote die Wegweiser, die uns ans Ziel bringen werden. Seine Gebote sind so radikal, weil seine Absichten so vollkommen sind. Er will uns in jeder Hinsicht neu gestalten. Und diese Verwandlung wird uns frei machen.

Jesus nannte dies die „enge Pforte" (vgl. Mt. 7,13.14; Lk. 13,24). Sie ist nicht eng in dem Sinn, wie wir das oft sehen: begrenzt, beengend, engstirnig. Seine Tür ist eng, weil sie all unsere Selbstsucht von uns abstreifen soll. Jesus spricht uns das Recht ab, für uns selbst zu leben. Jesus verlangt alles von uns, nicht weil er uns das Leben vermiesen will, sondern weil er unserem Leben ein Ziel geben will, das uns froh machen wird. Er weiß, dass wir nur dann echtes Leben gewinnen, wenn wir unser Leben Gott hingeben.

Ein Pro-forma-Gehorsam verrät eine falsche Theologie. Wir meinen, wahres Leben durch das zu gewinnen, was wir für uns behalten, statt durch das, was wir Gott geben. Wir definieren einen Minimalmaßstab für Gehorsam – gerade so viel wie unbedingt nötig –, um für uns einen möglichst großen Entscheidungsspielraum einzubehalten. Wir betrachten Gottes Gebote wir lästige Pflichten – wie den Mülleimer zu leeren oder seine Steuern zu bezahlen. Gebote gehören halt dazu, wenn man Christ sein will – ein notwendiges Übel sozusagen. Also erfüllen wir Gottes Pflichtprogramm, um anschließend unser Leben wieder genießen zu können.

Doch davon will Jesus nichts wissen. Er weist jeden Pflicht- und Scheingehorsam zurück. Er will mehr von uns, weil er weiß, dass wir nur dann wirklich das Leben gewinnen werden, wenn wir Gott gehorsam sind, nicht wenn wir nur unseren eigenen Vorlieben folgen. So kommt es, dass das Gesetz zwar verbietet zu töten, dass Jesus jedoch so weit geht, uns jeglichen Hass zu versagen. Das Gesetz verurteilt den Ehebruch, Jesus verurteilt sexuelle Begierde. Der enge Weg Jesu ist der Weg des uneingeschränkten Gehorsams gegenüber Gott – eine Freiheit, die uns von uns selbst und zu einem Leben für Gott befreit (vgl. Mt. 5).

Was Künstler und Sportler uns voraushaben

Unsere Kultur versteht unter Freiheit die Möglichkeit, zu tun und zu lassen, was man will. Freiheit im Sinne des Neuen Testamentes hingegen erlaubt uns, zu Menschen zu werden, die dem Bild entsprechen, das Gott, unser Schöpfer und Erlöser, sich von uns gemacht hat. Wenn wir die Freiheit ohne Grenzen aufgeben und uns stattdessen den biblischen Freiheitsbegriff zu Eigen machen, erleben wir wahre Freiheit als Kinder Gottes.

Jeder, der ein Instrument erlernt, erfährt die Wahrheit dieses Prinzips. Mein jüngster Sohn John hat seit zwei Jahren Klavierunterricht. Schon bevor er Unterricht bekam, saß er manchmal am Klavier und hämmerte auf die Tasten – ein Bild kompletter Freiheit. Nur dass er damit keine Harmonie erzeugen konnte. Um Musik zu machen, muss er sich einer harten Schule unterziehen (was ihm durchaus nicht immer behagt – und das gibt er mir deutlich zu verstehen). Er muss die Arme in einer bestimmten Position halten, seine Handgelenke müssen locker sein, die Finger müssen die Tasten in einem ganz bestimmten Rhythmus berühren ... Es ist mühsame Arbeit. Bevor er wirklich harmonische Melodien hervorbringen wird, werden er (und ich) zighundert Mal „Ist ein Mann in' Brunn' gefallen" und ähnlich Etüden über uns ergehen lassen müssen – bis zum Rand des Wahnsinns.

Aber mit der Zeit wird diese Disziplin sich auszahlen. Er wird nicht nur herumklimpern, sondern er wird Musik spielen und gestalten können. Jedenfalls habe ich die Hoffnung, dass es so sein wird. Bei meiner Tochter sind die Früchte des „Gehorsams" bereits deutlich zu erkennen. Sie hat „Ist ein Mann in' Brunn' gefallen" weit hinter sich gelassen – heute spielt sie Mozart, Debussy, Chopin und Beethoven mit Präzision, Geschick – und Freude. Sie hat die Freiheit musikalischer Virtuosität erreicht – auf dem mühsamen Weg des Gehorsams.

Sportler müssen dieselbe Lektion lernen. Kein Sportler tut, was ihm gerade in den Sinn kommt. Er ordnet sich einem strengen Trainingsprogramm unter, um so an den Punkt zu kommen, dass er in der Lage ist, sportlich sein Bestes zu geben. Hier bewirkt die Einschränkung der persönlichen Freiheit eine Freisetzung optimaler Leistung. Und auch hier handelt es sich um eine Freiheit, die auf der Unterordnung unter bestimmte Trainingsziele – also auf Gehorsam – beruht.

Damit Athleten zu Siegern werden, geben sie die Freiheit auf, zu tun und zu lassen, was ihnen passt, um die größere Freiheit zu erlangen, die es ihnen erlaubt, als Sportler Großes zu leisten. Mein ältester Sohn David spielte viele Jahre Fußball. Wenn wir in der Anfangszeit gegeneinander spielten, gab ich vor, es ihm besonders schwer zu machen, ließ ihn aber in der Regel gewinnen. Hätte ich mein Bestes gegeben, hätte ich ihn wohl jedes Mal besiegt.

In dieser Zeit verschoss er fast jeden Ball. Beim Dribbling schien er zwei linke Füße zu haben. Aber er blieb dran. Heute balanciert er die Bälle mit dem Fuß mit spürbarer Leichtigkeit. Seine Pässe und Torschüsse sind kraftvoll und genau. Heute muss David weit unter seinen Fähigkeiten bleiben, damit ich überhaupt noch eine Chance habe, ein oder zwei Tore zu machen. Heute ist er Amateurfußballer und sein Spiel wirkt natürlich und leicht. Das war nicht immer so, aber er hat es erreicht, indem er einer festen Trainingsdisziplin gehorchte. Die Freiheit, in seinem Sport Höchstleistungen bringen zu können, hat er sich erworben, indem er an anderen Stellen auf seine Freiheiten verzichtete.

Gott fordert uns in gleicher Weise heraus, im Alltag gehorsam zu sein, um eine ähnliche Freiheit zu erleben. Egal was wir tun, unser Erfolg misst sich immer daran, mit wie viel Disziplin wir uns im Gehorsam üben – und zwar in den kleinen Alltagsentscheidungen. Welchen Beruf wir auch immer wählen, es wird darauf ankommen, dass wir unsere Ausbildung oder unser Studium ernst nehmen. Wenn wir nicht lernen, werden wir unsere Träume niemals erreichen. Charakterstärke, die Fähigkeit zu lesen und zu schreiben, Loyalität und Freundschaft und ein im ethischen Sinne gutes Leben zählen immer, egal, wo wir leben und was wir tun. Gott will unseren Gehorsam, und dieser Gehorsam wird uns frei machen.

Teil zwei
Die eigene
Lebensberufung finden

5

Berufung und Beruf

Beruf und Berufung – jeder von uns hat diese Wörter schon benutzt. Mir ist bei diesem Begriffspaar nicht immer ganz wohl, dennoch werde ich es verwenden, weil die beiden Begriffe den Gedanken, um den es mir in diesem Kapitel geht, am besten verdeutlichen.

Beruf ist ein säkularer Begriff. Ich definiere *Beruf* als die Tätigkeiten, mit denen ein Mensch sein Geld verdient; Tätigkeiten, für die man eine Ausbildung oder ein Studium benötigt und die dazu dienen, unsere Gesellschaft am Laufen zu halten. Der Beruf vermittelt uns in der Regel Macht und Status und gibt uns das Gefühl, etwas zum Wohl unserer Gesellschaft beizutragen.

Berufung ist ein theologischer Begriff. Er ist uns möglicherweise weniger vertraut und besitzt keine so eindeutige Bedeutung. Ich definiere *Berufung* als eine Aufgabe, die Gott uns gegeben hat und in die wir unsere Zeit, Energie und Fähigkeiten investieren sollen, um so Gott in dieser Welt zu dienen.

Beide Begriffe überlappen sich zweifelsohne in ihrer Bedeutung. Viele Menschen verwirklichen ihre Berufung in dieser Welt in ihrem Beruf. Dennoch unterscheidet sich die Berufung in wenigstens zwei entscheidenden Punkten vom

66

Beruf. Diese Unterschiede werden wir in den nächsten Kapiteln genauer betrachten, darum will ich sie hier nur kurz erwähnen.

Erstens ist die Berufung immer mehr als der Beruf. Die Grundberufung jedes Christen ist es, sich auf Gott auszurichten, unabhängig von den individuellen Fähigkeiten, Chancen, der Lebensgeschichte und der gesellschaftlichen Stellung. Ob Jung oder Alt, ob durchschnittlich oder außergewöhnlich begabt, ob arm oder begütert, jeder ist dazu aufgerufen, Gott zu vertrauen, zu dienen und zu gehorchen. Dies ist der Wille Gottes für jeden Menschen – unsere Grundberufung sozusagen. Der christliche Autor und Gesellschaftskritiker Os Guinness behauptet: „Berufung ist die Tatsache, dass Gott uns mit solcher Entschiedenheit zu sich ruft, dass wir alles, was wir sind, tun und haben mit einer eigentümlichen Hingabe, Dynamik und Zielstrebigkeit als eine lebendige Antwort auf diesen Ruf Gott zu Diensten stellen."[11]

Zweitens bedient sich eine Berufung häufig eines bestimmten Berufs, auch wenn sie niemals auf diesen Beruf reduziert werden sollte. Ein Freund von mir unterrichtet Assistenzärzte im Fach Pathologie. Er ist Arzt von Beruf, aber seine Berufung ist umfassender als der Beruf, den er ausübt. Er nutzt seine berufliche Stellung, um sich für Ziele einzusetzen, die die meisten nicht gläubigen Ärzte gar nicht wahrnehmen. Eine junge Frau, die früher als Kindermädchen bei uns arbeitete, ist heute Lehrerin an einer Grundschule. Wie sie die Kinder in ihrer ersten Klasse unterrichtet und die Art, wie sie die Beziehungen zu den Eltern der Kinder pflegt – ganz zu schweigen von der Tatsache, dass sie für ihre Schule betet –, unterscheidet sie von den meisten Lehrern, die ich kenne.

Drittens gehören zu einer Berufung auch Tätigkeiten, die uns auf völlig neue Wege führen und die nicht zum traditionellen Aufgabengebiet unseres Berufes gehören. Kürzlich traf ich eine Mutter von zwanzig Kindern – sechs eigenen und 14 Adoptivkindern. Bei all dem Durcheinander in ihrem Haus wirkte sie überhaupt nicht abgehetzt. Sie strahlte vielmehr so viel Ruhe, Freude und Energie aus und bewegte sich in ihrem Terrain wie eine Tänzerin auf einer Bühne. Ihre Aufgabe als Mutter von zwanzig Kindern schien ihrem Naturell sehr gut zu entsprechen. So lebt sie ihre Berufung, auch wenn ihre Arbeit keinem traditionellen Berufsbild entspricht.

Und viertens und letztens ist die Berufung eines Christen niemals nur eine ganz bestimmte Sache, sondern in der Regel ist es ein breit gefächertes Wirkungsfeld. Darum ist der Begriff Berufung in gewisser Weise irreführend. Ein Christ wird selten nur zu einer einzigen Lebensaufgabe berufen. Die meisten von uns aber haben mehrere Berufungen.

Wenn ich mir meinen persönlichen beruflichen Weg im Blick auf meine alltägliche Arbeit im Beruf anschaue, erkenne ich eine Berufung, obwohl ich in drei verschiedenen Berufen und unzähligen Jobs tätig war. Aber mir wird auch klar, dass ich innerhalb meiner Berufung verschiedene Aufgaben zu erfüllen hatte, die alle mit dem Willen Gottes in Einklang standen, seine Berufung für mein Leben umfassten und einem höheren Zweck dienten.

Auch wenn der Begriff Berufung so verschwommen und komplex ist, will ich ihn verwenden, weil er uns dazu zwingt zu erkennen, wie verschwommen und komplex das Leben in dieser Welt sein kann. Unsere Berufung – oder auch unsere Berufungen – zu entdecken ist keine klare und einfache Sache; genauso wenig wie die Umsetzung dieser Berufung(en) im alltäglichen Leben. Nur selten folgt unsere Wanderschaft einem geraden, klar erkennbaren Pfad, der uns von Anfang bis Ende schnurgerade durch dieses Leben führt.

Drei Berufe, eine Berufung

Wie ich bereits erwähnt habe, entschloss ich mich, Theologie zu studieren, weil ich mich zum Pfarrdienst „berufen" fühlte, auch wenn ich kaum eine Ahnung hatte, was diese Berufung eigentlich bedeutete. Ich glaubte, der Pfarrdienst habe damit zu tun, viel in der Kirche zu sein, zu predigen, Sitzungen zu leiten, Menschen zu besuchen und für sie da zu sein. Pfarrer sein war ein Job. Und um diesen Job zu erlernen, musste ich Theologie studieren. Das Studium würde mich auf diese Aufgabe vorbereiten.

Also besuchte ich das *Fuller Seminary*, ein theologisches Seminar in Pasadena, Kalifornien. Ich erhielt dort eine ausgezeichnete Ausbildung. Ich lernte, die Bibel zu studieren, theologisch zu denken und meine Fähigkeiten auszubauen. Aber ich lernte noch etwas anderes, ebenso Wichtiges. In meinem ersten Studienjahr schloss ich mich einem Team an, das in einer großen Gemeinde in Pasadena Jugendarbeit machte. Der Leiter der dortigen Jugendarbeit, Chuck Miller, konfrontierte mich mit dem für mich damals revolutionären Gedanken, dass es bei der Arbeit eines Pfarrers darum geht, seine Kraft in das Leben anderer Menschen zu investieren, damit sie zu reifen Christen werden können. Er lehrte mich drei „Prioritäten" für meinen Dienst – die Hingabe an Gott, an die Gemeinde und an die Welt – und zeigte mir, wie man seine Aufgaben so strukturieren kann, dass man „das Werk Gottes tut, ohne das Volk Gottes dieser Arbeit zu opfern". Unter seiner Anleitung veränderte sich mein Bild von meinem Dienst als Pfarrer. Er wurde immer mehr von einem Job zu der einzigartigen Berufung, Menschen in ihrem Wachstum im Glauben zu begleiten.

Nach meinem Abschlussexamen wurde ich zweiter Pfarrer einer reformierten Gemeinde in Paramount, Kalifornien. Ich sollte die Jugendarbeit in sämtlichen Altersgruppen aufbauen, die Erwachsenenbildung der Gemeinde betreuen, evangelistische Einsätze konzipieren und die seelsorgerliche Begleitung junger Ehepaare in der Gemeinde übernehmen.

Der Hauptpfarrer der Gemeinde, Harold Korver, war ein sehr begabter Hirte und Gemeindeleiter. Und für mich war er ein ausgezeichneter Mentor. Ich trat meinen Dienst an, nachdem in den vorangegangenen vier Jahren bereits drei Jugendpfarrer ausgeschieden waren. Die Gemeindeglieder begegneten mir mit viel Misstrauen und geringen Erwartungen. Und ich machte die Sache noch schlimmer, weil ich zu jung, ungestüm und unreif war. Die Gemeinde war es müde, wieder mit einem neuen Jugendpfarrer bei Null anzufangen. Deshalb sagte mir Harold ziemlich unverblümt: „Sittser, machen Sie nicht lange herum. Sie haben eine Aufgabe zu erfüllen. Also tun Sie es!"

Nachdem ich eine noch nicht bestehende Arbeit ins Leben rufen sollte, konnte ich mich nicht hinter dem verstecken, was andere vor mir getan hatten. Wenn etwas entstehen sollte, musste ich es in die Gänge bringen. Ich arbeitete viel in den vier Jahren, die ich in dieser Gemeinde Dienst tat, was unsere Ehe sehr belastete – einen Bereich meines Lebens, den ich zumindest damals ohnehin nicht gerade zu meiner wirklichen „Berufung" zählte. Ich setzte das um, was ich im Studium gelernt hatte, und investierte in die Menschen, vornehmlich die Jugendlichen, von denen viele zu engagierten Christen wurden. Ich blicke auf diese Jahre mit einer tiefen Dankbarkeit für das, was ich lernen konnte, und für die Unterstützung, die mir die Gemeinde zuteil werden ließ.

Nachdem ich etwa drei Jahre dort gearbeitet hatte, erwähnte meine Frau Lynda ganz spontan, dass ich sicher einen guten Pfarrer für eine Hochschulgemeinde abgeben würde – eine solche Möglichkeit hatte ich bisher noch nie in Betracht gezogen. Sie hatte sich offensichtlich so ihre Gedanken gemacht und unverzüglich drei Vorteile herausgefunden: Ich könnte junge Menschen in einer sehr prägenden Lebensphase begleiten, ich könnte intensiv und fordernd sein, und ich könnte während der Sommermonate studieren. Außerdem meinte sie noch, dass es für unsere Beziehung vielleicht nicht schlecht wäre.

Sechs Monate später erhielt ich einen Anruf vom Präsidenten einer kleinen christlichen Hochschule in Orange City, Iowa. Er schlug mir vor, mich für eine offene Stelle als Pfarrer am College zu bewerben. Ich bewarb mich und bekam eine Zusage. Und so wechselte ich die Institutionen und mein berufliches Aufgabenfeld und zog um, um als Pfarrer an dieser Hochschule anzufangen. Ich blieb sechs Jahre dort. Ich entdeckte, dass mir das akademische Umfeld lag. Ich arbeitete gern mit Studenten und ich fand unter den Dozenten gute Freunde.

Wieder war es Lynda, die mich auf die Idee brachte, mich für ein weiteres Studium einzuschreiben. Sie war der Ansicht, dass ich als Dozent an einem College die Möglichkeit hätte, meinen tiefsten Interessen und Überzeugungen Ausdruck zu verleihen – den „großen Fragen" nachzugehen, großartige Werke zu lesen, zu lehren und den Studenten als Mentor zur Seite zu stehen. Und so schrieb ich mich erneut an der Universität ein und erwarb einen Doktortitel in Kirchengeschichte. Während meines letzten Studienjahres bewarb ich mich um eine Dozentenstelle am *Whitworth College* in Spokane. Inzwischen arbeite ich bereits seit über zehn Jahren an diesem College.

Wenn ich diese Entwicklung im Rückblick betrachte, erkenne ich ein wiederkehrendes Muster. Es hat weniger damit zu tun, wie ich bestimmte Entscheidungen gefällt habe, sondern vielmehr damit, wie ich jede meiner Aufgaben erledigte, nachdem ich den jeweiligen Beruf ergriffen hatte. Ohne es jedes Mal zu wissen, folgte ich intuitiv meiner Berufung. Heute ist mir klar, dass ich zwar drei Berufswege eingeschlagen habe – Gemeindepfarrer, Studentenpfarrer und Universitätsdozent –, dass ich aber letztlich nur eine grundlegende Berufung habe. Ich habe immer die Aufgabe erfüllt, eine Brücke zwischen unterschiedlichen Welten zu schlagen – der akademischen Welt mit ihren Theorien und gedanklichen Entwürfen und der Welt der Gemeinden, wo praktische Gesichtspunkte vorherrschen. Meine Berufung ist es, das akademische Studium der Theologie für ganz normale Leute verständlich zu machen und die jetzige Generation der Theologiestudenten für ihre Leitungsaufgaben in den Gemeinden und in der Welt von morgen vorzubereiten.

Dass ich schließlich in einem akademischen Umfeld gelandet bin, spielt dabei keine Rolle. In der säkularen Welt besteht zwar eine gewisse Hierarchie, was das Prestige und den Einfluss der einzelnen Berufe angeht, doch Christen sollten die unterschiedlichen Berufungen nicht hierarchisch bewerten. Jede Berufung besitzt in Gottes Augen den gleichen Wert und alle sind für das Wirken seines Reiches in dieser Welt bedeutsam, egal wie viel der Einzelne verdient, wie viel Ausbildung er genossen hat oder wie sehr seine Arbeit von den kulturellen Eliten gewürdigt wird. Evelyn Underhill hat dies sehr gut unterstrichen. Alle Berufungen, so schreibt sie, besitzen ihren Wert.

> „Manche erfüllen sich im Gebet, andere in der Aktion und wieder andere verbinden beides in sich. Manche Menschen sind berufen, für die Versöhnung zu leben und zu leiden, andere sind zu einem akademischen Leben berufen, wieder andere zu ganz praktischen Tätigkeiten oder häuslicher Arbeit. Es spielt keine Rolle, welche Berufung jemand hat, solange ... wir diese Berufung heiligen, indem wir ihr ihren Sinn in der Perspektive Gottes zugestehen."[12]

Wir tun den Willen Gottes, wenn wir unsere Lebensberufung erfüllen, eine Berufung, die ganz speziell uns gilt, so wie zu jedem Menschen ein bestimmter Fingerabdruck gehört. Unsere Berufung ergibt sich aus unserem Temperament, unseren Gaben und unserer Lebensgeschichte; wobei dies nicht die einzigen Faktoren für eine bestimmte Berufung sind, wie wir noch sehen werden. Letztlich bekommen wir unsere Berufung von Gott. Sie ist ein Teil unserer Identität, der Gaben, die uns Gott gegeben hat, und der Aufgaben, in die er uns hineinstellt. Auch wenn es wichtig ist, diese Berufung zu erkennen, sollte uns bewusst sein, dass wir sie letztlich bereits in uns tragen, als Teil unserer Identität, der darauf wartet, entdeckt und entfaltet zu werden – wie Saatgut, das man einmal ausgestreut hat und das nun jedes Jahr neu Pflanzen und Blüten hervorbringt.

Der Prozess, in dem wir unsere Berufung erkennen, ist so subtil wie die Zeichensprache, bei der jede einzelne Bewegung und Geste etwas aussagt. Vermutlich geht es ebenso sehr darum, dass unsere Berufung uns entdeckt, wie darum, dass wir unsere Berufung entdecken. In seiner Predigt *The Calling of Voices* untersucht der Romancier und Prediger Frederick Buechner die göttliche Natur unserer Berufung. Wenn wir unsere Berufung entdecken, erhebt sie einen Anspruch auf uns. Buechner definiert Berufung als „das Werk, zu dem ein Mensch in dieser Welt berufen ist; die eine Sache, die er sein ganzes Leben über tun soll". Er glaubt, eine Berufung sei wie ein Mandat. Es verpflichtet uns. „Wir können sagen, dass ein Mensch sich seine Berufung sucht, doch es wäre ebenso zutreffend zu sagen, die Berufung sucht sich ihren Menschen; ein Ruf erfolgt und der Mensch hört ihn oder hört ihn nicht."13

Problemfeld Beruf

Wir haben bereits festgehalten, dass die Berufung nicht dasselbe ist wie der Beruf, auch wenn beide eng zusammenhängen. Zum Beruf gehört immer irgendeine Tätigkeit, die dem Gemeinwohl dient. Zu seiner Ausübung bedarf es einer speziellen Ausbildung; er eröffnet uns Möglichkeiten, um weiterzukommen; wir bekommen im Austausch für unsere

Arbeit einen finanziellen und ideellen Gegenwert. Gleichzeitig dienen wir mit unserem Beruf den Bedürfnissen, dem Wohlergehen und den Interessen unserer Gesellschaft.

Im Blick auf den Beruf können drei Probleme auftreten. Zum einen findet sich nicht für jede Berufung ein genau passender Beruf. Manchmal arbeiten Menschen nur, um das nötige Geld zu verdienen; aber die Arbeit, die sie tun, hat fast gar nichts mit dem zu tun, was sie im Innersten interessiert und bewegt. Als Jugendlicher stapelte ich Holz, schaufelte Kohlen, fabrizierte Hamburger, arbeitete auf dem Bau und verkaufte Schuhe, weil ich das Geld brauchte. Das waren alles sehr produktive Tätigkeiten, aus denen ich heute so manche tolle Story ziehen kann, um sie den Kindern zu erzählen oder um eine Predigt lebendig werden zu lassen. Aber keiner dieser Jobs verkörperte das, was ich als Berufung empfand. Viele Menschen arbeiten ihr Leben lang in Jobs, die ihnen kaum Befriedigung oder das Gefühl einer wirklichen Berufung vermitteln – aber sie haben eine Familie, für die sie sorgen müssen, und Rechnungen, die bezahlt sein wollen.

Zweitens, kann der Beruf auch zur Folge haben, dass Menschen ihre Berufung nicht entdecken oder leben können. Die Berufswelt hat eine immense Kraft, Menschen innerhalb des jeweiligen Berufsfeldes sozial einzubinden. Ein Beruf kann dazu führen, dass Menschen Werte hochhalten, die zwar ihre eigenen Interessen und die Interessen ihrer sozialen Gruppe fördern, nicht aber dem Wohl der gesamten Gesellschaft dienen.

Ich denke da an einen Studenten, der als Mediziner und Missionar in die Dritte Welt gehen wollte. Nach ein paar Jahren jedoch richtet er sich in einer Vorstadtpraxis ein, die seinem mittlerweile sehr großzügigen Lebensstil entspricht. „Ich musste doch daran denken, mich beruflich ausreichend abzusichern und weiterzukommen", entschuldigt er sich. Oder denken wir an eine junge Frau, die ein Jurastudium beginnt, weil sie sozial benachteiligten Menschen als Anwältin zur Seite stehen will. Doch schließlich übernimmt sie die unschönen, aber höchst profitablen Scheidungsklagen wohlhabender Bürger. Sie rechtfertigt ihre Kehrtwendung mit dem Satz: „Gerechtigkeit zahlt sich eben nicht aus."

Ich habe solche Tragödien in meiner Zeit als Dozent immer wieder miterlebt. Nach und nach verlieren Menschen ihre Vision und ihren Idealismus. Die Berufung, die sie einst motiviert hatte, verblasst – was an sich nichts Schlimmes ist, denn Menschen können ihre Meinung ändern. Aber an die Stelle der alten Berufung setzen sie keine neue. Sie leben einfach so wie alle anderen auch.

Und drittens werden aus manchen Berufungen niemals Berufe im strengen Sinne. Manchmal fühlen sich die Betroffenen dann, als wären sie „außen vor". Durch unsere heutige Überbewertung des Berufes und all der Macht, des Ansehens und der Verdienstmöglichkeiten, die damit einhergehen, geraten Menschen, die sich gegen eine berufliche Tätigkeit entschieden haben, ins Abseits. Für eine Familienfrau oder einen Hausmann ist die Rolle als Mutter oder Vater ein zentrales Element ihrer Berufung. Doch weil es für diesen Job keine formale Ausbildung gibt, wird ihre Arbeit in unserer Kultur nicht gewürdigt. Viele Menschen, besonders Rentner, haben sich von ihrem Beruf verabschiedet, um mehr Zeit und Energie in ehrenamtliche Engagements investieren zu können. Doch in einer Gesellschaft, die den Wert eines Menschen an seinem Beruf misst und nicht an seiner Bereitschaft, sich für andere einzusetzen, verstauben ihre Gaben ungenutzt im Regal.

Ich unterstelle hier nicht, es sei falsch, in gut situierten Wohnvierteln zu wohnen oder als Scheidungsanwalt zu arbeiten. Doch wir sollten uns darüber Gedanken machen, wie subtil und heimtückisch der Beruf unsere Entscheidung, für Gott zu leben, untergraben kann. Die meisten Berufe haben ihre eigene Infrastruktur – Studium, Berufsvertretungen, Gewerkschaften und andere bürokratische Organisationen, eigene Wertmaßstäbe und Messlatten für Erfolg. Dort werden uns oft Werte aufgezwungen, die nicht immer mit den christlichen Grundüberzeugungen im Einklang stehen. Im Beruf dominieren häufig Konkurrenzdenken, Wohlstandshaltung, Machtstreben und Ideologien über Kooperationsbereitschaft, Freigiebigkeit, die Bereitschaft, anderen zu dienen, und die Wahrheit. Der Beruf kann zum Selbstzweck werden. Wer eine Karriere verfolgt, steht möglicherweise in Gefahr, dass der Beruf mit seiner Hingabe an Gott konkurriert.

Was bedeutet es, eine Berufung zu haben?

Ich habe bisher die Frage vernachlässigt, ob der Begriff „Berufung" nur auf Christen anzuwenden ist. Besitzt jeder Mensch eine Berufung? Und wenn ja, was ist dann das spezifisch Christliche an der Berufung?

Wie Sie sich erinnern werden, möchte Gott vor allem, dass wir ihn durch seinen Sohn Jesus Christus suchen; das ist sein Wille. Gott schenkt uns seine Gnade nicht erst, wenn wir ihn suchen, sondern bereits bevor wir uns auf die Suche gemacht haben. Er ist es, den wir suchen; aber er ist es auch, der unsere Suche leitet. Gott schenkt uns die Gnade seiner Erlösung. Er möchte, dass wir mit ihm ins Reine kommen.

Gott schenkt aber noch eine andere Gnade. Die Tradition der reformatorischen Kirchen nennt dies die „allgemeine Gnade", weil damit die Gnade gemeint ist, die Gott allen Menschen erweist. Es ist die Gnade der Schöpfung, nicht die der Erlösung. Viele Menschen – Christen wie Nichtchristen – dienen Gott auf *indirekte* Weise, indem sie ihre Gaben für einen guten Zweck einsetzen. Menschen, die kein oder nur wenig Interesse an Gott besitzen, können zu Gottes Wirken in dieser Welt beitragen, auch wenn sie nicht erkennen, was sie da tun und für wen sie es tun. Im Buch Jesaja erfahren wir, dass sogar der heidnische König Kyrus Gott indirekt diente, indem er den Juden erlaubte, in ihr Heimatland zurückzukehren (vgl. Jes. 44,24–45,7).

Auch wer nicht an Gott glaubt kann also, ganz unabhängig von seinen Überzeugungen und Beweggründen, durchaus seinen Beitrag zum Allgemeinwohl leisten. Ärzte aller Fachbereiche können kranke Menschen heilen, Juristen können sich für Gerechtigkeit einsetzen, Unternehmer sinnvolle Betriebe gründen und Lehrer Schüler unterrichten. Gott benutzt die verschiedensten Menschen, um seine Ziele zu verwirklichen.

Eine Berufung bezieht sich auf unser irdisches Dasein. Durch sie wird Gott geehrt – unter Umständen völlig unabsichtlich. Denn sie leistet einen positiven Beitrag in der Welt, deren Schöpfer Gott ist, die er erlösen und eines Tages in der Wiederkunft Christi erneuern will. Daher besitzen nicht nur Menschen in ausgesprochen religiösen Berufssparten eine Berufung. Auch Bauarbeiter, Architekten, Näherinnen, Künstler, Regierungsbeamte, Offiziere oder Buchhalter haben eine Berufung, obwohl ihre Arbeit überhaupt keine religiöse Zielrichtung hat. Dieser Grundsatz gilt für jeden – ob Christ oder Nichtchrist –, der durch sein Tun einen Beitrag für Gerechtigkeit, Wahrheit, Schönheit oder Güte leistet.

Nachdem Gott den Israeliten genaue Entwürfe für den Bau der Stiftshütte und der Bundeslade gegeben hatte, berief er zwei Männer, Bezalel und Oholiab, die Arbeiten auszuführen. Sie wurden als Künstler berufen, weil sie geschickte Hände hatten. „Bezalel, Oholiab und die anderen Kunsthandwerker, denen der Herr Weisheit und Verstand für den Bau des Heiligtums gegeben hat, sollen alles genau so machen, wie es der Herr befohlen hat!" (2. Mose 36,1). Gott liebt diese Welt, nicht nur einzelne Menschen auf dieser Welt, sondern diese Welt als solche. Und er drückt diese Liebe zu seiner Welt darin aus, dass er Menschen beruft, in dieser Welt und für diese Welt etwas Sinnvolles zu tun. Er benutzt die Arbeit dieser Menschen, um sein Werk in dieser Welt zu vollbringen – nämlich Schönes zu schaffen, Not Leidende zu unterstützen, sinnvolle Arbeit zu vermitteln, Beziehungen wiederherzustellen und eine zerbrochene Welt zu erneuern.

Die Berufung leistet einen einzigartigen Beitrag zum Wirken Gottes in dieser Welt. Menschen, die eine Berufung besitzen, haben einen Sinn für höhere Ziele und einen Blick für das Ganze. Einige Beispiele:

- Der berufliche Erfolg eines Versicherungsagenten entscheidet sich daran, in welchem Umfang er Versicherungspolicen vermitteln kann und ob er Menschen deutlich machen kann, dass sie eine bestimmte Versicherung benötigen; seine Berufung zeigt sich dort, wo er Menschen hilft, mit ihren materiellen Ressourcen richtig umzugehen.

- Ein Lehrer hat den Beruf, Schülern in der Mittelstufe des Gymnasiums Sozialkundeunterricht zu geben; seine Berufung ist es, pubertierenden Jugendlichen in einer schwierigen Phase ihres Lebens als Mentor zur Seite zu stehen.

- Die Arbeit einer Sekretärin ist reiner Beruf; aber ein Büro so zu organisieren, dass alle Arbeiten effizient und nicht auf Kosten der dort arbeitenden Menschen abgewickelt werden können, und ein Klima zu schaffen, in dem andere sich willkommen fühlen, ist eine Berufung.

Beim Beruf denken wir in Kategorien wie Einkommen, Macht, Stellung und Status. Eine Berufung lässt uns Dinge wie die Not anderer Menschen, moralische Werte und höhere Ideale erkennen.

Der Beruf macht weder die Persönlichkeit noch die Berufung eines Menschen aus; eher ist es umgekehrt. Gott gibt dem Menschen sein Wesen und seine Berufung. Und dadurch wird der Mensch freigesetzt, auch in seinem Beruf dem Bau des Reiches Gottes zu dienen. Os Guiness hat das so ausgedrückt: „Die Berufung sollte der Berufswahl vorausgehen. Unsere Berufung entdecken wir vor allem daran, wer wir sind und welche Begabungen wir besitzen. Statt zu sagen: ,Du bist, was du tust', sagt uns unsere Berufung: ,Tu, was du bist.' "14

Meine beiden Söhne hatten in der ersten Schulklasse dieselbe Lehrerin. Sie hatten auch später noch viele gute Lehrer, doch sie ist immer ihre Lieblingslehrerin geblieben. Ich habe mich oft gefragt, warum gerade sie so viel erreicht hat. Sie hat die Grundfächer auf jeden Fall gut vermittelt. Das konnte man an den Lernfortschritten ihrer Schüler ablesen. Sie hat die Klasse außerdem gut im Griff gehabt. Sie konnte die Disziplin aufrechterhalten, ohne die Schüler herumzukommandieren. Sie hat zum Gespräch untereinander und zu kreativem Schaffen ermutigt, aber sie hat keinerlei Chaos zugelassen. Sie begegnete den Kindern mit Güte und Freundlichkeit. Sie mochte ihre Schüler und das wussten und spürten sie auch. Für sie war der Unterricht mehr als die Erfüllung ihrer beruflichen Pflicht; sie besaß eine Berufung. Lehrerin zu sein entsprach ihrer ganzen Persönlichkeit, ihrer Art, die Dinge zu sehen, und ihren tiefsten Überzeugungen.

Eine Berufung zu haben bedeutet, die Welt mit den Augen des Herzens zu sehen. Wie wir die Welt um uns herum wahrnehmen, gibt uns einen Hinweis darauf, welche Berufung wir besitzen. Manchen Menschen fällt auf Schritt und Tritt auf, wie schlecht vieles organisiert ist. Sie engagieren sich, indem sie ihre Effizienz einbringen. Andere haben einen Blick für Krankheiten – an Seele, Leib oder Geist – und gehen in Berufe, in denen Menschen körperliche, psychische oder geistliche Heilung erfahren können. Wieder anderen fallen die schlechten Wohnverhältnisse in den Armenvierteln dieser Welt auf und sie schließen sich Hilfsorganisationen an, die helfen, diese Missstände zu beheben.

Mein Kopf weiß, dass vieles in dieser Welt nicht richtig ist, doch die Augen meines Herzens sehen etwas anderes. Ich mache mir keine großen Gedanken um die Fehler unserer

Politik, auch wenn ich jeden Tag davon in der Zeitung lese. Es sollte mich vermutlich mehr beschäftigen, denn schließlich ist das ein großes Problem. Ich liege auch nicht nachts wach, weil mich die globale Erwärmung oder die Verschmutzung der Meere nicht schlafen lassen. Genauso wenig treiben mich Dinge um wie die hohe Rate von Analphabeten in unseren Großstädten oder das Flüchtlingsproblem auf dem Balkan, auch wenn ich mir dieser Missstände bewusst bin und hier und da etwas Geld zu ihrer Linderung spende.

Aber es gibt Dinge, die sehe ich mit den Augen meines Herzens. Ich sehe Christen, die ein zweitausendjähriges Erbe an christlicher Glaubensüberzeugung zu ihrer Verfügung haben, und dennoch leben wie geistliche Waisenkinder. Ich sehe Gemeinden voller unreifer Christen, die nicht wissen, wie sie den Glauben mit ihren Alltagserfahrungen in Verbindung bringen sollen. Ich sehe die Studenten, denen vier oder fünf kostbare Jahre zur Verfügung stehen, um wichtige Entscheidungen für ihren weiteren Lebensweg zu fällen; sie brauchen Mentoren, die ihnen helfen, den Grundstein für ihren weiteren Weg zu legen.

Wie entdecken wir unsere Berufung? Oder frei nach Buechner gesprochen: Wie kann unsere Berufung uns entdecken? Wir werden sie entdecken, indem wir uns auf eine Reise begeben. Die Reise dahin ist ebenso wichtig wie die Berufung selbst. Viele von uns werden ihre Berufung nicht auf Anhieb erkennen. Aber das bedeutet nicht, dass wir keine Berufung haben. Sie ist bereits in uns, wie eine Blumenzwiebel, die in der kalten Erde ruht und auf den Frühling wartet, um schließlich zum Tageslicht durchzubrechen. Unsere tiefe Sehnsucht nach unserer Berufung sollte uns dazu drängen, uns auf die Suche nach ihr zu machen. Wir müssen uns auf die Reise begeben, um an den Platz zu gelangen, an den Gott uns haben will. Der Weg, dem wir bis dahin folgen müssen, ist nicht immer eben.

6

ENTDECKEN, WAS ICH TUN SOLL

Ich hatte nie die Absicht, Bücher zu schreiben. Ich wollte das gar nicht. Bei dem Gedanken fühlte ich mich so unsicher wie ein Schauspieler auf der Bühne, der sich nicht mehr an seinen Text erinnern kann. Die Art und Weise, wie ich da hineingestolpert bin – so ganz per Zufall –, kann uns einiges darüber lehren, wie man seine Berufung entdecken kann, oder besser vielleicht, wie die Berufung uns entdeckt.

Ich war Ende zwanzig und arbeitete als Studentenpfarrer. Kurz nachdem ich mich auf dem Campus des *Northwestern College* eingerichtet hatte, rief ich einen Glaubenskurs für christliche Studenten ins Leben. Dieses Seminar bedeutete mir sehr viel, denn es war unter der Woche die einzige Gelegenheit, um mit Studenten eingehender über den christlichen Glauben zu sprechen. Auch den Studenten war dieses Seminar wichtig, denn viele, die in christlichen Traditionen aufgewachsen waren, wollten das Christsein noch einmal mit neuen Augen sehen.

Die Studenten, die dieses wöchentliche Seminar besuchten, leiteten ihrerseits Kleingruppen auf dem Campus. Um sie auf diese Aufgabe vorzubereiten, schrieb ich für jede Woche eine Anleitung zum Bibelstudium in den Kleingruppen. Ich gab ihnen damit Material an die Hand, das einen sehr unmittelbaren und praxisorientierten Zweck erfüllen sollte. Ich betrachtete meine Texte nicht als echte „Schriftstellerei", sondern sah mich eher als eine Art Hobbygärtner, der sich bemüht, etwas gesunde Nahrung für die Familie anzubauen. Hätte mich jemand als Haupterwerbsbauern bezeichnet, wäre mir das lächerlich vorgekommen.

Das College lud hin und wieder Gastdozenten für bestimmte Vorträge ein. Einer dieser Referenten war Leighton Ford, ein Evangelist, der für die *Billy Graham Evangelistic Association* arbeitete. Als wir eines Morgens in meinem Büro saßen, nahm er einige meiner Texte für die Kleingruppen in die Hand und überflog sie. Sie gefielen ihm und er meinte, ich solle sie doch einem Verleger anbieten. Er schlug mir sogar einen Verlag vor, den er für geeignet hielt. „Das klingt toll", meinte ich höflich, „aber die kennen mich doch überhaupt nicht."

Er lächelte mich an. „Aber die kennen mich." Ohne mir etwas davon zu sagen, schrieb er einen Brief an den Verlag. Einer der Lektoren setzte sich mit mir in Verbindung und bat mich, ihm das Studienmaterial zuzusenden. Diese Texte wurden der Grundstock zu meinem ersten Buch.

Leighton Ford war so freundlich, die Initiative zu ergreifen und die Publikation in die Wege zu leiten. Doch ich hatte durch meine Anleitungen zum Bibelstudium über Jahre hinweg bereits den Grundstock dafür gelegt – mit Material, das eigentlich nur für das Leitertraining in den Studentengruppen gedacht war. Ich praktizierte meine schriftstellerische Berufung bereits lange, bevor ich irgendetwas veröffentlichte oder mich als Schriftsteller betrachtete (was mir heute noch schwer fällt). So trat ich schließlich mit Texten an die Öffentlichkeit, die ich geschrieben hatte, bevor es nur den Gedanken daran oder die Möglichkeiten gab, etwas zu veröffentlichen.

Die eigene Berufung zu entdecken ist manchmal so, als würde man sich auf eine Reise begeben. Die verschiedenen Erlebnisse entlang des Weges summieren sich und bereiten uns so auf eine zukünftige Aufgabe vor. Mit anderen Worten, wenn wir Gottes Willen erkennen wollen, reichen bloße Informationen über die Zukunft nicht aus – als wären wir Soldaten, die ihren nächsten Einsatzbefehl erhalten. Wir entdecken den Willen Gottes in Form einer Lebensberufung direkt aus unseren Erfahrungen heraus. Wir entdecken unsere Berufung so wie ein Künstler, der seine Leinwand bearbeitet, oder so wie Menschen, die sich verlieben. Wir erfahren sie, indem wir Dinge ausprobieren, damit herumexperimentieren und etwas tun. Unsere Berufung lässt sich nicht von unserer Lebensreise trennen. In gewissem Sinne *ist* sie die Reise.

Wir lernen durch Erfahrung; Erfahrung bereitet uns auf das vor uns Liegende vor und macht uns reifer. Wenn wir in jedem Augenblick für Gottes Handeln aufmerksam sind – und das ist ja, wie wir bereits gesehen haben, der Wille Gottes für unser Leben –, wird dieser wundervolle Entdeckungsprozess beginnen. Im Weitergehen lernen wir und werden auf das vorbereitet, was kommt. Wir reifen charakterlich, formen unsere Überzeugungen, lernen die notwendigen Fertigkeiten und werden „erwachsen". Zur rechten Zeit wird sich unsere Berufung zeigen und wie eine grandiose Landschaft vor unseren Augen entfalten.

Hätte ich versucht, die Zukunft vorauszusehen, so wie ich sie mir eben vorgestellt hätte – oder wie ich meinte, Gott sähe sie für mich –, ich hätte niemals auch nur einigermaßen klar den Weg erkennen können, den ich schließlich eingeschlagen habe. Ich bin an einer ganz anderen Stelle angekommen, als ich mir einmal vorgenommen hatte. Im Rückblick ergibt mein Weg einen Sinn. Die verschiedenen Phasen meiner Entwicklung haben mich auf Späteres vorbereitet, auch wenn ich das in den jeweiligen Phasen nicht erkennen konnte.

Nicht ganz nach unseren Erwartungen

Stellen Sie sich vor, Sie befinden sich in einem Raum, in dem eine Tür offen steht. Sie schauen durch die Tür und sehen einen weiteren Raum – wieder mit einer offenen Tür. Und diese Tür führt erneut in einen Raum mit einer weiteren offenen Tür und so weiter. Sie sehen mindestens zehn Räume vor sich mit zehn offenen Türen. Nehmen wir einmal an, Sie wären überzeugt davon, dass Ihre Lebensberufung im zehnten Raum zu finden sei. Sie können diesen Raum von Ihrem momentanen Standort gut einsehen. Sie wollen so schnell wie möglich dorthin gelangen und deshalb jagen sie durch die davor liegenden Räume und Türen wie ein Pfeil, der direkt ins Ziel treffen will. Aber was Sie nicht wissen konnten, ist, dass Sie jedes Mal, wenn Sie einen neuen Raum betreten, neue offene Türen entdecken, die Ihrem Blick bis dahin verborgen waren. Und wenn Sie durch eine dieser Türen gehen würden, kämen Sie an einer völlig anderen Stelle heraus.

Wir können die Zukunft nicht vorhersagen. Wir gehen unseren Weg, tun dies und jenes, begegnen Menschen, stellen uns unseren Herausforderungen, erreichen Ziele und gehen Berufen nach, die nichts mit unseren augenblicklichen Visionen zu tun haben. Wir können nur ein kleines Stück vorausschauen. Aber auf unserem weiteren Weg werden sich merkwürdige Biegungen und Abzweige ergeben – Überraschungen, die wir niemals hätten vorausahnen können.

Ich will damit nicht sagen, dass man seine Berufung nicht auch schon mit jungen Jahren entdecken kann. Ich kenne Leute, die wussten schon in der Grundschule, welche Lebensberufung sie hatten. Sie wussten felsenfest, dass Gott sie berufen hat, Arzt oder Lehrer oder Wissenschaftler zu werden. Dennoch hat sich diese Berufung nicht immer ganz nach ihren Vorstellungen entwickelt. Sie haben schließlich das getan, *was* sie sich einmal vorgenommen hatten, aber nicht immer so, *wie* sie es sich vorgestellt hatten. Sie wollten Mediziner werden, dachten aber nie daran, an einer Großstadtklinik mitten im sozialen Brennpunkt zu arbeiten. Sie hatten sich vorgenommen, an einer Grundschule zu unterrichten, und das tun sie jetzt auch – nur dass diese Grundschule nicht in Amerika liegt, sondern in Ägypten.

Immer wieder Neues entdecken

Wir entdecken also unsere Berufung nicht, indem wir zehn Jahre im Voraus planen, sondern indem wir auf das achten, was Gott in jedem einzelnen Augenblick durch die jeweiligen Umstände in unserem Leben tut. Mit der Zeit wird sich vor unserem inneren Auge unsere Berufung ohne Dramatik und ganz natürlich entwickeln, so wie sich einem Wanderer Schritt für Schritt die Landschaft um ihn herum erschließt. Selten werden wir den ganzen vor uns liegenden Weg einsehen können. Manchmal werden wir nur gerade so weit sehen, dass wir den nächsten Schritt tun können.

In ihrer Autobiografie *Traveling Mercies* erinnert sich Anne Lamott an eine Predigt:

> Veronica, unsere Pastorin, sagte, beim Gebet um Wegweisung erlebe sie immer wieder, dass ihr Blick auf Dinge gelenkt wird, die direkt vor ihren Füßen liegen; wie ein Lichtkegel, der ihr den nächsten Schritt weist. Sie stellte sich neben das Pult, um zu demonstrieren, wie sie unsicher einen Schritt voranschreitet, dann stehen bleibt, sich verwirrt umsieht, dann einen weiteren Schritt nach vorne tut, dorthin, wohin das Licht gewandert ist. Und dann sagte sie wieder: „Bei dem, was wir im Glauben tun, stolpern wir voran, dorthin wohin wir meinen, dass wir gehen sollen. Wir wursteln vor uns hin, und wissen Sie, was so erstaunlich dabei ist – wir landen genau dort, wo wir sein sollen."[15]

Diese Pfarrerin hat Recht. Der Weg wird sich immer und immer wieder zeigen, egal wie konfus uns die Route vorkommen mag. Wir werden immer genau so viel des Weges erhellt bekommen, dass wir den nächsten Schritt tun können. Das ganze Leben ist eine einzige Reise. Diese Reise selbst ist das Wunderbare. Unsere Fehlschläge dienen uns ebenso wie unsere Erfolge, schwere Zeiten weisen uns ebenso den Weg wie unbeschwerte Abschnitte. Elizabeth Elliot ist der Ansicht, dass Gott uns in unserem persönlichen Umfeld und auf eine zu unserem persönlichen Lebensweg passende Weise beruft. „Ich bin davon überzeugt, dass Gott mich in meinem persönlichen Lebensumfeld führt. Was ich bin, wo ich bin und wie ich dorthin geraten bin, hat viel damit zu tun, wie mein persönlicher Kontext aussieht. Wir können uns darauf verlassen, dass Gott den richtigen Ansatzpunkt wählen wird."[16]

Nehmen wir zum Beispiel Renee, eine Frau, die in einer großen Firma arbeitet. Sie sucht ihren beruflichen Erfolg, indem sie sich auf ihr Arbeitsumfeld einlässt und die an sie gestellten Erwartungen mehr als zufriedenstellend erfüllt. Zugleich ist sie allein erziehende Mutter von drei Jungs – eine Rolle, die sie sehr ernst nimmt, insbesondere seit ihr Mann verstorben ist. Ihre Jungs großzuziehen – diese Aufgabe muss sie allein bewältigen, ohne die Hilfe und das Einkommen eines Ehepartners. Sie hat also zwei Vollzeitjobs (Angestellte und Mutter) und will beide gut machen. Sie kennt andere Frauen in ihrer Firma, die in einer ähnlichen Situation stehen.

Renee stellt fest, dass viel von der Arbeit ihrer Kolleginnen auch von zu Hause aus erledigt werden könnte. Sie schlägt der Geschäftsleitung vor, diese Frauen probeweise einen Monat lang zu Hause arbeiten zu lassen, um zu sehen, ob die Arbeit dort genauso effizient erledigt werden kann wie im Büro. Die Geschäftsleitung lehnt ihren Vorschlag rundheraus ab. „Das würde nie funktionieren", behauptet man dort. Ihr fällt auf – und das lässt sich kaum übersehen –, dass die gesamte Geschäftsleitung männlich besetzt ist. Sie betrachten ihren Vorschlag mit den typischen Vorbehalten eines Mannes. Sie hingegen ist überzeugt davon, dass man diesen berechtigten Vorbehalten begegnen kann.

Zwei Jahre später fusioniert die Firma und sie verliert im Zuge der Zusammenführung ihren Arbeitsplatz. Einige

Monate lang übernimmt sie zwei Halbtagsjobs, um finanziell über die Runden zu kommen. Doch die Probleme allein erziehender, berufstätiger Mütter liegen ihr auch weiterhin am Herzen. So leiht sie sich schließlich Geld von einem Freund und gründet ihre eigene Firma – *HomeWorks.* Sie stellt Frauen ein, stattet sie mit einem Computer und der nötigen Software aus und handelt mit verschiedenen Firmen Aufträge für Projekte aus, die die Frauen (aber auch einige Männer!) von zu Hause aus bearbeiten können. Bezahlt werden die Frauen je nach Produktivität. Renees Firma ist äußerst erfolgreich – sowohl was die Gewinne angeht als auch im Blick auf die Bedürfnisse allein erziehender Mütter.

Renee hat ihre Berufung durch die frustrierenden Erfahrungen gefunden, die sie selbst machen musste. Sie hat auf den Willen Gottes geachtet, so wie er sich ihr erschlossen hat. Sie hat auch auf die Sorgen der Menschen um sie herum geachtet. Sie hat sich durch ihre Erziehungsaufgabe nicht von ihrer Hingabe an das, was ihr wichtig war, abhalten lassen. Aus dieser Spannung heraus hat sich ihre Berufung erst entwickelt.

Unsere Berufung zu entdecken ist eine Kunst und zugleich eine Wissenschaft. Sie beruht auf einem intuitiven Prozess, der sich einfachen 10-Punkte-Programmen oder simplen Formeln entzieht. Wir müssen auf die Zeichen achten, die uns auf die einzuschlagende Richtung hinweisen. Wir werden es ohne Zweifel immer wieder mit subtilen, mehrdeutigen oder verwirrenden Wegzeichen zu tun bekommen. Aber wir müssen unterwegs bleiben und unseren Weg suchen, während wir handeln und vorwärts gehen.

Was uns im Innersten bewegt

Es gibt sechs Zeichen, auf die wir in diesem Prozess achten sollten. *Erstens* sollten wir uns selbst fragen: Was bewegt mich zutiefst? Was motiviert mich? Lernen wir uns selbst kennen – finden wir heraus, was unser Interesse weckt, was uns in Bewegung setzt. Aus irgendeinem Grund gibt es Menschen, die einen inneren Drang oder Motor besitzen, der sie geradezu zu ihrer Berufung treibt. Tief in ihrem Innern ist etwas, das sie motiviert, ein Unternehmen zu gründen, eine Symphonie zu komponieren oder als Lehrer an einer Schule in einem sozialen Brennpunkt zu unterrichten – es ist fast so, als müssten sie das tun, nicht nur weil sie die Begabung dazu besitzen (ohne die keine Berufung auskommt), sondern auch weil sie das Interesse, die Energie und die Leidenschaft für diese Berufung mitbringen. Sie steckt einfach *in* ihnen.

Mozart zum Beispiel hatte von Geburt an Musik im Blut. Er war so begabt, dass er bereits als kleiner Junge durch seine Darbietungen und Kompositionen Ruhm erlangte. Picasso war bereits als Teenager ein brillanter Maler. Franz von Assisi besaß eine so anziehende Persönlichkeit, dass er – noch bevor er Christ wurde – eine Anhängerschar um sich sammelte. Diese Begabung half ihm sehr, als er mit den Minderen Brüdern (besser bekannt als Franziskaner) den einflussreichsten Orden des gesamten Mittelalters gründete. Thomas Edison hat sich niemals bewusst entschieden, Erfinder zu werden. Er war einfach von Natur aus ein Erfinder, voller Intuition und Einfallsreichtum. All diese Menschen hätten es gar nicht fertig gebracht, ihre Berufung zu ignorieren; sie folgten ihr so sicher, wie Gänse im Winter nach Süden ziehen.

Jonathan Edwards (1703–1758), ein Geistlicher der puritanischen Kirche und die Leitfigur der so genannten Ersten Großen Erweckung in den Vereinigten Staaten, gilt als der größte Theologe Amerikas. Sein Verständnis für Theologie gehörte so selbstverständlich zu ihm wie das Herz, das in seiner Brust schlug. Er führte die meiste Zeit seines Lebens über ein Tagebuch, in dem er aufschrieb, was er um sich herum und in sich selbst wahrnahm. Selbst in jugendlichen Jahren nahm er die Dinge bereits mit einer Präzision und tiefen Einsicht wahr, wie sie wohl wenige erlangt haben. Was veranlasste Edwards, die Geheimnisse des Lebens mit solcher Leidenschaft zu bewegen und zu ergründen? Es steckte einfach in seiner Natur.

Eric Liddell kennen die meisten von uns durch den Film *Die Stunde des Siegers,* der 1981 den *Academy Award* für den besten Film gewann. Als der „fliegende Schotte" gewann Liddell 1924 bei einem Rennen die Goldmedaille, an dem er eigentlich gar nicht teilnehmen sollte. In Schottland und weit darüber hinaus wurde er als Held gefeiert. Er hätte diesen Ruhm finanziell ausschlachten können, doch ein Jahr nach der Olympiade ging er als Missionar nach China. Sein weiteres Leben führte er abseits jeglichen öffentlichen Interesses.

Was brachte Liddell dazu, Ruhm und Reichtum hinter sich zu lassen, um als Missionar in China zu wirken? Seine Biografin stellte sich dieselbe Frage und fand heraus, dass es für Liddell eine einfache und leicht zu beantwortende Frage war. „Wieder war es in Erics Leben nicht so, dass er seine Motive auf Herz und Nieren prüfte, wie man sich das als Erzähler seiner Lebensgeschichte wünschen würde", schreibt sie. „Er scheint sich keine Gedanken über die Verlockungen seiner Berühmtheit gemacht zu haben oder darüber, wie schwer es wäre, sich davon loszureißen; es gab keine dunklen Nächte seiner Seele ... Eric scheint einfach immer gewusst zu haben, dass [der Missionsdienst] das war, was er tun sollte."[17] Liddell hatte keine andere Wahl. Er *musste* gehen. Er musste sich ganz der Berufung überlassen, die Gott ihm gegeben hatte.

Begabungen

Ein *zweites* entscheidendes Element bei der Entdeckung unserer Berufung sind unsere Begabungen. Wir benötigen ganz offensichtlich die passenden Begabungen. Gute Absichten alleine reichen nicht aus; wir benötigen die Gaben, um die Aufgabe auch ausführen zu können. Dennoch bilden unsere innersten Motivationen und unsere Begabungen eine höchst komplexe Schnittstelle, wie wir noch sehen werden.

In dem Film *Amadeus* wird gezeigt, wie Salieri – ein mittelmäßig begabter Komponist – gegen Ende seines Lebens von einer tiefen Eifersucht auf den jüngeren und begabteren Mozart verzehrt wird. Nachdem er Mozarts Musik gehört hat, weiß Salieri, wie stümperhaft seine eigene Musik ist. Im Film betete er: „O Herr, wenn du mir schon die Berufung gegeben hast, warum gabst du mir dann nicht auch die dazugehörige Begabung?" Bei diesem Gebet schaudert mich, denn ich werde an meine eigene Unsicherheit erinnert, die mich jedes Mal packt, wenn ich eine Rede halte, im Seminar unterrichte oder Bücher schreibe. Ich will mir sicher sein, dass ich das tue, wozu Gott mich begabt hat, nicht nur einfach das, wozu ich Lust habe.

Immerhin wusste Salieri um seine Grenzen. Nicht jeder tut das. Meine Frau Lynda war Berufsmusikerin, Solistin und Chorleiterin. In der Regel hatte sie immer irgendeine Person in ihren diversen Chören, die davon überzeugt war, sie solle eine Solorolle bekommen, die aber keineswegs die entsprechende Stimme hatte. „Wenn Gott einen Menschen zu etwas beruft," meinte Lynda oft zu mir, „möchte man meinen, dass er ihm doch auch die nötigen Fähigkeiten mitgibt." Es ist schmerzlich zu erfahren, dass wir nicht das erreichen können, was wir gerne tun wollen, weil uns das nötige Talent dazu fehlt. Aber wenn wir diese Lektion nicht lernen, probieren wir immer wieder Dinge aus, die wir besser erst gar nicht angefangen hätten. Wir werden Predigten halten, die man am besten gleich ins Archiv gepackt hätte. Wir werden einen Verein leiten, den besser ein anderer geleitet hätte. Oder wir werden Studenten unterrichten, denen ein anderer die Materie mit mehr Begabung nahe gebracht hätte.

Natürlich reicht Talent allein nicht aus. Es gibt uns den Schlüssel zu unserer Begabung, aber es macht nicht den Kern unserer Berufung aus. Einerseits wird es Menschen geben, die niemals ihr volles Talent ausschöpfen werden. Eric Liddell hätte das Zeug zum Profisportler gehabt und Jonathan Edwards hätte auch ein berühmter Wissenschaftler sein können. Manche Sportler könnten mehr als eine Sportart zu ihrem Beruf machen, aber der hohe Wettbewerb zwingt sie, sich auf eine Sportart festzulegen. Manche Studenten könnten jedes Fach meistern, das sie interessiert, aber ihre begrenzte Zeit lässt das nicht zu. Wie also entscheiden begabte Menschen darüber, wo sie ihre beträchtlichen Möglichkeiten einsetzen? Das Wissen um ihre persönliche Berufung kann ihnen dabei helfen.

Auf der anderen Seite leisten Menschen Großartiges in Bereichen, die ihnen von ihren Begabungen her gar nicht so sehr liegen. Steve Largent war über Jahre hinweg der erfolgreichste „Receiver" der *Seattle Seahawks,* einer Football-Mannschaft. Er behauptete immer, dass er nicht viel Talent besaß, und seine Gegner stimmten ihm darin zu. Aber Largent war ausgebufft und besaß genügend Ehrgeiz und Liebe zu diesem Sport. Und das glich sein mittelmäßiges Talent aus und machte ihn zu einem erfolgreichen Berufssportler. Das Gleiche gilt auch für andere bedeutende Sportler.

Dasselbe Phänomen können wir auch in der Bibel beobachten. Paulus gesteht, dass er keine ausreichende Begabung als Redner besaß und dass er seine Zuhörer kaum beeindruckte (vgl. 1. Kor. 2,1–5; 2. Kor. 10,10.11). Hätte man Paulus erst einmal eine Predigt halten lassen, bevor man ihn auf die Welt losließ, so hätte er den Job als Missionar und Apostel wohl niemals bekommen. Aber Paulus war eben auch zielstrebig und zu allem entschlossen. Er ertrug alles erdenkliche Leid (vgl. 1. Kor. 15,10; 2. Kor. 11). Aufgeben? Das kannte er nicht. Wie lässt sich das alles erklären? Begabungen und der entsprechende Werdegang allein machen eben nicht alles aus. Paulus schöpfte seine Motivation aus einer anderen Quelle. Diese Quelle ist bei Gott.

Lebenserfahrung

Drittens können die Erfahrungen, die wir in unserem Leben gemacht haben, eine ähnliche Wirkung haben. Was uns widerfährt, *drängt* uns manchmal förmlich zu unserer Berufung hin. Da ist zum Beispiel eine junge Witwe, deren Mann an Krebs gestorben ist; nun engagiert sie sich in der Hospizarbeit. Ein Student, der sich in seinen ersten Semestern an der Uni schwer getan hat, berät nun andere Erstsemester, damit ihnen der Studienanfang besser gelingt. Eine Frau, die jahrelang von ihrem Ehemann missbraucht wurde, kümmert sich um Frauen, die in der Ehe vergewaltigt oder misshandelt werden. Ein Mann, der sich noch genau an die langweilige und konturlose Gemeinde seiner Jugend erinnert, ist heute ein erfolgreicher Evangelist. Sie alle wurden durch ihren persönlichen Lebensweg auf ihre Berufung gestoßen.

Manchmal setzt uns ein ganz unbedeutendes Ereignis in Bewegung, das eben gerade zum rechten Zeitpunkt geschieht. Etwas, das uns zum Zeitpunkt seines Geschehens völlig gewöhnlich erscheint, kann durchaus ungewöhnliche Konsequenzen nach sich ziehen. Kürzlich sah ich einen Film über die Lebensgeschichte der englischen Schauspielerin Coral Atkins. Bei einer Wohltätigkeitsveranstaltung in einem Kinderheim traf Atkins ein kleines Mädchen, dessen schreckliche Vergangenheit und Sehnsucht nach Liebe in der Schauspielerin grausame Erinnerungen an ihre eigene Kindheit wachriefen. Dieses Erlebnis bewegte sie so sehr, dass sie ihre großartige Karriere an den Nagel hängte, um ein Heim für verhaltensgestörte Kinder zu gründen – für sie ein zugleich wunderbares und quälendes Unterfangen. Durch ein so unbedeutendes Ereignis wie den Besuch einer Benefizveranstaltung nahm das Leben dieser Frau einen völlig anderen Verlauf.

Eine ähnliche Wirkung kann auch die Erfahrung von Leid auf unser Leben haben. So verfasste zum Beispiel John

Bunyan seine Autobiografie sowie seinen Klassiker *Die Pilgerreise* in den zwölf Jahren, in denen er wegen seiner nonkonformistischen Glaubensüberzeugung im Gefängnis saß. Seine Werke offenbaren sein tiefes Verständnis von Versuchung und Leid. Seine Erfahrungen im Gefängnis machten es ihm möglich, die Tiefen menschlicher Sünde zu erkennen und das Wunder der Erlösung durch Gott zu erfassen. Dostojewskij entwickelte seine Lebensphilosophie wie auch die Handlungsstränge für mehrere seiner Werke während seiner Haft in einem sibirischen Arbeitslager. Sein Leid wurde für ihn zu der Stimme, die ihn aufrief, die tiefsten Fragen menschlichen Lebens zu stellen und zu beantworten. Dostojewskij wäre auch ohne seinen Aufenthalt im Gefangenenlager Schriftsteller geworden. Aber er hätte nicht mit einer solchen Einsicht und Kraft schreiben können.

Offene und verschlossene Türen

Ein *vierter* Faktor bei der Entdeckung unserer Berufung sind die Chancen, die sich uns eröffnen. Elizabeth Elliot bezeichnet sie als „äußere Umstände". Sie glaubt, dass Gott äußere Umstände benutzt, um uns zu leiten. „Äußere Umstände sind ohne Frage Teil des göttlichen Willens ... Es ist eine normale Glaubensansicht, dass Gott äußere Umstände einsetzen wird, um mir einen Schubs in die richtige Richtung zu geben."[18]

Die Gelegenheiten, die sich uns bieten, sind im wahrsten Sinne des Wortes die „offenen Türen", auf die wir hin und wieder stoßen. Der Apostel Paulus benutzte diesen Begriff für die Chancen, die sich ihm boten – oder um die er Gott bat –, um das Evangelium in Gegenden zu predigen, die ihm bis dahin verschlossen waren (vgl. Kol. 4,3.4). Sogar an so ungewöhnlichen und unangenehmen Orten wie Gefängnissen erkannte er noch offene Türen, um seine apostolische Berufung zu leben; dort machte er den verängstigten Gläubigen Mut und gab heidnischen Wärtern Zeugnis vom Glauben (vgl. Phil. 1,12–14).

Doch auch für ihn persönlich taten sich Türen auf. Nach seiner Bekehrung – in seinen so genannten stillen Jahren – verschwand Paulus für einige Zeit aus dem Rampenlicht. Während eines Aufenthaltes in Zilizien lud ihn Barnabas ein, sich dessen Arbeit in Antiochia in Syrien anzuschließen. Die Gemeinde dort bestand zunehmend aus Christen mit einem nicht-jüdischen Hintergrund. Paulus reiste nach Antiochia und wurde Gemeindeleiter. Und dort erreichte ihn und Barnabas schließlich der Ruf, nicht nur unter Juden, sondern auch unter Nichtjuden Gemeinden zu gründen (vgl. Apg. 11,19–26; 13,1–4).

Die Erlebnisse, die man während der Ausbildung oder Studienzeit macht, entpuppen sich manchmal als Hinweise auf die persönliche Lebensberufung. So wurden einige meiner Studenten, die bei Sommerlagern die seelsorgerliche Betreuung übernahmen, später Leiter der gemeindlichen Jugendarbeit. Andere, die ein Semester in Lateinamerika studierten, gingen später dorthin zurück, um Entwicklungshilfe zu leisten. Wieder andere engagierten sich neben ihrem Studium in ehrenamtlichen Organisationen und blieben auch nach ihrem Abschluss diesem Engagement treu. Die Studienzeit bietet vielfältige Möglichkeiten, eigene Gaben auszuprobieren und der eigenen Berufung näher zu kommen.

Chancen ergeben sich auch aus den Möglichkeiten, die andere uns eröffnen. Ich hatte Leighton Ford nicht darum gebeten, einen Brief zu meinen Gunsten zu verfassen. Mir war noch gar nicht der Gedanke gekommen, dass meine Texte sich zur Veröffentlichung eignen könnten. Er verschaffte mir eine offene Tür, so wie er es auch für viele andere getan hat. Es gehörte für ihn zu seiner Berufung, seine Beziehungen zu nutzen und jungen Christen in verantwortlichen Positionen Entwicklungschancen zu eröffnen. Er hält per Telefon oder über E-Mail Kontakt zu diesen Menschen, schlägt sie vor, wenn Gemeinden oder Organisationen neue Mitarbeiter suchen und steht ihnen beratend zur Seite, wenn es nötig sein sollte.

Manche Chancen ergeben sich scheinbar per Zufall. Johannes Calvin war von Beruf Anwalt, als er sich um 1530 zum Glauben bekehrte und sich der Reformation anschloss. Er hatte damals bereits einen Kommentar zu den Werken Senecas verfasst und war für sein brillantes Denken bekannt.

Auf einer Reise nach Straßburg 1536 wurde er durch unvorhergesehene Umstände zu einem Umweg über Genf gezwungen. Genf befand sich damals im Aufruhr, denn der Stadtrat hatte in Genf soeben die Reformation ausgerufen, auch wenn die Räte kaum wussten, was das bedeutete. Als William Farel, einer der Anführer der noch jungen Bewegung hörte, dass Calvin in der Stadt weilte, bat er ihn, in Genf zu bleiben und beim Aufbau der soeben entstehenden Kirche zu helfen. Calvin, ein eher distanzierter Mann, wollte damit nichts zu tun haben. Ihm lag mehr an dem zurückgezogenen Leben eines Gelehrten als an einer Führungsrolle bei einer Kirchengründung. Daher lehnte er Farels Ansinnen ab.

Doch Farel ließ sich nicht so leicht abspeisen. Mit eindringlichen Worten ermahnte er Calvin, dass Gott ihn verdammen werde, wenn er nicht in Genf bliebe und die Bewegung anführte. Calvin wusste, dass er bleiben musste, auch wenn es nicht gerade die offene Tür war, auf die er gewartet hatte. „Ich hatte ein Gefühl, als ob sich die mächtige Hand Gottes vom Himmel herab auf meine Schulter legte und mir Einhalt gebot ... Ich war so von Furcht ergriffen, dass ich meine Reise nicht fortsetzte."

Und so blieb Calvin bis zu seinem Tod in Genf, abgesehen von den drei Jahren, in denen seine Gegner im Stadtrat ihn zwangen, die Stadt zu verlassen. In den 25 Jahren, in denen Calvin in der Stadt war, hielt er Tausende von Predigten, war Hirte einer großen Gemeinde, verfasste seinen berühmten

Unterricht in der christlichen Religion und Kommentare zu beinahe jedem Buch der Bibel. Er half eine Kirche aufzubauen, die vielen Führern der Reformation in Europa zum Vorbild diente. Er nahm an wichtigen Treffen mit Kirchenleuten aus ganz Europa teil. Doch sein gesamter Werdegang als Pfarrer und als Kirchenführer ergab sich aus einem scheinbar zufälligen Umweg, der ihn nach Genf und zu der kurzen Begegnung mit William Farel führte.

Offene Türen können also ein Hinweis auf unsere Berufung sein. Ebenso können uns aber auch verschlossene Türen wichtige Hinweise geben. Der Pädagoge, Referent und Autor Parker Palmer behauptet, dass zu jeder Berufung auch *Grenzen* gehören. Wenn wir uns für eine Berufung entscheiden, schließen wir automatisch andere aus. Wir müssen Entscheidungen treffen und manche gut erscheinenden Möglichkeiten ausschlagen. Wir müssen also auch erkennen, was wir *nicht* tun sollen. Palmer schreibt: „Die Wahrheit ist, dass ich nicht all das sein kann, was ich gerne wäre, oder all das tun kann, was ich gerne täte."

Wir müssen also erkennen, was in uns steckt und wo unsere Grenzen liegen; wir müssen verschlossene Türen ebenso akzeptieren wie offene. „Der Gott, der uns geschaffen hat, verlangt nicht, dass wir irgendein abstraktes Idealbild von uns erfüllen. Gott, der uns schuf, will, dass wir das achten, was uns als Söhnen und Töchtern Gottes zukommt; und dazu gehören unsere Möglichkeiten ebenso wie unsere Grenzen. Wenn wir das nicht tun, ereignet sich die Wirklichkeit, ereignet sich Gott – und hinter uns schließt sich der Pfad."[19]

Ein Freund von mir stieg Mitte der Achtzigerjahre aus dem Pfarrdienst aus, um in neutestamentlicher Theologie zu promovieren. Er fühlte sich berufen, an einem christlichen College oder Predigerseminar zu unterrichten. Um den Unterhalt für seine Familie während des Doktorandenstudiums zu bestreiten, arbeitete er nebenher in einem großen christlichen Verlagshaus. Als er kurz vor dem Abschluss stand, schickte er unzählige Bewerbungen an christliche Bildungseinrichtungen. Doch sämtliche Türen blieben verschlossen. Das Verlagshaus hingegen bot ihm eine volle Stelle an. Dort konnte er seine Fähigkeiten und sein Wissen einbringen. Und dort arbeitet er bis heute.

Der Rat anderer Menschen

Der *fünfte* Faktor, der uns helfen kann, unsere Berufung zu entdecken, ist die Einbindung in eine lebendige Gemeinschaft. Nur selten entdecken Menschen ihre Berufung, die sich völlig von anderen isolieren. Nur Freunde kennen uns gut genug, um unsere Gaben einschätzen zu können; sie hören sich unsere Träume an; sie fordern uns heraus, Neues zu denken; sie ermutigen uns, wenn wir uns etwas vorgenommen haben, oder raten uns davon ab. Sie helfen uns, unsere Stärken und Schwächen zu erkennen, zu entdecken, wer wir sind und was wir mit unserem Leben anfangen können. Gott ist zwar der Herr dieses Universums, aber er handelt nicht im luftleeren Raum. Er benutzt Menschen ebenso wie äußere Umstände, damit wir durch sie zu unserer Berufung finden.

Elizabeth Elliot meint, der Rat der Menschen, mit denen wir in einer geistlichen Gemeinschaft verbunden sind, sei eines der „natürlichen Werkzeuge", die Gott benutzt, um uns zu unserer Berufung zu führen. „Selten sind wir völlig auf uns gestellt, wenn wir unsere Entscheidungen fällen", schreibt sie. Freunde können uns durch ihren Rat besonders weiterhelfen, doch wir müssen uns auch über ihre Motivationen und Einstellungen im Klaren sein.

> Wir sollten nach jemandem suchen, der Gott liebt und Erfahrung darin hat, den Willen Gottes zu erkennen. Ich selbst habe ... durch einige gleichaltrige Freunde Hilfe und Segen erfahren. Doch besonders segensreich

war für mich der Rat von Männern und Frauen, die deutlich älter waren als ich selbst. Sie sehen Dinge, die ich nicht sehe. Sie sind schon Wege gegangen, die ich noch nie eingeschlagen habe. Sie besitzen eine Weitsicht, die ich selbst noch gar nicht haben kann.[20]

Viele unserer Studenten haben in der theologischen Fakultät eine solche Gemeinschaft gefunden. Ich bin über ihre Offenheit untereinander oft erstaunt. „Ich kann mir einfach nicht vorstellen, dass du als Hauptamtlicher für die Jugendarbeit geeignet bist", sagt ein Student zum anderen. „Ich denke, du hast eher die Gaben, die ein Gemeindepfarrer braucht." Oder: „Ich denke, du wärst ein ausgezeichneter Lehrer oder Dozent." Diese jungen Leute besitzen zwar keine unumstößliche Autorität. Sie sprechen nicht für Gott und manchmal irren sie sich auch. Aber sie helfen ihren Kommilitonen, die richtige Perspektive zu finden. Sie sind wie „Wegweiser" in die richtige Richtung.

Auch Mentoren erfüllen eine ähnliche Aufgabe. Der Apostel Paulus forderte so manchen seiner Mitarbeiter heraus, eine bestimmte Berufung zu verfolgen. Timotheus zum Beispiel stammte aus einer gläubigen Familie. Seine Mutter wie auch seine Großmutter hatten ihn im Glauben erzogen und gestärkt. Als junger Mann lernte er Paulus kennen, der sein Mentor wurde. Als Timotheus in seinem pastoralen Dienst auf Probleme stieß, ermahnte Paulus ihn, seine Aufgaben mit Mut und innerer Überzeugung anzugehen, selbst wenn er noch so jung, unerfahren und schüchtern war:

> Niemand hat ein Recht, auf dich herabzusehen, weil du noch so jung bist. Allerdings musst du in jeder Beziehung ein Vorbild sein, in allem, was du sagst und tust: in der Liebe, im Glauben und in deiner ganzen Gesinnung. Solange ich nicht wieder bei euch bin, lies du in der Gemeinde aus der Heiligen Schrift vor,

ermutige die Christen und unterrichte sie. Setze die
Gabe ein, die Gott dir schenkte, als er dich durch ein
prophetisches Wort in der Gemeinde für diese
Aufgabe bestimmte und die Ältesten dir segnend die
Hände auflegten. Gebrauche diese deine Gabe, dann
wird jeder erkennen, wie dein Glaube in jeder
Hinsicht wächst.
(1. Timotheus 4,12–15)

Die Freude an der eigenen Berufung

Es gibt noch ein *letztes* Zeichen – und das ist die Freude.
Manche Menschen meinen fälschlicherweise, dass man seine
Berufung in den Dingen entdecken wird, die einem am
wenigsten Spaß machen – als ob es das untrügliche Zeichen
einer Berufung sei, dass man sich damit möglichst schwer tut.
Dieser Ansicht widerspreche ich aufs heftigste. Gott wünscht
uns ein Leben, das uns Freude macht. Er ruft uns in eine
Nachfolge, in der wir ihm mit fröhlichem Herzen dienen
können. Wir werden unsere Berufung nicht nur daran erkennen, dass wir uns zu einer bestimmten Aufgabe gedrängt
fühlen, sondern auch daran, dass sie uns Spaß macht. Gott
liebt einen fröhlichen Geber, so hat Paulus es geschrieben. Er
liebt auch Menschen, die ihm mit Freude dienen.

Wieder einmal finden wir bei Elizabeth Elliot wertvolle
Ratschläge. Auch sie war zunächst der Überzeugung, Gott
erwarte von ihr gerade das, was ihr am wenigsten liege. Doch
dann distanzierte sie sich von dieser negativen Ansicht.

> „Ich lernte die Heilige Schrift besser kennen und
> erfuhr so, dass selbst ich, eine so elende Sünderin, mir
> hin und wieder genau das wünsche, was sich auch
> Gott wünscht. Je gehorsamer ich Gott gegenüber lebe,
> umso öfter wird dies der Fall sein, aber es ist eben
> manchmal auch etwas, das sich ganz einfach und
> natürlich ereignet."[21]

Wir dürfen Freude an dieser Stelle nicht mit Glück verwechseln. Das Gefühl vollkommenen Glücks werden wir auf dieser Welt nie dauerhaft erleben. Auf dieser Welt werden wir gebeutelt. Landwirte müssen sich mit dem Unkraut auf ihren Feldern herumschlagen, Geschäftsleute haben es mit launischen Kunden zu tun, Lehrer mit aufsässigen Schülern und Pfarrer mit gleichgültigen Gemeindegliedern. Egal wie viel Freude uns unsere Berufung macht, unsere Arbeit wird uns mürbe machen, wir werden uns über Kollegen ärgern, uns bei Routineaufgaben langweilen und gegen Strukturen ankämpfen, die unsere Arbeit unnötig erschweren. Wir leben in einer gefallenen Welt.

Ich arbeite seit zehn Jahren als Dozent. Ich habe über 15 000 Seminararbeiten korrigiert. Bei einigen hat mir das Lesen Spaß gemacht. Bei anderen nicht. Aber ich habe schnell gelernt, dass ein guter Dozent viele Seminararbeiten aufgeben und beurteilen muss, weil seine Studenten durch diese Arbeiten am meisten lernen. Das Durcharbeiten dieser Seminararbeiten gehört bei weitem nicht zu den spannendsten Tätigkeiten eines Dozenten. Aber es gehört zu seinen Pflichten, egal wie ermüdend oder langweilig es auch sein mag.

Es ist eine Sache, wenn uns unsere Aufgaben Mühe machen; wenn wir uns dabei aber überhaupt nicht wohl fühlen, ist das etwas ganz anderes. Unsere Arbeit macht uns vielleicht nicht immer Spaß, aber wir können trotzdem fröhlich dabei bleiben. Diese Freude kommt aus dem Wissen, dass das, was wir tun, unserem Wesen entspricht und dem Reich Gottes dient. Frederick Buechner rät uns, dass wir unter all den Stimmen, die um unsere Aufmerksamkeit buhlen und uns Gottes Willen verdeutlichen wollen, am meisten auf die hören sollten, „von der wir möglicherweise meinen, wir sollten am wenigsten darauf hören – nämlich die Stimme unserer eigenen Zufriedenheit." Diese Stimme der Zufriedenheit mag sich als das verlässlichste aller Zeichen erweisen.[22]

Hören lernen

Auf diese sechs Zeichen sollten wir also achten. Doch sie sind keine Patentrezepte. Seine Berufung zu finden, ist kein einfacher Prozess. Nur selten vernehmen Menschen eine hörbare Stimme vom Himmel. Beim Apostel Paulus war das so, nicht jedoch bei Timotheus und ebenso wenig bei den meisten Mitstreitern des Apostels. Mir ist noch niemand begegnet, der Gottes Stimme so direkt vernommen hätte, wie ein Mensch mit dem anderen redet. Bei den meisten von uns wird sich die persönliche Berufung mit der Zeit und durch viele Erfahrungen hindurch erweisen. Wir entdecken sie im Verlauf unseres Lebens, wir lernen durch Fehler ebenso wie durch Erfolge, wir probieren Neues aus und sind vor allem aufmerksam auf Gottes Reden. Dieses Reden Gottes ist weniger die hörbare Stimme Gottes, sondern das, was Gott uns durch unser Nachdenken, durch unsere Gaben und Erfahrungen, durch Chancen, durch die Gemeinschaft, in der wir leben, und durch die Freude in unserem Herzen sagt.

Zuhören ist an sich schon eine Kunst. Mutter Teresa hat erkannt, wie wichtig es ist, am Anfang jedes Gebetes still zu werden; denn die Stille hilft uns, auf Gott zu hören. „Ich beginne mein Gebet immer mit Stille, denn in die Stille unseres Herzens hinein redet Gott. Gott ist ein Freund der Stille – wir müssen auf Gottes Reden hören; denn nicht, was wir Gott sagen, ist von Bedeutung, sondern was er zu uns und durch uns sagt."[23]

Der Philosoph und Quäker Thomas Kelley, der in den Vierzigerjahren des 20. Jahrhunderts starb, meinte ebenfalls, dass wir auf Gott hören lernen, indem wir lernen zu schweigen. Dieses Hören in der Stille befähigt uns, Gottes Stimme zu vernehmen und unsere Berufung zu erkennen. „Tief in unserem Innern verbirgt sich ein erstaunliches inneres Heiligtum unserer Seele, ein heiliger Ort, ein göttliches Zentrum, eine Stimme, die zu uns spricht, ein Ort, dem wir uns immer wieder zuwenden können. Die Ewigkeit ist in unserem Herzen; sie drückt unserem von der Zeit gebeutelten Leben seinen Stempel auf; sie schenkt uns die wärmende Vertrautheit mit einem erstaunlichen Lebensziel und ruft uns heim zu dem, der diese Ewigkeit selbst ist."[24]

Gott gibt uns die Gewissheit, dass wir unsere Berufung entdecken werden. Er ist es, der uns ruft; er wird uns fähig machen, diesen Ruf zu hören, zu verstehen und zu verwirklichen. Wir werden erfolgreich sein, auch wenn es vielleicht kein Erfolg im Sinne dieser Welt ist. Ich habe weiter oben in diesem Kapitel auf das Leben berühmter Männer verwiesen – Mozart, Dostojewskij, Bunyan, Edwards –, um an Beispielen zu zeigen, wie wir unsere Berufung finden können. Nur wenige von uns werden so erfolgreich sein wie diese Männer. An uns wird man sich kaum über unseren Tod hinaus erinnern. Unsere Berufung wird uns eher noch aus dem Rampenlicht des öffentlichen Interesses entfernen, als uns zu besonderem Ruhm führen. Es mag sein, dass kaum einer unser Tun anerkennt. Aber warum sollte uns daran viel gelegen sein? Wenn wir „Schätze im Himmel" sammeln, wie Jesus es nennt, bleibt uns wenig Kapital für Investitionen in diese Welt. Unsere Berufung mag zwar auch auf Erden einen Wert haben, aber vielleicht findet sie hier im Diesseits nur wenig Beifall.

Der Himmel wertet Erfolg anders als diese Welt. Wenn wir unsere Berufung mit Integrität, Treue und Liebe erfüllen, werden wir Frucht bringen für das Reich Gottes. In *Die große Scheidung* beschreibt C. S. Lewis eine himmlische Prozession zu Ehren eines großen Heiligen, der soeben gestorben ist. Der Erzähler der Geschichte fragt sich, ob es wohl jemand ist, von dem er auf Erden bereits gehört hat. Beim Anblick der wundervollen Prozession erscheint ihm das wahrscheinlich. Doch der himmlische Reiseführer des Erzählers antwortet: „Sie werden von dieser Frau noch nie gehört haben. Auf der Erde war ihr Name Sarah Smith, und sie wohnte in Golders Green."

Der Erzähler meint: „Sie scheint ... nun ja, eine bedeutende Persönlichkeit gewesen zu sein?"

Sein himmlischer Führer antwortet: „Richtig. Sie ist eine der ganz Großen. Sie haben bestimmt schon gehört, dass der Ruhm in diesem Land und der Ruhm auf der Erde zwei völlig verschiedene Dinge sind."[25]

Sarah Smith war in den Augen des Himmels deshalb eine große Persönlichkeit, weil sie ihre Berufung lebte, ohne danach zu fragen, ob die Welt das anerkennt. Sie tat den Willen Gottes, weil Gott ihr wichtig war und weil es der Welt zum Guten diente. In der Welt war sie vergessen worden, nicht aber bei Gott. Er erwies ihr dafür Ehre.

7

VIELE BERUFUNGEN – EIN EINZIGES LEBEN

Jetzt muss ich ein paar Falten aus meiner Argumentation herausbügeln, und es mag zunächst so erscheinen, als würde ich mir selbst widersprechen.

In Kapitel 5 habe ich erwähnt, dass ich mit dem Begriff *Beruf* ein wenig Schwierigkeiten habe und stattdessen lieber den Begriff *Berufung* verwenden möchte, um den Gedanken zu transportieren, dass es für jeden Menschen ein einzigartiges göttliches Ziel im Leben gibt. Ich deutete im selben Kapitel an, dass es auch bei dem Begriff Berufung ein Problem gibt. Nun will ich das erklären. Dieses Problem wurde mir wieder einmal durch meine persönliche Lebensgeschichte bewusst.

Die Berufung, Vater zu sein

Lynda wollte immer Kinder haben. Sie war die geborene Mutter. Aber wir hatten Schwierigkeiten, ein Kind zu bekommen. Trotz aller Enttäuschung wuchs Lyndas Sehnsucht nach Kindern stetig. Ich fühlte ebenso – das glaubte ich zumindest. Heute ist mir klar, dass ich um ihretwillen Kinder wollte, nicht meinetwegen. Bei mir lief alles unter der falschen Prämisse, dass ich eine einzige Berufung besaß – meine berufliche Aufgabe. Natürlich war ich bereit, mich um Kinder zu kümmern. Denn wenn wir Kinder bekommen sollten, war ich ja schließlich ihr Vater. Doch Lynda sollte die Verantwortung für die Familie tragen, nicht ich. Ich wollte tun, was sie sagte und mich als Vater ihrer Leitung anvertrauen, gerade so wie ein Soldat den Befehlen eines Offiziers Folge leistet.

Schließlich schenkte Lynda insgesamt vier Kindern das Leben. Sie war überglücklich. Sie ging mit viel Elan und Kreativität an ihre Aufgabe als Mutter heran. Ich leistete mein Teil, aber ohne große Ernsthaftigkeit oder Hingabe. Bei anderen konnte ich mit meinen Fähigkeiten als Vater Eindruck schinden. Lynda aber konnte ich nicht hinters Licht führen. Sie sagte mir mehr als einmal: „Jerry, du wirst etwas verpassen, wenn du nichts in diese Kinder investierst. Eines Tages wirst du es bereuen. Lass das nicht zu."

Ich versuchte zwar, auf ihre Warnungen zu hören, aber so richtig verstanden habe ich sie nie. Ich hing immer an dieser Idee fest, dass ich nur eine wirkliche Berufung besaß – die Berufung, Pfarrer zu sein, aber doch keine Berufung für meine Frau und meine Kinder. Ich habe sie nicht missbraucht oder vernachlässigt. Das Problem bestand auch nicht in meinem Terminkalender oder darin, dass ich mir keine Mühe gegeben hätte. Das Problem war meine innere Einstellung.

Dann kam es zu diesem Unfall. Plötzlich hatte ich keine Frau mehr, die mich durch meine Aufgabe als Vater lotsen konnte. Es gab keinen mütterlichen Experten mehr, der mir die richtigen Stichworte gab und mir sagte, was zu tun war. Es gab keine Arbeitsteilung mehr. Ich war auf mich selbst gestellt. Wenn jemand meine drei Kinder großziehen sollte, dann war das jetzt meine Aufgabe.

Mein Weg als Vater in den letzten acht Jahren war ohne Zweifel die wunderbarste und schwierigste Erfahrung meines Lebens. Vater zu sein lag mir nicht im Blut; und vermutlich werde ich mich damit nie leicht tun. Ich bin zu egoistisch und habe zu viele Ambitionen. Aber ich habe mit den Jahren einiges dazugelernt. Heute übernehme ich nicht nur die Funktion eines Vaters; ich *bin* ein Vater. Ich denke nicht erst nach der Arbeit an zu Hause, ich habe mein Zuhause in Gedanken immer bei mir. Vater zu sein gehört inzwischen so sehr zu meiner Identität wie die Tatsache, dass ich ein Mann bin.

Nach dem Unfall hatte ich mich entschlossen, vergebungsbereit zu leben. Ich hatte genug Leid erfahren, ich brauchte nicht noch mehr davon. Mir war klar, dass die Art, wie ich auf die Tragödie reagierte, auch entscheidende Auswirkungen auf meine Kinder haben würde; und die Frage, wie ich ihnen als Vater begegnete, konnte die Situation für sie grundlegend verändern – und auch für mich. Deshalb beschloss ich zu lernen, was es bedeutet, Vater zu sein. Ich machte die Vaterschaft zu meinem Schatz und hoffte, dass mein Herz mir folgen würde. Ich experimentierte und fiel auf die Nase, aber ich blieb dran. Ich betete viel. Sollte ich jemals ein Buch über das Vatersein schreiben, würde es den Titel tragen: „Wie man vor Gott auf den Knien seine Kinder erzieht".

Wir hatten schon so unsere besonderen Momente. Bis heute lache ich mit meinen Freunden über meinen „Schwarzen Donnerstag", einen Tag im Oktober 1993, als ich beschloss, den Unfall nicht länger als Entschuldigung für die Unarten meiner Kinder gelten zu lassen, sondern sie stattdessen für ihre Fehler zur Verantwortung zu ziehen. An diesem Tag holte uns die Wirklichkeit ein. Meine Kinder befanden sich wieder in der Welt der Normalität. Ich bestrafte sie für Dinge, die ich so lange toleriert hatte, bis sie schon beinahe Gewohnheitsrecht geworden waren. Catherine und David verbrachten die nächsten zwei Wochen fast nur noch auf ihrem Zimmer, so schien es mir damals.

Ich kann nicht behaupten, der Unfall wäre *der* Wendepunkt in meinem Leben als Vater gewesen. Meine Umkehr in Sachen Vaterschaft und Familie hatte bereits begonnen, bevor Lynda starb. Doch der Unfall beschleunigte diesen Prozess und machte ihn für mich zu einer Berufung. Merkwürdigerweise ergab sich aus dieser Berufung ein Problem. Bis dahin hatte ich angenommen, es gäbe nur eine Hauptberufung in meinem Leben – studieren, unterrichten, Studenten begleiten und auf ihre zukünftigen Leitungsaufgaben vorbereiten. Diese Grundannahme musste ich durch den Unfall überdenken.

Konflikte zwischen verschiedenen Berufungen

Ich weiß heute, dass ich mehrere Berufungen habe. Jede ist auf ihre Weise wichtig, auch wenn einige wichtiger sind als andere. Nur wenige Menschen können ihre ganze Zeit und Energie auf eine einzige Hauptberufung konzentrieren. Thomas von Aquin (1224–1274) widmete sein gesamtes Leben der Gelehrsamkeit, dem Schreiben und der Lehre, weil ihm seine Zeit uneingeschränkt zur Verfügung stand. Er gehörte einem Orden an, er war nicht verheiratet, hatte keine Kinder, musste sich um keinen Haushalt kümmern und hatte keine der Alltagspflichten eines Normalsterblichen zu erfüllen. Seine Produktivität (z.B. die umfangreiche und gelehrsame *Summa Theologica)* bezeugt ohne Zweifel sein Genie, zeigt aber auch, wie schlicht sein Leben war. Kaum etwas lenkte ihn von seinem Schaffen ab, obwohl Thomas – sehr zu seinem Leidwesen – eine Reihe von Pflichten als religiöser Staatsmann des Mittelalters zu erfüllen hatte.

Die meisten von uns führen ein völlig anderes Leben als Thomas von Aquin. Wir haben mehrere Berufungen. Wir arbeiten z.B. als Lehrerin, Buchhalter oder Sozialarbeiter und dienen Gott durch unseren Beruf. Aber wir sind zugleich z.B. in einer Weiterbildungsphase, sind Väter oder Mütter, Kirchenvorsteher, Nachbarn, Trainer oder anderweitig ehrenamtlich Tätige. Diese verschiedenen Berufungen stehen immer wieder im Konflikt zueinander. Meiner Erfahrung nach tun sie das sehr häufig.

Zum Teil entsteht dieser Konflikt daraus, dass wir zu viel zu tun haben. Jeder von uns ist einem enormen Zeitdruck ausgesetzt. Wir haben so viel zu tun, dass für Fehler kaum Platz ist. Ich zum Beispiel arbeite im Büro meist durch, ohne mir eine Mittagspause zu gönnen. Zwei Tage in der Woche mache ich früher Feierabend, um für die Kinder da zu sein, mit ihnen gemeinsam zu kochen und über ihre Erlebnisse zu reden. Ich fahre sie zum Training, zur Musikschule oder zu Gemeindeveranstaltungen. Ich habe Telefonate zu erledigen, helfe bei den Hausaufgaben, spiele ein Spiel mit ihnen und spreche abends ein Gute-Nacht-Gebet für sie. Am späteren Abend muss ich dann noch Seminararbeiten korrigieren, etwas lesen oder schreiben. Erschöpft falle ich schließlich ins Bett.

Ich würde mir wünschen, dass ich all meine Aufgaben auf eine „to do"-Liste setzen könnte, um sie dann eine nach der anderen abzuarbeiten. Aber das Leben läuft nicht immer so rund und bequem. Wie kommt es, dass ich gerade in den Wochen im Beruf am meisten gefordert bin, in denen auch meine Kinder besonders viel vorhaben? Warum werden die Kinder gerade dann krank, wenn mir mein Zeitplan am wenigsten Flexibilität gestattet? Warum haben sämtliche Babysitter, die ich kenne, gerade an dem Abend etwas vor, wo ich sie am dringendsten bräuchte?

Aber konkurrierende Aktivitäten erklären nicht alles. Das ist ein *äußerliches* Problem. Ich habe noch ein weiteres Problem – und das ist ein *innerliches;* da geschieht etwas in mir. Ich denke heute anders über das Leben, weil mir die äußeren Umstände eine neue Identität aufgezwungen haben. Früher habe ich mehrere „Hüte" getragen – mehrere Rollen jongliert; heute ist mir klar, dass sich darunter auch verschiedene „Köpfe" befinden. Ich könnte vielleicht den einen oder anderen „Hut" loswerden, aber den Kopf darunter wegzubekommen, ist schon schwieriger.

Meine Ausrichtung hat sich verändert. Früher bestimmten meine beruflichen Rollen als Pfarrer beziehungsweise Dozent, was ich dachte, wie ich lebte und wo ich meinen Platz in dieser Welt fand. Aber jetzt bin ich nicht nur Pfarrer oder Dozent; ich bin auch Vater, Manager unseres Haushaltes, Gemeindemitglied, Schriftsteller, Freund und Mentor. Auch diese Rollen definieren mein Selbstbild. Und so sehr ich mich auch bemühen mag, ich kann diese Rollen nicht in getrennte Lebensbereiche aufspalten. Sie gehören alle zu meiner grundlegenden Identität. Sie sind meine Berufung.

Leider kann ich diese Rollen nicht immer in friedlicher Koexistenz miteinander verbinden. Manchmal bin ich innerlich gespalten. Der Schriftsteller in mir wünscht sich, dass der Dozent doch endlich mal ein Sabbatjahr nehmen sollte. Der Dozent in mir wünscht sich, dass der Vater endlich auch mal zu seinem eigenen Leben kommt. Und der Vater in mir würde den Dozenten und den Schriftsteller am liebsten in Frührente schicken.

Dieses Problem wird bleiben. Ich habe mehrere Berufungen, und daran wird sich mittelfristig nichts ändern. Also muss ich lernen, mehrere „Köpfe" zugleich auf meinen Schultern zu jonglieren. Effizienz hilft mir dabei. Ich betrachte solche Dinge wie Handys, E-Mail, Brotbackautomaten, Geschirrspüler oder programmierbare Backröhren als Geschenke Gottes für überbeschäftigte Erwachsene. Dennoch ist Effizienz allein nicht die Lösung.

Auch die Bibel scheint hierfür kaum Hilfestellung zu bieten. Sie liefert uns weder einen fertigen Tagesablauf noch „to do"-Listen, die wir einfach nur noch abhaken müssten. Sie schreibt uns nicht vor, dass wir um 5:30 Uhr morgens aufstehen, zwei Stunden Stille Zeit machen und dann als Sozialarbeiter tätig sein sollen; dass wir 2,4 Kinder großziehen und einmal pro Woche einen evangelistischen Hauskreis anbieten sollen. Gott erlaubt uns, nach eigenem Ermessen zu handeln. Er gibt uns die Freiheit, unsere eigenen Entscheidungen zu treffen.

Wie können wir also mit den unvermeidlichen Konflikten umgehen? Wie können wir den vielfältigen Rollen und Berufungen gerecht werden? Wie verhindern wir, dass wir in einer Welt, die täglich mehr von uns fordert, unser inneres Gleichgewicht verlieren?

Ich schlage dazu drei Grundsätze vor: Einfachheit, Ausgewogenheit und Flexibilität. Mit diesen drei Prinzipien können wir unsere verschiedenen Berufungen mit einem gewissen Maß an Anmut und Ruhe miteinander vereinbaren. Diese Grundsätze liefern keine Erfolgsgarantie. Ich denke auch, dass ein gewisses Maß an Spannungen durchaus gesund ist, weil es uns aus unserer Selbstzufriedenheit aufschreckt und uns so bewusst wird, dass wir Gott brauchen. Kontrolle über das eigene Leben ist zu einem gewissen Grad gut; zu viel Kontrolle ist schlecht. Sie wiegt uns in dem Glauben, wir kämen auch ohne Gott mit unserem Leben zurecht.

Einfachheit

Nur wenige Dinge im Leben sind wirklich wichtig. Viele Entscheidungen – für einen bestimmten Beruf oder für eine bestimmte Arbeitsstelle, für oder gegen eine Heirat, für oder gegen Kinder – mögen uns im Augenblick gewichtig erscheinen, doch mit der Zeit verlieren sie an Bedeutung. Ich bin mir nicht so sicher, ob es für Gott überhaupt eine Rolle spielt, ob wir die Hauptschule oder das Gymnasium besuchen, ob wir eine Lehre machen oder ein Studium abschließen, ob wir Susanne heiraten oder ledig bleiben, ob wir nach Frankfurt ziehen oder in Hintertupfingen bleiben. Ich glaube, ihm ist viel wichtiger, *wie* wir unser Leben führen, egal *was* wir tun oder wo wir leben. Seinen Willen können wir an jedem Ort und unter allen erdenklichen Umständen tun.

Der Apostel Paulus hat immer wieder betont, wie wichtig ihm ein *einfacher Lebensstil* ist. Er wollte sicherstellen, dass die Menschen, die neu zum Glauben kamen, die wirklich wichtigen Dinge nicht aus den Augen verloren – dass für sie ein Leben in der *Hingabe an Gott* an erster Stelle steht. In seinem Brief an die Gemeinde in Philippi schreibt er:

> Ich bete darum, dass eure Liebe immer reicher und tiefer wird, je mehr ihr Gottes Willen erkennt und euch danach richtet. So lernt ihr entscheiden, wie ihr leben sollt, um am Gerichtstag Jesu Christi untadelig und ohne Schuld vor euern Richter treten zu können. Alles Gute, was Christus in einem von Schuld befreiten Leben schafft, wird dann bei euch zu finden sein. Und das alles zu Gottes Ehre und zu seinem Lob! (Philipper 1,9–11)

Mit diesem „entscheiden, wie ihr leben sollt" meint Paulus all das, was mit der Beziehung der Menschen zu Gott zu tun hat. Die Tiefe dieser Beziehung führt zur Lauterkeit des Herzens, einem aufrichtigen Charakter und einem Leben, in dem die Früchte des Glauben sichtbar sind.

Paulus baute bei praktischen Entscheidungen auf diesen Grundsatz. Die Gemeinde in Korinth hatte Fragen zur Ehe. Sie erwarteten von Paulus Richtlinien darüber, unter welchen Bedingungen Eheschließung, Scheidung und Wiederheirat annehmbar waren. Insbesondere hatten sie Vorbehalte gegen die Ehe. Paradoxerweise führten aber gerade ihre Vorbehalte gegenüber der Ehe zu unmoralischem Verhalten. Sehr viele Gemeindeglieder waren zwar unverheiratet, lebten aber kein Zölibat. Paulus befürwortet die Eheschließung, weil ihm klar war, dass nicht jeder zölibatär leben konnte. Aber auch er hatte Vorbehalte gegen die Ehe, weil er glaubte, dass eine Ehe das Leben wesentlich komplizierter machte. Er kam jedoch zu dem Schluss, dass die Frage nach Heirat oder Wiederheirat sekundär war. Es ging eigentlich um ein viel wichtigeres Thema. Paulus forderte die Korinther auf, ihr ganzes Denken auf eine einzige Sache zu lenken, um so von Verwicklungen, Unordnung und Sorgen frei zu sein. Sein Wunsch an die Gemeinde lautete: „dass ihr ein vorbildliches Leben führt und unbeirrt nur das eine Ziel verfolgt, dem Herrn zu dienen" (1. Kor. 7,35). Wenn sich die Christen in Korinth zu einem solchen Lebensstil entschieden, dann würde sich auch die Frage der Eheschließung von selbst ergeben.

Einfachheit hat also damit zu tun, *wie* wir leben angesichts der Komplexität und der Anforderungen unseres Lebens. Vielleicht besitzen wir viele Güter, finden breite Anerkennung und sehen mehr Chancen vor uns liegen, als wir jemals nutzen könnten. Aber dennoch sollte unsere ganze Konzentration auf eine Sache gerichtet sein. Wie wichtig diese Einfachheit, das Ausgerichtet-Sein auf eine Sache ist, daran erinnert Thomas von Kempen uns – uns, die wir so sehr mit Dingen wie Wohlstand, Gesundheit, Ansehen und schnellem Glück beschäftigt sind. Er warnt uns davor, den Wert der Dinge, die die Welt uns bieten kann, zu überschätzen.

> Eitelkeit ist es, vergänglichen Reichtum zu suchen und darauf seine Hoffnung zu bauen. Eitelkeit ist es ebenso, nach Ehrenstellen zu streben und sich über Gebühr hervorzutun.

Eitelkeit ist es, sich ein langes Leben zu wünschen,
aber für ein gutes Leben wenig Sorge zu tragen.

Eitelkeit ist es, sich nur um die Gegenwart zu
kümmern und nicht an die Zukunft zu denken.

Eitelkeit ist es, das zu lieben, was so schnell vergeht,
und nicht dorthin zu trachten, wo ewige Freude
währt.[26]

Ich will hier nichts vereinfachen. Wir können kaum darauf
hoffen, dass unsere Welt etwas von ihrer Komplexität und
Geschäftigkeit verlieren wird. Wir haben kaum Grund zu
der Annahme, unser Terminkalender werde eines Tages
weniger voll gepackt sein oder unsere Verpflichtungen
würden abnehmen. Nostalgische Sehnsucht nach einer
vergangenen Zeit und Gesellschaftsform, in der Menschen
ihr Brot noch mit ihren eigenen Händen herstellten, zu
Hause arbeiteten, ihr Gemüse selbst anbauten und die Tochter vom Nachbarhof heirateten, hilft uns nicht. Wir können
die Zeit nicht zurückdrehen und eine Gesellschaft schaffen,
in der es keine Radios, kein Internet, keine Einkaufszentren
und keine Handys mehr gibt.

Ignatius von Loyola war mir eine Hilfe, um zu einem
einfachen Lebensstil zu finden, der auch realistisch ist. Bevor
Ignatius im 16. Jahrhundert den Jesuitenorden gründete,
lebten Menschen, die sich einem religiösen Orden anschlos-
sen, immer hinter Klostermauern. Sie befolgten eine
bestimmte „Ordensregel", die ihren Tagesablauf festlegte. Sie
trugen eine Ordenstracht und lebten innerhalb einer von der
Außenwelt isolierten Gemeinschaft. Ignatius hingegen gründete einen Orden, der sich für Mission und Bildung
einsetzte, und darum passte er die traditionelle Regel des
Benediktinerordens den veränderten Bedürfnissen an. Die
Jesuiten trugen keine spezielle Ordenskleidung und lebten
nicht hinter Klostermauern. Sie reisten bis nach China,
Japan, Süd- oder Nordamerika, um Menschen im Glauben

zu unterrichten; dabei identifizierten sie sich so weit es ging mit der Kultur ihrer Gastgeberländer. Diese Strategie machte ihr Leben um einiges komplizierter und verwickelter, weil sie sich gesellschaftlich engagierten.

Damit die Jesuiten bei aller äußeren Aktivität auch ihr inneres Leben, Gebet und Gottesdienst pflegen konnten, entwickelte Ignatius eine Reihe geistlicher Übungen, die im Alltag praktiziert wurden. Diese Übung – Ignatius nennt sie „Gewissenserforschung", heute ist sie bekannt unter dem Namen „Gebet der liebevollen Aufmerksamkeit" – ist eine ausgezeichnete Hilfe dazu, mitten in einem geschäftigen Leben den Blick auf Gott als das Zentrum meines Lebens nicht zu verlieren. Am Ende jedes Tages nimmt man sich Zeit, um den vergangenen Tag im Licht der Liebe Gottes noch einmal anzuschauen, zu bewerten und mit Blick auf die ganz gewöhnlichen Umstände unseres Alltags über den Willen Gottes nachzudenken.

Ich halte mich an eine einfache Gebetsformel, die mein Nachdenken über den Tag strukturiert: „Jesus, du bist heute in meinem Leben gegenwärtig gewesen. Sei mir jetzt nahe. Lass uns gemeinsam auf meinen Tag zurückblicken. Lass ihn mich mit deinen liebenden Augen betrachten. Wann habe ich heute auf deine Stimme gehört? Wann habe ich mich deinem Reden verweigert? Jesus, alles ist mir von dir geschenkt. Ich danke dir für die Gaben dieses Tages und preise dich dafür. Ich bitte dich um deine Heilung in meinem Leben. Ich erbitte deine Vergebung und Gnade über meinen Sünden. Jesus, sei auch weiterhin an jedem Tag meines Leben gegen-wärtig."

Ignatius glaubte, dass wir in einer inneren Haltung der Einfachheit leben können, selbst wenn unser Leben äußer-lich noch so kompliziert ist. Von dieser Einfachheit spricht Jesus in der Bergpredigt, und Paulus meint sie, wenn er die Gläubigen auffordert, nur „das eine Ziel zu verfolgen, dem Herrn zu dienen". Diese Einfachheit können wir suchen, egal wie unsere äußeren Umstände aussehen mögen. Ignatius rät uns, einfache Fragen zu stellen. „Wie spricht Gott zu mir? Was tut Gott in meinem Leben? Wie macht sich die Gegenwart Gottes in meinem Leben bemerkbar, wenn ich gehetzt und unkonzentriert bin?"

Ausgewogenheit

Ausgewogenheit – die richtige Balance – ist ein weiteres Element im Umgang mit unseren unterschiedlichen Berufungen. Ausgewogenheit bedeutet, die richtigen Prioritäten zu setzen und das zu tun, was am wichtigsten ist, nicht das, was am dringendsten scheint. Ausgewogenheit bedeutet, dass wir unser Leben von unseren zentralen Verbindlichkeiten her gestalten.

Man braucht kein Genie zu sein, um zu erkennen, wie eine gute Lebensordnung aussehen sollte. In seinen *Bekenntnissen* schreibt Augustinus, dass nichts in dieser Welt an sich böse ist. Das Böse ist eine Verzerrung des Guten, ein Durcheinandergeraten des Lebens. Die Ehe ist etwas Gutes, doch wenn wir die Ehe zu dem einzigen zentralen Inhalt und Ziel unseres Lebens machen, ist das schlecht. Erfolg zu haben ist gut, aber nur dann, wenn der Erfolg nicht auf Kosten von Familie, Freunden oder der Gemeinschaft mit anderen erzielt wird. Das Böse setzt die Dinge, die an letzter Stelle stehen sollten, ganz vorne an – und umgekehrt. Es wirft das, was rein ist, in den Schmutz und erhebt das, was schmutzig ist, zum Gott. Das Böse lebt davon, die richtige Ordnung unter den Dingen zu verkehren. Nicht umsonst nennt die Bibel den Teufel auch den „Durcheinanderbringer".

Augustinus meint, wir sollten die Gaben Gottes schätzen und gebrauchen, sie aber niemals höher achten als Gott selbst.

Auch zeitliche Ehre, Herrschergewalt und Oberhoheit und der aus ihnen entspringende Trieb nach Freiheit haben ihren Reiz: doch dürfen wir, wollen wir dies alles erlangen, nicht weichen von dir, o Herr, und uns nicht entfernen von deinem Gesetz. Auch unser Menschenleben hat einen bestechenden Reiz durch eine gewisse Art von Anmut und Harmonie mit allem irdischen Schönen. ... Sünde aber wird alles dieses und Ähnliches, wenn wir in zügelloser Hinneigung zu diesen Gütern, obgleich sie sehr gering sind (im Verhältnis zu denen, die du uns schenkst), die besseren und höchsten im Stich lassen, ja dich selbst, o Herr unser Gott, und deine Wahrheit und dein Gesetz.[27]

Wir fänden zum Beispiel nichts daran, wenn jemand als Hobby Oldtimer-Autos repariert. Vermutlich würden wir ihm interessiert und bewundernd bei der Arbeit zusehen. Doch wenn er wegen seiner Liebe zu Oldtimern seine Frau und seine Kinder zu kurz kommen ließe, würden wir daraus schließen, dass in seinem Leben die Prioritäten falsch gesetzt sind.

Als Historiker habe ich die Biografien vieler großer Kirchenführer gelesen und weiß, welch enormen Preis sie dafür zahlen mussten, ihre Berufung zu leben. Ich bewundere diese Menschen, auch wenn mir nicht immer gefällt, was sie dem Erfolg alles geopfert haben. John Wesley zum Beispiel besaß ein ungewöhnliches Maß an Disziplin und Hingabe. Dieser große Evangelist des 18. Jahrhunderts stand an der Spitze einer geistlichen Revolution, die England für alle Zeiten verändert hat. Er reiste zu Pferd insgesamt mehr als 400 000 Kilometer und hielt mehr als 40 000 Predigten, um Menschen für Christus zu gewinnen. Er starb ohne einen Pfennig, weil er all sein Geld spendete. Er war *der* Wegbereiter für die so genannte Große Erweckung in Großbritannien. Doch seine Ehe verlief nicht glücklich und seine Freunde litten unter seinem unausgeglichenen Lebensstil.

Viele große Christen, deren Namen in aller Munde sind, haben für Gott große Dinge erreicht, als Ehemänner oder Ehefrauen, Väter oder Mütter und Freunde jedoch versagt. Sie haben die Loyalität ihrer Ehepartner ausgenutzt, ohne etwas zurückzugeben; sie haben ihre Kinder vernachlässigt, weil sie so viel zu tun hatten; und sie haben ihre Freunde für ihre Zwecke missbraucht – oder gar verraten. Ich habe einige geistliche Führungsgestalten aus der Ferne beobachtet, und es machte mich traurig zu sehen, welche Diskrepanz zwischen ihrem öffentlichen Auftreten als Christen und ihrem persönlichen Lebensstil im privaten Bereich bestand.

Und doch kann niemand bestreiten, dass sie Gutes bewirkt, Visionen für die Kirche entwickelt und segensreiche Werke ins Leben gerufen haben. Ausgewogenheit ist ein Grundsatz, kein Gesetz. Wir sollten nach einem ausgewogenen Lebensstil trachten, aber wir sollten zugleich anerkennen, dass Ausgewogenheit nicht immer zu erreichen ist. Zum einen ist sie manchen Menschen einfach nicht gegeben. Es geschieht immer wieder, dass sie andere und sich selbst um ihrer Berufung willen verletzen. Und doch ist Gott so gnädig und segnet ihr Wirken. Ich bin mir nicht sicher, ob der Apostel Paulus ein ausgewogenes Leben führte, und sicher war es nicht immer angenehm, mit ihm zusammenzuarbeiten (wie sein Mitarbeiter Markus auf der ersten Missionsreise schmerzlich erfuhr).

Trotzdem – auch wenn er immer wieder missachtet wird – is der Grundsatz der Ausgewogenheit praktikabel. Wir sollten ein gutes Gleichgewicht in unserem Leben finden, das den Willen Gottes widerspiegelt.

Ich muss zugeben, dass ich fortwährend um einen ausgewogenen Lebensstil kämpfen muss. Es fällt mir wesentlich leichter, darüber zu schreiben, als es in die Tat umzusetzen. Die verschiedensten Aufgaben und Pflichten belagern mich und es fällt mir schwer, sie sortiert zu bekommen. Da ist meine Arbeit, die so viel von mir beansprucht, wie ich zu geben bereit bin. Da sind meine drei Kinder, deren Bedürfnisse und Interessen von mir verlangen, dass ich mir Zeit für sie nehme – zu Hause und unterwegs. Zudem ist unser Haus auch ein Treffpunkt für ihre Freunde. Darüber hinaus liegen mir soziale Anliegen am Herzen, wie die Betreuung verarmter Menschen im Stadtkern von Spokane. Außerdem gibt es noch drei ältere Witwen in der Nachbarschaft, um die ich mich kümmere, und ich möchte mich in die Gemeinde einbringen.

Ich bemühe mich um die richtige Balance, muss aber andererseits auch realistisch bleiben. Es gab Zeiten, in denen ich länger als üblich im Büro bleiben musste, aber ich wusste auch immer, dass dies nur vorübergehend so bleiben würde. Ich versuche, meine Kinder auf solche beruflich besonders anstrengenden Phasen vorzubereiten. Wenn sie dann vorbei sind, feiern wir das, indem wir zum Beispiel zusammen essen gehen. Ich habe meinen Jungs auch schon bei Fußballturnieren als Trainer zur Seite gestanden; dann musste ich an einem Wochenende bei vier oder fünf Spielen anwesend sein. Aber dafür streiche ich dann am darauf folgenden Montag das Training und verschaffe mir so wieder etwas Luft. Wichtig ist das Gesamtbild. Kurzfristige Unausgewogenheiten lassen sich nicht vermeiden; doch wenn der Lebensstil auf Dauer unausgewogen bleibt, hat das verheerende Folgen – für das geistliche Leben, für die Familie, für die Freunde und für einen selbst.

Flexibilität

Und schließlich sollten wir versuchen, *flexibel* zu sein, weil sich unsere äußeren Umstände plötzlich und manchmal auch dauerhaft verändern können. Es ist nichts Verkehrtes daran, Terminpläne und „to do"-Listen zu führen oder zu lernen, wie man seine Zeit optimal einteilt, Selbstdisziplin übt und fähig wird, viele Dinge in kürzester Zeit optimal zu erledigen.

Aber wir sollten auf der Hut sein. Alles kontrollieren zu können, ist eine Illusion. Er setzt eine rationale, vorhersehbare und steuerbare Welt voraus. Doch so ist unsere Welt eben nicht.

Für allein erziehende Berufstätige ist ein krankes Kind der Albtraum schlechthin. Aber Kinder werden nun einmal krank, auch die Kinder allein erziehender Eltern. Unfälle geschehen zum unpassendsten Zeitpunkt, und gerade dann verlangt der Beruf von uns so viel, dass wir nicht wissen, wie wir mit dieser zusätzlichen Belastung umgehen sollen. Sie kennen vermutlich schon „Murphys Gesetz": „Wenn etwas schief gehen kann, dann wird es auch schief gehen; und das immer zum unmöglichsten Zeitpunkt." Die Ratschläge der Selbsthilfe-Gurus zu diesem Thema entlocken mir nur zynische Bemerkungen. Einer von ihnen verspricht den Leuten, dass sie mithilfe seines Programmes „ein Maximum an Leistung" erzielen werden. Mich interessiert eher, wie ich „ein Maximum an Überlebensfähigkeit" erreichen kann. Und im Stillen wünsche ich diesem Guru jede Menge schwer zu bändigende Kinder.

Das Leben verläuft nicht immer glatt. Eine große – oder auch kleine – Krise kann in Sekunden alles verändern. Wir haben unsere Träume und meinen, sie seien von Gott; wir bemühen uns, seinen Willen zu tun und so zu leben, wie es gut ist. Und dann passiert etwas – ein Börsenkrach, Freunde ziehen fort, Liebende betrügen einander, die Gesundheit spielt nicht mehr mit, ein Unglück geschieht, das Auto geht kaputt oder die Tagesmutter kündigt – und auf einmal finden wir uns in einer völlig unbeherrschbaren Situation wieder, als ob uns der Boden unter den Füßen weggezogen wurde. Wie sollen wir den Willen Gottes erfüllen, wenn Gott unsere – und, wie wir meinen, auch seine – Pläne ständig durchkreuzt? Warum legt uns Gott immer wieder Hindernisse in den Weg? Warum sollte Gott ein so mieses Spiel mit uns treiben?

Eines ist sicher: Das Leben läuft nicht so, wie wir es uns vorgestellt haben. Es wird die eine oder andere böse Überraschung geben; manche sind klein und bereiten nur ein paar Unannehmlichkeiten (ein abgestürzter Computer oder ein erkältetes Kind), andere hingegen sind groß und katastrophal (ein Unfall, eine Scheidung oder ein Terroranschlag). Und dann ist nicht nur wichtig, *ob* wir unvorhersehbare Umstände unter Kontrolle kriegen; da geht es ebenso sehr um die Frage, *wie* wir mit solchen Situationen umgehen.

Viele große Heilige haben sich in ihrem Leben Ziele gesetzt, die sie nie erreicht haben. Ignatius von Loyola wollte zum Beispiel Ritter werden. In einer Schlacht wurde er verwundet und es brauchte ein Jahr, bis er sich davon erholt hatte. In dieser Zeit entschloss er sich, statt eines Ritters ein Soldat Christi zu werden. Er verbrachte Monate im Gebet, meditierte und las. In dieser Phase intensiven Nachdenkens entwickelte er eine neue Art geistlicher Disziplin, die er niederschrieb und die heute unter dem Titel *Geistliche Übungen* bekannt sind. Ignatius wurde nie Ritter, so wie er es sich ursprünglich vorgenommen hatte. Aber er wurde eine bedeutende Gestalt der Kirchengeschichte. Ignatius war flexibel genug, seine Erwartungen der Realität anzupassen und eine neue Richtung einzuschlagen, wenn das Leben es verlangte.

Der Apostel Paulus wollte das Evangelium in Gegenden verkündigen, in die zuvor noch nie ein Missionar gekommen war. Doch diese seine Berufung erfüllte sich nicht immer in Form eines geraden, zielgerichteten Wegs. Er landete selten dort, wohin er sich aufgemacht hatte. Er hatte gerade einmal ein paar Monate in Thessalonich verbracht und eine Gemeinde gegründet, als seine Feinde ihn aus der Stadt trieben. Er arbeitete 18 Monate in Korinth, doch die Gemeinde dort erwies sich als besonders schwierig. Er wurde geschlagen, erlitt Schiffbruch und wurde von Gegnern von rechts wie von links verfolgt. Die Führer des Judentums verfolgten ihn und die römischen Behörden warfen ihn immer wieder ins Gefängnis. Paulus hätte gut zu dem Schluss kommen können, die meiste Zeit seines Lebens sei verlorene, unnütz verbrachte Zeit gewesen.

Aber Paulus war flexibel. Er blieb einfach beharrlich dabei, in allen Umständen den Willen Gottes zu tun, der sich ihm immer wieder neu erschloss. „[Ich] habe gelernt, in allen Lebenslagen zurechtzukommen. Ob ich nun wenig oder viel habe, beides ist mir durchaus vertraut, und so kann ich mit beidem fertig werden: Ich kann satt sein und hungern; ich kann Mangel leiden und Überfluss haben. Das alles kann ich durch Christus, der mir Kraft und Stärke gibt" (Phil. 4,11-13). Paulus reagierte mit viel Kreativität und in der Kraft seines Glaubens auf Umstände, die außerhalb seiner Kontrolle lagen. Außerdem war er ein Mann des Gebetes. Ob er zudem Humor besaß, darüber können wir nur spekulieren.

Wenn wir den Willen Gottes tun wollen, müssen wir das Leben „leicht nehmen". Natürlich sollten wir unseren Träumen nachgehen und vorausplanen, um das zu erreichen, was wir für Gottes Ziele halten – aber niemals verbissen. Mag sein, dass wir bereits in jungen Jahren genau wissen, was Gott mit unserem Leben vorhat, und schließlich auch genau das tun. Aber es mag genauso gut sein, dass wir den Numerus Clausus für ein Medizinstudium nicht erfüllen, dass wir über Jahre hinweg auf der Verliererbank sitzen oder dass wir eines unserer Kinder zu Grabe tragen müssen. Bei uns mag das reinste Chaos herrschen und bei aller Anstrengung wenig herauskommen. Ich erinnere mich, dass ich oft von der Arbeit nach Hause kam und von Lynda wissen wollte: „Was hast du heute gemacht?" Und dann schaute sie sich in unserem chaotischen Zuhause um und meinte: „Ich weiß nicht recht, ob ich was geschafft habe, aber ich war den ganzen Tag beschäftigt."

It's a Wonderful Life ist einer meiner Lieblingsfilme. Darin wird die Geschichte von George Bailey erzählt, einem viel versprechenden, gutherzigen jungen Mann, der sich vornimmt, seine Heimatstadt zu verlassen, um in der Welt etwas zu erreichen. Seine Lebensträume sind für das kleine Bedford Falls zu groß. Doch immer kommt ihm etwas dazwischen. Die Armee will ihn nicht nehmen, weil er schwerhörig ist. Der Tod seines Vaters zwingt ihn, den Familienbetrieb – ein Bau- und Kreditunternehmen – zu übernehmen. Eine Bankenkrise vernichtet alle seine Ersparnisse und lässt ihm nicht einmal genug, um Bedford Falls für die Dauer einer Hochzeitsreise zu verlassen. Was er auch versucht, er findet keinen Fluchtweg. Aber weil er ein guter Mensch ist, macht er das Beste daraus. Er lässt sich in der Stadt nieder, heiratet seine Flamme aus Schulzeiten und gründet eine Familie. Und darüber hinaus dient er dem Gemeinwohl, indem er armen Leuten günstige Kredite gibt und seinen Mitmenschen großzügig hilft. Er gibt seine großen Träume auf, um ein unbedeutendes Leben gut zu führen, auch wenn er nie ganz zufrieden ist.

Dann aber gerät der Familienbetrieb in eine tiefe Krise, und das gibt ihm den Rest. Er ist so frustriert davon, wie sein Leben verlaufen ist, dass er für einen Augenblick vergisst, was seinem Leben Sinn gegeben hat. Er ist kurz davor, sich das Leben zu nehmen, als ein Engel mit Namen Clarence eingreift. Clarence schenkt George eine ganz besondere Gabe. Er lässt ihn sehen, was passiert wäre, wenn er nie gelebt hätte, und was aus Bedford Falls ohne ihn geworden wäre. Schließlich sagt Clarence zu ihm: „Du hast eine großartige Gabe geschenkt bekommen, George, zu sehen, was ohne dich aus dieser Welt geworden wäre. ... Merkwürdig, oder? Das Leben jedes Einzelnen berührt so viele andere Menschenleben. Wenn dieser eine Mensch fehlt, bleibt ein schreckliches Loch, nicht wahr? ... Siehst du, George, du hattest wirklich ein wunderbares Leben. Siehst du nicht, was für ein Fehler es wäre, dieses Leben wegzuwerfen?" Das Leben von George war gut, weil er beschlossen hatte, etwas

Gutes daraus zu machen, trotz oder vielleicht gerade wegen all der Enttäuschungen, die ihm widerfahren waren. Er machte aus schlimmen Situationen das Beste und blieb dem treu, was er als richtig erkannt hatte.

Dass wir Gott treu sind – das ist es, was Gott von uns will, selbst wenn wir letztlich nicht genau das tun, was wir uns einmal vorgenommen haben. Wir sollten darum ringen, Gott treu zu bleiben, egal wie oft unser Leben einen neuen Kurs nimmt. Wir haben uns möglicherweise einen ganz bestimmten Kurs gesetzt und glauben, dass auch Gott das so gewollt hat, und dann müssen wir eine ganz andere Richtung einschlagen. Wir verlieren den Ehepartner oder ein Kind, scheiden aus einem Beruf aus, um etwas ganz anderes zu tun, scheitern mit einem eigenen Betrieb oder landen im Rollstuhl. Auf dem Weg zu einem Vorstellungsgespräch haben wir eine Reifenpanne, das Porzellangeschirr unserer Großmutter zerbricht durch unsere Schuld und am Tag vor unserer Hochzeit legt uns eine handfeste Grippe flach. Uns werden immer wieder Dinge aus der Hand gleiten. Aber wenn wir flexibel bleiben und das Leben nicht verbissen angehen, werden wir entdecken, dass Gott immer noch bei uns ist und uns herausfordert, seinen Willen zu tun – auch unter Umständen, die wir nicht gesucht und nicht erwartet haben. Dann wird Bedford Falls, dem wir so gerne entfliehen würden, für uns zur Heimat.

Diese drei Grundsätze – Einfachheit, Ausgewogenheit und Flexibilität – garantieren uns kein weniger anstrengendes, weniger voll gepacktes oder konfliktbeladenes Leben. Wir haben unsere Arbeit, die getan sein will, unsere Familie und unsere Freunde, die uns brauchen, Termine, bei denen wir anwesend sein müssen, Projekte, die unsere Mitarbeit erfordern; es muss gekocht und gewaschen werden, der Rasen will gemäht, die Fußballmannschaft trainiert und manch andere Fahne hochgehalten sein. Es wird immer Unterbrechungen, Enttäuschungen, Krisen und all das andere geben. Unsere vielen Berufungen werden um unsere Aufmerksamkeit kämpfen wie Drillinge, die alle zugleich von ihrer Mutter gestillt werden wollen. Das Prinzip der Einfachheit aber wird uns an das eine erinnern, was zählt: unsere ungeteilte Hingabe an Gott. Das Prinzip der Ausgewogenheit wird uns befähigen, unser Leben nach den richtigen Prioritäten zu ordnen. Das Prinzip der Flexibilität wird uns helfen, auf die Überraschungen zu reagieren, die entlang des Wegs auf uns lauern. Und Gott wird uns immer und in allem treu bleiben.

TEIL DREI
DEM GEHEIMNIS STANDHALTEN

8
MIT WIDERSPRÜCHEN LEBEN

Als ich neunzehn war, beschlossen mein Freund Jerry und ich, es sei Zeit für die „Große Amerikatour". Wir starteten Anfang Juli von Grand Rapids in Michigan aus und hatten vor, im Laufe des Augusts einen Ort in der Nähe von Seattle zu erreichen, wo wir zu einer Hochzeit eingeladen waren. Wir wussten, wohin unsere Reise gehen sollte und wann wir unser Ziel erreichen wollten. Mit diesen beiden Fixpunkten vor Augen machten wir uns zu einem großartigen Abenteuer auf – sechs Wochen Erkundungsreise durch den Westen der USA.

Wir beschlossen, so weit als möglich die großen mehrspurigen Freeways zu meiden. Als wir schon nach relativ kurzer Zeit Denver erreicht hatten, entschieden wir uns, bis Seattle überhaupt keine der großen Hauptverkehrsadern mehr zu benutzen. Wir fuhren auf Nebenstraßen und schliefen nachts im Auto, im Zelt oder bei Menschen, die wir unterwegs kennen gelernt hatten. Wir aßen an Imbiss-Ständen und kamen dort mit vielen Leuten in Kontakt. Wenn der Tag begann, wussten wir nie, wo wir am Abend unsere Zelte aufschlagen würden.

Einmal verirrten wir uns heillos, als wir versuchten, über Waldwege eine Abkürzung zum Mount Rainier zu fahren. Schließlich ging uns auch noch der Sprit aus. Nachdem man uns gefunden hatte, erzählte uns der Vorarbeiter im Wald-arbeitercamp, dass die Straße, die wir gesucht hatten, schon lange nicht mehr existierte. Sie war zehn Jahre zuvor weg-gespült worden – was einiges über den Zuverlässigkeitsgrad unserer Karte aussagte.

Wir begaben uns auf Wanderungen, bei denen wir beinahe ums Leben gekommen wären. Auf einer unvergesslichen Expedition zum Fuße des Grand Canyon im Yellowstone Park hatten wir zwar Unmengen von Proviant dabei, hatten aber völlig vergessen, Wasser mitzunehmen. Wir fühlten uns wie kurz vor dem Verdursten, als wir schließlich wieder bei unserer Unterkunft ankamen und Jerry kippte sieben Dosen Cola in sich hinein.

Aber trotz all dieser Abenteuer verloren wir nie unser Ziel aus den Augen, das uns das Tempo und den Kurs der Reise vorgab. Wir entdeckten, welch eine Menge Land zwischen Grand Rapids und Seattle liegt. Wir fuhren auf so vielen Stra-ßen, dass wir sie schon nicht mehr zählen konnten, genossen mehr atemberaubende Panorama-Blicke, als wir jemals in uns aufnehmen konnten, und begegneten so vielen Menschen, dass wir unmöglich jeden Einzelnen im Gedächt-nis behalten konnten. Wir entdeckten, wie wunderbar Amerika ist.

Der offenbarte Wille Gottes

In Kapitel 2 habe ich behauptet, dass Gott uns im Glauben eine erstaunliche Freiheit zugesteht. Wenn wir sein Reich und seine Gerechtigkeit an die erste Stelle setzen – denn das ist der offenbarte Wille Gottes für unser Leben –, dann wird sich durch jede Entscheidung, die wir bezüglich unserer Zukunft treffen, sein Wille für uns durchsetzen und realisie-ren. Es gibt viele mögliche Wege, viele Chancen. Solange wir in die richtige Richtung gehen, werden alle diese Chancen zu dem, was Gott für unser Leben will. Und doch wird nur eine tatsächlich der Wille Gottes für unser Leben sein – nämlich die Chance, die wir ergreifen und umsetzen. Erst im Rückblick können wir aus Gottes Blickwinkel entdecken, dass es nur einen Weg gegeben hat, den Weg, den wir gewählt haben und den Gott für uns vorgesehen hatte.

Es ist daher von entscheidender Bedeutung, dass unser Leben die richtige Grundausrichtung hat. Das haben auch mein Freund und ich auf unserer Reise erfahren: Wir konnten auf dem Highway bleiben oder uns auf ungeteerten Wegen fortbewegen, wir konnten schnell fahren oder uns Zeit lassen. Das Einzige, was wir im Blick behalten mussten, war die Richtung, in die wir steuern wollten. Genauso ist es in unserem Leben als Christen: Wir sehen uns den verschiedensten Lebensumständen gegenüber – solchen, die wir angestrebt und ersehnt haben, aber auch solchen, die über uns hereinbrechen und nicht willkommen sind –, und trotzdem können wir unseren Lebenskurs so abstecken, dass er uns zu Gott führt. Das Ziel ist für jeden dasselbe.

Ich will hier *nicht* behaupten, alle unsere Entscheidungen seien relativ, so als wäre die Frage danach, wie man sein Leben führt, ebenso nebensächlich wie die Frage, welche Knabbereien wir aus dem Supermarkt mitnehmen. Die Grundentscheidung, dass Gottes Reich und Gerechtigkeit an erster Stelle stehen sollen, verbietet es uns, Wege einzuschlagen, die diesem Ziel widersprechen. Dieses Grundziel schließt Selbstgefälligkeit, Unmoral und Relativismus aus. Aber wenn wir Gott erst einmal an die erste Stelle gesetzt haben, dann eröffnen sich uns unzählige Möglichkeiten. Wir können heiraten oder ledig bleiben, wir können auf dem Land leben oder in der Großstadt, wir können studieren oder eine Lehre machen. Wie sagt Paulus: „Euch gehört doch alles: Paulus, Apollos und Petrus, ja die ganze Welt, das Leben wie der Tod, die Gegenwart wie die Zukunft – alles gehört euch! Ihr selbst aber gehört Christus, und Christus gehört Gott" (1. Kor. 3,21–23).

Wir kennen den Willen Gottes – in der Bibel finden wir den *offenbarten* Willen Gottes. Die Bibel sagt uns, dass wir Gott über alles und mit all unseren Kräften und Fähigkeiten lieben sollen. Sie gebietet uns, unseren Nächsten so zu lieben wie uns selbst. Sie ermahnt uns zu einem disziplinierten Lebensstil, mit dem wir Gott Freude machen; sie sagt uns, wir sollen an unserem Charakter arbeiten, nach Weisheit streben und uns an die biblischen Wahrheiten halten. Die Bibel fordert von uns, dass wir Gott unser Leben als ein lebendiges Opfer hingeben.

Doch selbst wenn Gott in seinem Wort in diesen Dingen eine eindeutige Sprache spricht, macht das unsere konkreten Entscheidungen nicht einfacher. Es zu wissen ist eine Sache, sich für das Richtige zu entscheiden eine andere. Selbst wenn das Wort Gottes uns die Richtung zeigt, fällt es uns nicht leicht, Zukunftsentscheidungen mit völliger Sicherheit und Zuversicht zu treffen. Sollen wir ein Jobangebot annehmen, auch wenn dadurch die Familie aus ihrem vertrauten Umfeld gerissen wird? Sollen wir uns von einem Mann trennen, der uns missbraucht, obwohl die Bibel Ehescheidungen kritisch betrachtet? Sollten wir versuchen, noch ein drittes Kind zu bekommen, obwohl wir bereits beide über 40 sind? Die Bibel sagt uns nicht in jeder Situation, was wir tun sollen. Sie legt Grundsätze und Richtlinien fest, aber sie gibt keine Liste von Einzelfallentscheidungen vor. Sie gibt uns die Grundrichtung vor. Aber die konkreten Entscheidungen müssen immer noch wir treffen – und dabei darauf vertrauen, dass Gott uns leiten und den Weg mit uns gehen wird.

Der verborgene Wille Gottes

Man kann den Begriff „Wille Gottes" aber noch auf eine andere Weise verstehen. Dieser Wille wird uns zwar einerseits in der Schrift offenbart, aber er ist zugleich *verborgen*. Er ist so mysteriös und erschreckend für uns wie die unergründlichen Tiefen des Ozeans, die voller Wunder sind, aber auch voller Gefahren. Der verborgene Wille Gottes besteht darin, dass Gott die souveräne Macht über den gesamten Kosmos besitzt. *Alles, was geschieht,* ist – in diesem zweiten Sinne – der Wille Gottes, weil Gott in seiner Vorsehung der Herr der Geschichte ist. Er hat Zeit und Materie erschaffen, und sie sind die Bedingungen, unter denen alle Geschöpfe leben müssen. Aber er selbst übersteigt die Grenzen von Zeit und Materie. Eines Tages wird Gott die Geschichte, so wie wir sie kennen, zu einem herrlichen Abschluss führen und die materielle Welt völlig verwandeln. Dann wird deutlich werden, wie vollkommen seine Herrschaft über dieses Universum ist und schon immer war.

Gottes Wille ist uns verborgen, weil wir nicht zu jedem Zeitpunkt verstehen können, wie Gott handelt, um sein ewiges Ziel zu erreichen. Gott hat von Anfang an das Ende im Blick und hat alles in seiner Hand. Unsere Sicht jedoch ist begrenzt, weil wir ein Teil der Geschichte sind – mittendrin stecken und die Dinge in ihrem Werden erleben. Aus unserem Blickwinkel heraus sehen wir nur einen kleinen Teilausschnitt aus einem viel größeren Gesamtbild. Wir können darauf vertrauen, *dass* Gott die Dinge in der Hand hat, aber wir wissen nicht immer, *auf welche Weise* er seine Herrschaft ausübt. Deshalb sind wir herausgefordert, seiner Souveränität zu vertrauen und im Glauben daran festzuhalten, dass er sein herrliches Ziel verwirklichen wird.

Schließt Gottes souveränes Handeln menschliche Freiheit aus?

Der Gedanke, dass Gott die souveräne Herrschaft über die Geschichte ausübt, kann auch verwirren und beunruhigen. Wenn wir die Idee eines „verborgenen" Willens Gottes annehmen und zugestehen, dass Gott alles in der Hand hat, laufen wir Gefahr, eine deterministische, passive Haltung einzunehmen. Wenn Gott sowieso alles lenkt – warum soll ich mich dann um irgendetwas bemühen? Wenn wir diese Idee jedoch verwerfen und annehmen, dass Gottes Macht begrenzt ist, besteht eine andere Gefahr: die, dass wir insbesondere in schwierigen Situationen verunsichert und ängstlich reagieren. Jede christliche Gemeinschaft löst diese Spannung auf ihre eigene Weise und tendiert dabei mehr oder weniger stark zu einem der zwei Extreme.

Manche Christen verteidigen die absolute Souveränität Gottes, als regierte Gott die Geschichte so wie Kinder, die Krieg spielen und im Voraus schon festgelegt haben, welche Seite gewinnen soll. Nach diesem Ansatz folgt Gottes Handeln keinerlei Gesetzen und es gibt keinen Schlüssel, um sein Handeln zu verstehen. Sein Handeln zeigt kein erkennbares Muster. Er scheint in der Handhabung der Menschheitsgeschicke geradezu seinen Launen zu folgen. Der Mensch ist außerstande, Gottes souveränes Handeln zu beeinflussen. Was Gott beschlossen hat, das tut er auch; was die Menschen sich wünschen oder erhoffen, spielt dabei keine Rolle. Sie werden von Gott beherrscht, ohne in irgendeiner Weise Einfluss auf Gottes Handeln nehmen zu können. Wenn also jemand errettet wird, dann deshalb, weil Gott es so beschlossen hat. Wird jemand krank und stirbt, so geschieht dies, weil Gott den Tod dieses Menschen wollte.

Diese Ansicht respektiert ohne Zweifel den Gedanken von der absoluten Souveränität Gottes, doch zugleich erscheint Gott hier brutal und manipulativ. Dem Menschen wird jede Motivation genommen, sein Handeln selbst zu verantworten. Ja, der ganze Begriff der Verantwortlichkeit wird bedeutungslos, weil ja schon die Entscheidung zum verantwortlichen Handeln dem souveränen Willen Gottes entspringt. Wenn wir verantwortlich handeln, dann nur deshalb, weil Gott es bereits im Voraus so beschlossen hat. Der Mensch muss tun, was Gott sich vorgenommen hat – wie ein vorprogrammierter Roboter.

Andere gehen davon aus, dass der souveränen Herrschaft Gottes durch die Freiheit des Menschen Grenzen gesetzt sind. Gott kann nur einen begrenzten Einfluss auf die Geschichte ausüben, weil die Geschichte ja auch vom Handeln der Menschen beeinflusst wird. Die menschliche Freiheit schränkt also Gottes Möglichkeiten ein. Gott hat am Anfang der Geschichte beschlossen, den Menschen mit einem freien Willen auszustatten, und deshalb sind wir Menschen heute frei, uns für oder gegen etwas zu entscheiden. Diese Entscheidungen haben wiederum Einfluss auf Gott, der dann mit seinem Handeln auf das Tun der Menschen reagiert. Gott interagiert mit seiner Schöpfung, kontrolliert sie aber nicht. Nach dieser Ansicht ist die Zukunft völlig unbekannt und auch unerkennbar. Sie umfasst unendlich viele Möglichkeiten. Und was letztlich geschieht, hängt nicht nur von Gott ab, sondern auch von den Entscheidungen der Menschen.

Beide Ansichten stellen uns vor Probleme. Die erste ist beunruhigend, weil sie unterstellt, dass Gottes Souveränität uns unsere Freiheit raubt und uns zu reinen Schachfiguren degradiert. Gottes Wille ist dann gleichbedeutend mit Determinismus. Aber die zweite Variante ist ebenso problematisch, weil sie zu dem Schluss kommt, dass Gott schwach und unwissend ist. Er ist beinahe hilflos – eine Kraft, die in der Geschichte wirkt, aber keine die Geschichte transzendierende und regierende Macht.

Mit dem Paradox leben

Ist es möglich, an beides zu glauben? Ich kann mit diesem Paradox leben. Viele Menschen jedoch beunruhigt der scheinbare Widerspruch, an zwei so unterschiedliche, miteinander unvereinbare Wirklichkeiten zu glauben. Ich denke, wir können einige Argumente für dieses christliche Paradox ins Feld führen, wenn wir uns bewusst machen, dass es einen Unterschied gibt zwischen einem Widerspruch und einem Paradox.

Ein *Widerspruch* bezeichnet zwei Aussagen, die miteinander in Konflikt stehen. Es kann eine von beiden wahr sein oder keine, aber beide können nicht zugleich wahr sein. Wenn ich behaupte: „Draußen regnet es in Strömen", meine Tochter aber sagt: „Da ist kein Wölkchen am Himmel", dann sagt mindestens einer von uns nicht die Wahrheit. Unsere Aussagen widersprechen einander. Der Konflikt zwischen der Souveränität Gottes und der Freiheit des Menschen ist oft als ein solcher Widerspruch angesehen worden. Sie könnten demnach nicht beide zugleich wahr sein, weil sie einander ausschließen. Das eine macht das andere ungültig.

Aber stimmt das denn? Vielleicht handelt es sich hier ja nicht um einen Widerspruch, sondern um ein Paradox. Ein *Paradox* umfasst zwei Aussagen, die sich – oberflächlich betrachtet – widersprechen, die jedoch auf einer tieferen Ebene gesehen zugleich wahr sind. Alles geschieht nach physikalischen Gesetzen, die einander nicht widersprechen können. Aber Einsteins Theorien lassen Raum für das Paradoxe. Seiner Meinung nach bewegt sich der Mensch auf zwei Seinsebenen. Auf der Ebene menschlichen Erlebens erscheinen Zeit und Materie als absolute Größen. Auf einer anderen Ebene sind sie jedoch relativ. Es kommt auf den Standpunkt an. Was uns widersprüchlich erscheint, ist nur ein Paradox.

Die Souveränität Gottes bewegt sich auf zwei Ebenen der Wirklichkeit. Sie steht in keinem Widerspruch zur Freiheit des Menschen; vielmehr rahmt sie die menschliche Freiheit ein, so wie ein Kreis eine Linie umschließt, die man in ihn hineinzeichnet. Von C. S. Lewis stammt das meines Erachtens beste Bild für dieses Paradox. Er vergleicht es mit dem Verfassen eines Romans. Der Autor steht außerhalb der zeitlichen und räumlichen Dimension seines Romans. Er kennt die Handlung von Anfang bis Ende, weil er als Schriftsteller über ihr steht. Er kann zuerst das letzte Kapitel schreiben, wenn er will. Er kann seine Romanfiguren in jedes beliebige Umfeld versetzen: in die Berge, auf eine einsame Insel oder mitten hinein in eine Metropole – er selbst bleibt in seinem Sessel vor dem Schreibtisch sitzen. Er kann lachen, obwohl er gerade ein ganz tragisches Ereignis niederschreibt, oder er kann bei einem ganz lustigen Kapitel weinen, weil er bereits um das Ende seines Romans weiß.

Seine Romanfiguren hingegen sind an die Raum- und Zeitdimension des Buches gebunden. Wenn wir uns einmal vorstellen würden, sie wären „wirkliche" Menschen, die handeln, denken und fühlen könnten, so erleben sie die Geschichte im Augenblick ihres Entstehens, weil sie Teil des Geschehens sind. Sie sind nicht der Schöpfer, sondern die Geschöpfe. Sie reagieren auf die äußeren Umstände, treffen wirkliche Entscheidungen und tragen so zum Verlauf der Handlung bei, aber nur insoweit als der Autor es zulässt.

Bis zu diesem Punkt mag es so scheinen, als besäße der Autor des Romans die völlige Kontrolle und Souveränität über das Geschehen. Er entwirft die Handlung. Er erfindet die Romanfiguren. Er schreibt alles nieder. Er ist der Einzige, der frei ist und tun kann, was er will. Die Romanfiguren können zwar von sich glauben, sie wären frei, aber selbst dieses Gefühl von Freiheit wurde ihnen vom Autor gegeben. Ihre Freiheit ist das Ergebnis der Vorstellungskraft des Schriftstellers. Es ist keine wirkliche Freiheit. Nur der Autor ist wirklich frei.

Doch diese Annahme über die absolute Macht des Schriftstellers trifft nicht die Realität. Zum einen reden Schriftsteller selbst oft davon, dass die Figuren, die sie schaffen, ein Eigenleben entwickeln. Für den Schriftsteller werden diese Figuren zu Personen. Auch berichten Autoren häufig, dass ihre Romanhandlungen zwangsläufig bestimmte Wendungen nehmen – gerade so, als würden die Romanfiguren ihnen diktieren, was sie schreiben sollen. Die Handlung *muss* geradezu einen bestimmten Verlauf bekommen aufgrund der

Charaktere und Entscheidungen der Romanfiguren. Die Figuren werden real und lösen sich vom Entwurf des Schriftstellers.

Und was geschieht, wenn ein Schriftsteller beschließt, sich selbst in einen Roman hineinzubegeben? Dann ist er nicht nur der Autor der Handlung, sondern zugleich eine der Romanfiguren. Hier scheint sich eine Unvereinbarkeit aufzutun, aber dennoch ist das möglich. Theoretisch kann der Schriftsteller die Wirklichkeit auf zwei Ebenen gleichzeitig erleben. Als Autor begreift er die Geschichte in ihrer Gesamtheit und hat die Kontrolle über deren Verlauf. Als Romanfigur ist er jedoch Teil der Handlung und erlebt die Geschichte so, wie sie sich vor seinen Augen entfaltet.

Das Paradox der Inkarnation

So verhält es sich auch mit dem Geheimnis der Beteiligung von Gott und Mensch an der Geschichte – Gott hat teil an unserer Geschichte, und am deutlichsten wird dies in der Menschwerdung Jesu. Gott ist der souveräne Herrscher über das gesamte Universum. Er steht über Raum und Zeit, so wie ein Schriftsteller außerhalb der Geschichte steht, die er schreibt. Wie ein Schriftsteller ist Gott überall zugleich. Für Gott sind alle Schauplätze „hier", alle Zeiten „jetzt". Gott steht außerhalb der Schöpfung.

Doch Gott handelt auch innerhalb von Zeit und Raum unserer Geschichte. Er hat mit der Erschaffung der Welt auch Raum und Zeit geschaffen. Und er hat sich in Raum und Zeit offenbart, indem er in die Geschichte eingegriffen hat. Er rief Abraham auf, nach Kanaan zu ziehen, und verhieß ihm, er werde ihn zum Segen für die Welt setzen. Er beauftragte Mose, die Israeliten aus der Sklaverei in Ägypten zu führen. Er sandte Esther an den Hof des persischen Königs, wo sie Königin wurde. Das Alte Testament gibt uns Bericht um Bericht, wie Gott in die Geschichte der

Menschen eingreift, um sein Volk zu leiten, zu befreien, zu retten, zu erziehen und zu beschützen.

Schließlich trat Gott persönlich in Raum und Zeit ein. Christus, sein Sohn, wurde in einem Stall in Bethlehem geboren. In diesem Augenblick unterwarf sich Gott ganz den Grenzen von Raum und Zeit. Jesus Christus war wirklich ein Mensch. Er musste laufen, reden und denken lernen. Er fiel hin, fühlte Schmerz und weinte. Er aß und schlief. Er traf seine Entscheidungen ohne absolutes Wissen über die Konsequenzen. Seine Menschwerdung war echt. Er spielte nicht nur eine Figur, er war diese Figur.

Wie kann Gott beides sein: Autor und Darsteller seiner Geschichte? Wie kann er beides in sich vereinen: den souveränen Herrscher über Raum und Zeit und den, der sich den Begrenzungen dieser Dimension unterwirft? Das ist paradox. Der Herr der Geschichte hat sich selbst in die Geschichte hineingeschrieben, weil er sehen konnte, wohin diese Geschichte laufen würde, und ihr eine neue Richtung geben wollte. Er wollte, dass die Geschichte gut ausgeht. Er trat als Handlungsfigur in diese Geschichte ein – er stieg vom Himmel herab, wie die Theologen sagen –, um der Welt Rettung und Heil zu erwirken. Jesus Christus litt und starb als Gott und als Mensch, um den Menschen – den Figuren in Gottes Geschichte – einen Weg zu öffnen, der sie vor dem tragischen Ende bewahrt. Was Jesus erwirkt hat, bedeutet, dass alle, die ihm vertrauen, über das Ende der Geschichte hinaus leben und in die viel größere Wirklichkeit des Autors eintreten werden.

Die Ausdruckskraft biblischer Geschichten

Dieses Paradox finden wir überall in der Bibel, wenn wir erst einmal aufmerksam hinschauen. Uns begegnen echte Personen, die mit ihrem freien Willen echte Entscheidungen treffen. In vielen Fällen können sie dabei kaum über ihre momentane Situation hinausblicken. Sie können ihr Leben nicht im Zusammenhang der viel größeren Geschichte sehen, die für sie und andere Konsequenzen bis in die Ewigkeit hinein hat. Sie antworten dem Gott, den sie erfahren haben und der ihnen einen Ausschnitt seiner Pläne offenbart, der ihnen zugleich aber auch verborgen bleibt.

Ein gutes Beispiel hierfür ist die Geschichte von Josef (vgl. 1. Mose 37–50). Josef wurde von seinen Brüdern betrogen, die ihn als Sklaven an eine Karawane verkauften. Er fand sich im Haushalt des Potifar wieder, eines Mannes, der am Hof des Pharao arbeitete. Josef verrichtete seine Dienste für Potifar gut und gewann so dessen Vertrauen. Aber er wurde erneut betrogen. Potifars Frau versuchte, den jungen Israeliten zu verführen. Als er ihre Annäherungsversuche abwies, beschuldigte sie ihn zu Unrecht, er habe sie vergewaltigen wollen. Josef bezahlte seine Tugendhaftigkeit damit, dass er ins Gefängnis geworfen wurde. Dort erlebte er wieder, dass sich sein Geschick allmählich zum Guten wendete. Aber wieder wurde er enttäuscht, nachdem ein Diener am Hof des Pharao, der für ein Verbrechen im Gefängnis gelandet war, das er nicht begangen hatte, sich für die Hilfe, die Josef ihm geleistet hatte, nicht erkenntlich zeigte.

In dieser Situation hätte Josef leicht seine Hoffnung und sein Vertrauen verlieren können. Dreimal hatte er Verrat erfahren; er war dafür bestraft worden, dass er ehrenhaft handelte, und war über zehn Jahre von allem getrennt gewesen, was für ihn Heimat bedeutete. Erstaunlicherweise vertraute Josef auch in dieser dunkelsten Stunde weiter auf Gott. Nach Jahren des Leids wurde Josef schließlich aus dem Gefängnis entlassen. Diesmal jedoch gewann er mehr als nur die Freiheit. Weil er einen Traum des Pharao richtig gedeutet und ihm zu einem Plan geraten hatte, mit dem der Pharao die durch den Traum angekündigte Hungersnot abwenden konnte, wurde er zum Verwalter des Pharao ernannt. Sieben Jahre lang überwachte er die Einlagerung von Getreide durch das ägyptische Volk. Als die Hungersnot, wie im Traum des Pharao angekündigt, schließlich eintraf, organisierte er die Verteilung des Getreides unter der Bevölkerung.

So nimmt die Geschichte für Josef ein glückliches Ende. Er wurde ein einflussreicher und wohlhabender Mann. Er heiratete und hatte zwei Söhne. Es ging ihm gut in seiner neuen Heimat. Doch die Geschichte endet nicht an dem Punkt, an dem er reich und anerkannt geworden ist – was wir Josef aus unserer und seiner begrenzten Sicht durchaus gönnen mögen. Die Hungersnot zwang Josefs Brüder, sich nach Ägypten aufzumachen, um Getreide für ihre Familien in Kanaan zu kaufen. Josef erkannte seine Brüder und stellte sie auf die Probe, ob sie aus der Vergangenheit gelernt hatten. Dann gab er sich ihnen zu erkennen. Er vergab ihnen ihr Verbrechen an ihm und stellte die zerbrochene Beziehung wieder her. Später holte er seine gesamte Familie nach Ägypten, wo sie sich niederließ.

Es gibt viele solcher merkwürdigen und wunderbaren Geschichten im Alten Testament. Wir, die Leser, verstehen sie aus dem Blickwinkel des Autors – wir stehen außerhalb der Raum-Zeit-Dimension der Erzählung. Die Aussagekraft dieser Geschichten geht uns verloren, weil wir schon so vertraut damit sind. Wir kennen den Ausgang bereits.

Darum fehlt uns oft die nötige Identifikation mit den dargestellten Personen, die ja nicht wissen, was ihnen geschieht. Wir empfinden ihre Enttäuschungen, ihre völlige Verwirrung und ihre tiefen Zweifel angesichts dessen, was sie erleben, nicht mit – ein Erleben, das die Rede von Güte und Treue Gottes oft genug wie Hohn erscheinen lässt. Josef wusste nicht, wie seine Lebensgeschichte weitergehen würde. Er handelte als Teil dieser Geschichte, ohne wie wir als Leser um ihren Ausgang zu wissen. Er musste aufgrund seiner begrenzten Erkenntnisse seine Entscheidungen fällen. Er musste im Glauben handeln.

Der Wille Gottes – zwei Perspektiven

Die biblischen Geschichten lassen uns den Willen Gottes aus zwei Perspektiven betrachten. Der Autor der Erzählung bietet uns die Erste, indem er uns etwas über *Gottes Rolle* in dieser Geschichte berichtet. Wir lesen zum Beispiel, dass „der Herr mit Josef war", obwohl Josef sich darüber wohl kaum sicher war. Der Erzähler weiß mehr, weil er *die ganze Geschichte* kennt. Er weiß, wie sie ausgeht. Daher kann er voller Zuversicht schreiben, dass Gott mit Josef war. Er weiß auch, dass Gott in seiner Souveränität an einem Plan arbeitet, den zum Zeitpunkt des Geschehens noch keine der biblischen Figuren erfassen kann. Aus der Perspektive des Verfassers offenbart sich uns der verborgene Wille Gottes, seine souveräne Herrschaft über Zeit und Geschichte.

Die zweite Perspektive liefern uns die Figuren selbst, die durch ihre Entscheidungen für den Fortgang der Geschichte bedeutsam sind. Josef gehorchte dem offenbarten Willen Gottes in Ägypten, weil er glaubte, dass Gott mit ihm war und Großes tun würde. Josef vertraute darauf, dass Gottes *verborgene* Absichten auf wunderbare Weise ausgeführt würden. Den sicheren Beweis dafür erhielt er aber erst ganz am Schluss der Geschichte. Erst da konnte er zu seinen Brüdern sagen: „Habt keine Angst! Ich maße mir doch nicht an, euch an Gottes Stelle zu richten! Was er beschlossen hat, das steht fest! Ihr wolltet mir Böses tun, aber Gott hat Gutes daraus entstehen lassen. Durch meine hohe Stellung konnte ich vielen Menschen das Leben retten" (1. Mose 50,19–20).

Josef beschloss, den offenbarten Willen Gottes zu tun, und leistete so seinen Beitrag zum Handlungsverlauf, lange bevor die Geschichte abgeschlossen war. Er *glaubte* inmitten der Geschehnisse an die souveräne Herrschaft Gottes. Er entschloss sich, trotz seines Unglücks und trotz der rätselhaften Umstände Gott zu vertrauen. Er gehorchte dem

Willen Gottes und er verweigerte sich der Sünde und trug so entscheidend dazu bei, dass sich Gottes verborgener Wille erfüllte.

Was war der Wille Gottes in Josefs Leben? Auf einer Ebene umfasste er all die Ereignisse, die zu dieser Geschichte beitragen. Gottes Wille überstieg aber die Erlebnisse und die Perspektive Josefs, die begrenzt war. Dieser Wille Gottes umfing Josefs Leben, auch wenn dieser mit seinem freien Willen echte Entscheidungen traf. Gott erreichte schlichtweg, was er sich in seiner Souveränität vorgenommen hatte. Josef sagte zu seinen Brüdern:

> Macht euch keine Vorwürfe, dass ihr mich hierher verkauft habt, denn Gott wollte es so! Er hat mich vorausgeschickt, um euch zu retten. Schon seit zwei Jahren hungern die Menschen, und auch in den nächsten fünf Jahren wird man kein Feld bestellen und keine Ernte einbringen können. Gott hat mich euch vorausgesandt, damit ihr mit euren Familien überlebt. Nur so kann ein großes Volk aus euren Nachkommen entstehen. Nicht ihr habt mich hierher geschickt, sondern Gott! Er hat mir diese hohe Stellung gegeben: Ich bin der Berater des Pharaos, und ganz Ägypten hört auf das, was ich sage.
> (1. Mose 45,5–8)

Aber auf einer anderen Ebene bestand der Wille Gottes auch aus den klugen Entscheidungen, die Josef auf seinem Lebensweg getroffen hat – aus dem Kurs, den er sich auch in leidvollen Zeiten gesetzt hatte, und aus dem Lebensstil, den er sich zum Ziel gemacht hat. Darin tat Josef den Willen Gottes. *Er ließ diesen Willen Gottes zur Realität werden.* Er konnte den verborgenen Willen Gottes nicht immer erkennen, schon gar nicht mitten in seinen leidvollen Erfahrungen. Aber er erfasste den offenbarten Willen Gottes. Er wusste: er sollte Gott vertrauen, für andere Menschen verlässlich sein, seine Aufgaben verantwortungsvoll erfüllen und sich ein reines Herz bewahren.

Josef hätte sich an verschiedenen Stellen auch für den Ungehorsam entscheiden können – und das mit gutem Grund. Er hätte seine Aufgaben in Potifars Haus nachlässig erfüllen können, um so dessen Autorität zu untergraben. Er hätte sich von Potifars Frau verführen lassen können. Er hätte auf Potifars Verrat mit Zynismus reagieren können und er hätte den Bäcker und den Mundschenk des Pharao bei der Deutung ihrer Träume belügen können. Josef hätte all das damit rechtfertigen können, dass Gott ihn ja im Stich gelassen hat oder vielleicht gar nicht existiert. Aber Josef blieb Gott und dessen Willen treu.

Die Urgemeinde hat diese Spannung zwischen dem verborgenen und dem offenbarten Willen Gottes ebenso verstanden. Nachdem sie von den jüdischen Machthabern verfolgt worden waren, trafen sie sich, um Gott zu bitten, er möge ihnen bei der Fortsetzung ihrer missionarischen Arbeit helfen. Sie wussten, wie ernst die Drohungen gemeint waren, aber sie besaßen immer noch das Vertrauen, dass Gott die Dinge in der Hand hatte. Sie machten sich bewusst, was Gott am Kreuz Jesu erreicht hatte. Ihr Gebet spiegelt wider, in welcher Weise die Entscheidungen der Menschen und Gottes souveräne Macht in dem Geschehen um den Tod Jesu zusammengewirkt hatten:

> Genau das ist in dieser Stadt geschehen. Sie haben sich verbündet: Herodes und Pilatus, die Römer und ganz Israel. Sie sind eins geworden im Kampf gegen Jesus, deinen heiligen Sohn, den du erwählt hast. Doch sie erfüllen nur, was du in deiner Macht schon seit langem beschlossen hast. Und nun, Herr, höre ihre Drohungen! Hilf allen, die an dich glauben, deine Botschaft ohne Angst weiterzusagen .
> (Apostelgeschichte 4,27–29)

Paulus formuliert, was für die gesamte Bibel gilt. Er erfasst das zentrale Paradox zwischen dem verborgenen Willen Gottes – seiner souveränen Herrschaft über die Geschichte – und dem offenbarten Willen Gottes – dem Part, den die übernehmen müssen, die an Gott glauben. Er schreibt:

> Meine lieben Freunde! Ihr habt immer befolgt, was ich euch geraten habe. Hört aber nicht nur auf mich, wenn ich bei euch bin, sondern erst recht während meiner Abwesenheit. Ihr seid gerettet, und das soll sich an euerm Leben zeigen. Deshalb lebt nun auch in Ehrfurcht vor Gott und in ganzer Hingabe an ihn. Er selbst bewirkt ja beides in euch: den guten Willen und die Kraft, ihn auch auszuführen.
> (Philipper 2,12.13)

Gottes Ziel ist Erlösung

Josef, Mose, Esther, Ruth, Paulus, Petrus und viele andere biblische Gestalten haben sich für den *offenbarten* Willen Gottes entschieden. Sie haben Gott vertraut, obwohl es dafür manchmal keinen guten Grund zu geben schien. Sie bewiesen Güte, Loyalität, Mitleid. Sie entschuldigten sich nicht damit, dass sie den *verborgenen* Willen Gottes – seinen ganzen Plan – nicht kannten, nur um den *offenbarten* Willen Gottes nicht tun zu müssen. Letztlich war ihr Gehorsam – wie auch ihr Ungehorsam – eingerahmt von diesem verborgenen Willen Gottes, und so wurde aus den verschiedenen Instrumenten, die jeder von ihnen spielte, schließlich eine herrliche Symphonie.

Keiner von uns kann diese Symphonie Gottes völlig erfassen, zumindest jetzt noch nicht. Jeder von uns weiß jedoch genug darüber, um den Willen Gottes zu tun, der uns offenbart wurde. Wir wissen genug, um Gott zu vertrauen und seine Gebote zu befolgen. Wir wissen genug, um zu beten, auch wenn es manchmal scheint, als bewirken wir dadurch nichts. Wir wissen genug, um uns um unsere Familien und Freunde zu kümmern. Wir wissen genug, um Menschen in ihren Fehlern und Sünden mit Mitgefühl und Freundlichkeit zu begegnen, auch wenn wir nichts zurückbekommen. Das gehört zu dem Ziel, das uns gesteckt ist, und auf dieses Ziel müssen wir hinarbeiten.

Die Spannung zwischen dem verborgenen und dem offenbarten Willen Gottes wird im Letzten aufgelöst in dem Ziel, das Gott verfolgt: Erlösung. Gott tut etwas unvorstellbar Wunderbares – so wunderbar, dass wir mit unserer begrenzten Einsicht es nicht begreifen können. Seine Absicht, die Schöpfung zu erlösen, entfaltet sich wie die Handlung eines Romans, neben dem die komplexen Romane von Charles Dickens oder Thomas Mann wie simple Cartoons erscheinen werden.

Der offenbarte Wille Gottes hält uns auf dem rechten Kurs; sein verborgener Wille betrifft das große Bild, das als Entwurf hinter allem steht. Gottes Wille ist wie eine wunderschöne Geschichte, die uns zu Herzen geht. Er ruft uns zum Leben, nicht zum Tod; zu aktivem Gehorsam, nicht zu passiver Resignation.

Die Unterscheidung zwischen dem offenbarten und dem verborgenen Willen Gottes ist keine reine Abstraktion in der intellektuellen Debatte von Philosophen und Theologen. Sie hat praktische Konsequenzen für den Normalsterblichen. Sie hat für mich ganz persönlich große Bedeutung gewonnen. Ein betrunkener Autofahrer zwang mich, über diese Fragen nachzudenken, und davon hing mein Überleben als Christ ab. Ich *musste* mir Gedanken darüber machen, weil die Fragen mich anfielen wie ein tosender Sturm. Die Katstrophe unseres Unfalls führte mich auf eine geistliche Suche, die bis heute nicht abgeschlossen ist. Ich wusste intuitiv, was ich tun musste, um meine Familie auf den Weg der Heilung zu bringen. Ich empfand unerträglichen Schmerz und wollte nicht weiter leiden. Ich erkannte, dass die Frage, wie ich auf den

Unfall reagierte, mir, meinen Kindern und vielen anderen entweder helfen oder uns noch weiter zerstören würde. Meine Rolle war also von Anfang an klar.

Die Rolle Gottes jedoch war nicht so klar. Wie konnte Gott eine solche Tragödie zulassen? Selbst heute, nach vielen Jahren, begreife ich nicht, warum diese drei kostbaren Menschen ihr Leben lassen mussten. Das erscheint mir so sinnlos, so unnötig, so willkürlich, als ob Gott wie ein spielendes Kind drei Ameisen zerquetscht, die ihm im verkehrten Moment über den Weg laufen. Bis jetzt habe ich noch keinen einzigen überzeugenden Grund gefunden, warum dieses Unglück passiert ist oder passieren musste.

Ich erinnere mich noch, wie ich in den Monaten danach Stunden und Stunden über diese Tragödie nachgegrübelt habe, um irgendwie einen Sinn darin zu finden. Ich betrachtete das Geschehene aus meinem menschlichen Erleben heraus. Und was ich sah, war für mich schrecklich, so ungeheuer schmerzlich und überaus sinnlos. Ein Mann hatte seine Freiheit verantwortungslos missbraucht und unser Leben für immer verändert. Aber hatte Gott etwas damit zu tun? Spielte er dabei eine Rolle?

Allmählich konnte ich den Gedanken zulassen, dass meine Sicht der Ereignisse vielleicht verdunkelt wurde durch meine eigene Begrenztheit. Ich konnte sie nur aus meinem begrenzten Blickfeld heraus betrachten. Mir wurde schließlich klar, dass meine schnellen Urteile falsch sein könnten. So beschloss ich zögernd und vorsichtig, an dem Glauben festzuhalten, dass Gott immer noch am Ruder war, egal wie unergründlich für mich das alles war. Die Geschichte von Josef wie auch viele andere biblische Geschichten halfen mir zu vertrauen, dass meine Geschichte vielleicht doch in ein größeres Bild hineinpasste und dass meine Sicht im Licht der Perspektive Gottes vielleicht nicht mehr war als ein Augenaufschlag. Ich fing an zu glauben, dass weit mehr geschieht, als unser Auge sieht.

Und so konzentrierte ich mich auf das Offensichtliche, statt über das Verborgene nachzugrübeln. Ich dachte mir, dass ich kaum etwas zu verlieren hatte, wenn ich Gott vertraute, aber ich wusste genau, dass ich viel verlieren würde, wenn ich die falschen Entscheidungen fällte. Ich lebte aus der Hoffnung, nahm mir Zeit für meine Kinder und versuchte, durch mein Leben Gott Ehre zu machen und es so zu gestalten, dass selbst aus dem Unglück noch etwas Gutes herauskommen konnte. Ich begann, meine eigene Lebensgeschichte im Licht der Erlösungsgeschichte der Bibel zu lesen; dem offenbarten Willen Gottes zu folgen und darauf zu vertrauen, dass Gott auch mit dem, was uns noch verborgen ist, zum Ziel kommen wird. Dieser verborgene Wille Gottes, das spürte ich, ist nicht herzlos und kalt wie Eis, sondern lebendig und dynamisch wie ein rauschender Strom. Ich lernte zu unterscheiden zwischen dem, was ich wusste und tun konnte, und dem, was ich nicht wusste und was bloße Vermutungen über Gottes Handeln waren. Ich lernte, mit dem Unerklärlichen zu leben. Und diese Entscheidung rettete mir das Leben.

9

LEID ACHTET KEINE GRENZEN

Es gibt kein Problem, das so schwer zu verstehen ist wie das Leid. Und ganz besonders gilt das von unverschuldetem Leid. Wenn ein Betrunkener mit seinem Auto einen Brückenpfeiler rammt und den Rest seines Lebens im Rollstuhl verbringt, beklagen wir diese Tragödie zu Recht; wir wissen aber auch, dass sie die schreckliche Folge schlechter Entscheidungen war. Wir tragen ein Justizsystem, das Diebstahl mit fünf Jahren Haft bestraft. Wir sind uns des Risikos bewusst, das ein Bergsteiger eingeht, der den Mount Everest bezwingen will – und das dazu führen kann, dass er auf dem Rückweg sein Leben lässt. Risikoreiche Unternehmungen können in einer Tragödie enden. Unkluge Entscheidungen führen immer wieder ins Unglück. Wir beklagen diese Tragödien, aber wir müssen zugeben, dass Menschen durch falsches Handeln und Waghalsigkeit früher oder später bekommen, was sie verdient haben.

Ganz anders ist es mit dem unverdienten Leid. In der vergangenen Woche habe ich mehrfach von leidvollen Ereignissen gelesen – und das war keine außergewöhnliche Woche. Da war der Bewaffnete, der den amerikanischen Kongress erstürmen wollte und zwei Polizisten erschoss, bevor man ihn stoppen konnte. Eine Flutwelle erfasste die Küste Neuguineas und tötete Tausende von Menschen, darunter viele Kinder. Der Fahrer eines Kleinlasters, durch sein Handy abgelenkt, kam von seiner Fahrspur ab und kollidierte mit einem Kleinbus – zwei kleine Mädchen verloren dadurch ihr Leben. Ein Freund starb, vom Krebs zerfressen. Eine Lawine tötete zwei Skifahrer, die unwissentlich von den markierten Pisten abgekommen waren.

Die Geschichte der Menschheit liest sich über weite Strecken wie ein Katalog menschlichen Leids – angefangen bei den zehn Plagen über die Pestepidemien des Mittelalters bis hin zum Holocaust. Leid trifft Einzelne oder ganze Völker; manches Leid ist bald vergessen, an andere Ereignisse wird man sich bis ans Ende der Zeiten erinnern. Immer wenn ich auf den Friedhof gehe, um die Gräber von Lynda, Diana Jane und meiner Mutter zu besuchen, komme ich an den frischen Gräbern vorbei, die seit meinem letzten Besuch hinzugekommen sind. Ich schaue mir die Namen und Daten an und frage mich ganz besonders bei den jung Verstorbenen, was diesem Leben wohl sein Ende gesetzt hat. Ich versuche auch, mir vorzustellen, wie es den Hinterbliebenen jetzt gehen mag. Ich denke, ihr Leid ist ebenso erdrückend, wie das meine einst war, und sie fühlen sicher ähnlichen Schmerz wie ich damals. Das Leid macht unser Leben so schwer.

Wo ist Gott in all dem Leid? Christen stellen diese Frage schon sein Jahrhunderten. Entweder – so scheint es – besitzt Gott zwar die Macht, nicht jedoch die Liebe, um das Leid abzuwenden; oder er liebt zwar, ist aber machtlos zu helfen. Sollte Gott jedoch beides besitzen – die Macht und die Liebe, dann stellt sich die Frage, warum unschuldige Menschen leiden müssen. Wo sind diese Macht und Liebe Gottes, wenn wir sie bräuchten? Und so frage ich noch einmal: Hat Gott das Leid der Menschen gewollt?

Logik und Unlogik des Leidens

Auch an dieser Stelle kann wieder der Eindruck entstehen, als widerspräche ich mir selbst. Einerseits will Gott das Leid nicht, weil er das Böse und den Schmerz nicht geschaffen hat. Andererseits will Gott das Leid, weil er es benutzt, um seinen Heilsplan in die Tat umzusetzen. Dieser scheinbare Widerspruch wird niemanden zufrieden stellen, der eine schnelle Antwort auf die Frage nach dem Leid hören möchte; denn Leid stellt uns immer vor verwirrende Fragen über das Wesen und die Ziele Gottes.

Leid scheint dem Willen Gottes entgegenzustehen. Gott hat die Welt als etwas Gutes geschaffen. Das Leben, das wir heute führen, ist nicht so, wie es sein sollte oder wie Gott es sich gedacht hatte. Unsere Furcht vor dem Leid spiegelt einen Impuls wider, den Gott tief in unsere Natur hineingelegt hat. Wir schrecken vor Leid zurück; und das nicht nur, weil wir dem Schmerz aus dem Weg gehen wollen, sondern auch weil wir instinktiv spüren, dass wir nicht zum Leiden geschaffen wurden. Das Leid verletzt die Schöpfungsabsichten Gottes.

Das 1. Buch Mose erzählt davon, wie der Mensch aus der Gnade Gottes herausgefallen ist und daraufhin aus dem

Paradies vertrieben wurde (vgl. 1. Mose 3). Adam und Eva ging es vor dem Sündenfall gut im Garten Eden. Das Leid war die schreckliche Konsequenz für ihre Rebellion gegen Gott. Ihr Ungehorsam brachte Sterblichkeit und Schmerz in ihr Leben. Gott vertrieb sie aus dem Paradies und stellte Engel ab, die die Eingänge des Gartens bewachen sollten, damit die beiden nicht zurückkommen und vom Baum des Lebens essen konnten. Denn hätten sie auch noch von diesem Baum gegessen, wären sie dazu verurteilt gewesen, ewig mit Sünde und Unheil zu leben. So waren sie zu Leid und Tod verurteilt.

Die gesamte Schöpfung – die Natur ebenso wie der Mensch – leidet unter dieser Knechtschaft. Gott selbst unterwarf sie diesem Joch, damit sie Erlösung und Erneuerung erfahren kann. Er verurteilte die Welt zum Tod, um ihr neues Leben zu geben. Paulus schreibt über diesen Sachverhalt:

> Ohne eigenes Verschulden sind alle Geschöpfe durch die Schuld des Menschen der Vergänglichkeit ausgeliefert. Aber Gott hat ihnen die Hoffnung gegeben, dass sie zusammen mit den Kindern Gottes einmal von Tod und Vergänglichkeit erlöst und zu einem neuen, herrlichen Leben befreit werden. Denn wir sehen ja, wie die gesamte Schöpfung leidet und unter Qualen auf ihre Neugeburt wartet. Aber auch wir selbst, denen Gott bereits jetzt seinen Geist gegeben hat, warten voller Sehnsucht darauf, dass Gott uns als seine Kinder zu sich nimmt und auch unseren Leib von aller Vergänglichkeit befreit.
> (Römer 8,20–23)

Paulus erklärt uns, dass Gott den Heiligen Geist als eine erste Frucht gibt, um so dafür zu sorgen, dass die gesamte Ernte zu seiner Zeit eingefahren werden kann. Und so stöhnen wir zwar unter dem schmerzhaften und erbarmungslosen Leid, besitzen aber gleichzeitig die Hoffnung, dass Gott unserem

Leid ein Ende setzen wird. Dann werden wir nicht nur einen Vorgeschmack auf die Liebe Gottes bekommen, dann werden wir schließlich das ganze große Festbankett erleben. Gott wird uns mit seiner Liebe umgeben wie eine Mutter, die ihr schlafendes Kind in ihren Armen wiegt. In der Ewigkeit wird alles Leid ausgelöscht, jede Träne abgewischt und aller Schmerz von uns genommen sein (vgl. Offb. 21,1–4). Wer an Gott glaubt, wird in der uneingeschränkten Freiheit und Herrlichkeit leben, die einem Sohn oder einer Tochter Gottes zukommen. Bereits jetzt hat er schon die Verheißung des kommenden Reiches erhalten (Röm. 8,18–19).

Doch bis dahin ist das Leid Teil unseres Lebens. Und unser Leid ist weder rational fassbar noch vorhersehbar. Das Leid achtet nicht die Grenzen von Recht und Unrecht, schuldig und unschuldig, verdient und unverdient. Meist hat einer gesündigt und ein anderer leidet darunter. Eine schwangere Frau trinkt zu viel Alkohol und bringt ein Kind mit schweren Alkoholschäden zur Welt. Adolf Hitler brachte Millionen unschuldiger Menschen den Tod. So verlor zum Beispiel eine amerikanische Familie im Verlauf des von Hitler verursachten Krieges alle fünf Söhne. Sie hatten in einem Krieg gekämpft, den sie weder verschuldet noch gewollt hatten.

Manche Menschen scheinen einfach nur zur verkehrten Zeit am verkehrten Ort zu sein und das Leid, das sie dadurch trifft, kann grausame Folgen haben. Vor einiger Zeit erhielt ich einen Brief, in dem mir eine Frau ihre Lebensgeschichte erzählte; sie hat mir erlaubt, davon zu berichten. Als Mary fünf Jahre alt war, machten ihre Eltern eine zweiwöchige Europareise. Sie und ihr gerade einmal neun Monate alter Bruder wurden für diese Zeit den Großeltern anvertraut. Ihre Lieblingstante kam ebenfalls, um zu helfen. Vor der Abreise sagte die Mutter zu Mary: „Sei ein braves Mädchen und pass auf deinen kleinen Bruder auf. Wir haben dich ganz arg lieb."

Einige Tage später fuhren die Großmutter und die Tante mit den beiden Kindern zum Einkaufen. Unterwegs missachtete ein zu schnell fahrender Wagen ein Stopzeichen und rammte mit vollem Tempo die Seite des Wagens, in dem die Kinder saßen. Alle außer Mary wurden getötet. Es dauerte über eine Stunde, bevor die Rettungskräfte sie aus dieser Todeskammer befreien konnten.

Der Großvater wurde mit einem Nervenzusammenbruch ins Krankenhaus eingeliefert. Als Marys Eltern zwei Tage später eintrafen, hatte sich Mary bereits in einen Kokon des Schweigens zurückgezogen und weigerte sich, mit irgendjemandem zu reden. Zwei Jahre lang sprach sie kein einziges Wort.

Erst als sie die Erinnerung an den Unfall in ihrem Unterbewussten vergraben hatte, fing sie wieder an, Kontakt zu ihrer Umwelt aufzunehmen. Ihr Leben schien wieder seinen normalen Gang zu nehmen. Jahre später heiratete sie und bekam ein Baby. Doch als dieses Kind das Alter von neun Monaten erreichte, stiegen in Mary die Erinnerungen an den Unfall wieder hoch. Dies war für sie so schrecklich, dass sie sich eine Zeit lang in psychiatrische Behandlung begeben musste.

Ich habe oft über Marys Geschichte nachgedacht. Ich habe mir das Gesicht dieses fünfjährigen Mädchens vorgestellt, wie sie dort in dem Wagen eingeschlossen ist inmitten all der Menschen, die sie lieb hat – alle tot. Diese Vorstellung erfüllt mich mit Grauen. Ich möchte die Zeit zurückdrehen, das Geschehene ungeschehen machen, um Mary dieses schreckliche Erlebnis zu ersparen, das ihr Leben für immer geprägt hat. Sie hat nichts getan, womit sie dieses Leid verdient hätte.

Die Sünde verwüstet Menschenherzen. Das Leid ist eine Folge der Sünde. Doch das Leid, das ein Mensch erlebt, ist oft keine logische Konsequenz dessen, was dieser Mensch getan hat. Manche Menschen begehen ungeheure Sünden und führen doch zumindest in dieser Welt ein relativ glückliches Leben. Andere scheinen ihr Leben anständig zu führen und erfahren doch so ungeheures Leid, dass selbst die kaltblütigsten Menschen davor erschaudern. Gott hat all dieses Leid nicht gewollt und nicht geplant. Er verurteilt es und weint darüber. Ja, er hat sogar deswegen selbst gelitten. Jesus starb am Kreuz, weil in dieser Welt die Sünde regiert. Gott will nicht, dass Menschen leiden; das widerspricht ganz und gar seinen ursprünglichen Schöpfungsabsichten.

Entspricht das Leid dem Willen Gottes?

Und doch lässt Gott Leid zu. Auch wenn es im Gegensatz zu seinem offenbarten Willen zu stehen scheint, erfüllt sich durch das Leid der verborgene Wille Gottes trotzdem. Letztlich benutzt Gott selbst grausames und unverdientes Leid, um sein Ziel der Erlösung zu erreichen. Alle Ereignisse – die guten wie die schlechten – finden in Gottes Plan mit dieser Geschichte ihren Platz.

Das Leid ist also etwas, was zugleich *innerhalb* und *außerhalb* dessen steht, was Gottes Wille ist. Es ist das genaue Gegenteil von dem, was Gott sich bei der Schöpfung dieser Welt gedacht hat, aber es findet seinen Platz in dem Plan, den Gott sich als Ziel unserer Geschichte gesetzt hat. Das Kreuz Christi ist für dieses Paradox die treffendste Illustration. Das Kreuz markiert die dunkelste Stunde in der Geschichte und ist doch zugleich ihr Höhepunkt. Es ist ein Affront gegen den Willen Gottes („Du sollst nicht töten") und gleichzeitig die Erfüllung des Heilsplans Gottes (vgl. Apg. 4,23–31). Das Kreuz ist eine schreckliche Ungerechtigkeit und zugleich der höchste Ausdruck der vollkommenen Gerechtigkeit und Liebe Gottes.

Der Wille Gottes wird uns in der Heiligen Schrift offenbart. Er ruft uns dazu auf, das zu tun, was richtig und gut ist, und verurteilt das, was böse und ungerecht ist. Und doch verwirklicht er seinen Willen in dieser Geschichte auf geheimnisvolle Weise; selbst dort, wo das Handeln der Menschen am niederträchtigsten und das menschliche Leid am schlimmsten ist, findet diese Geschichte ihr herrliches Ende und niemand kann das verhindern.

Die Erzählung *Der Erwählte* bringt dieses Paradox in ein eindrucksvolles Bild. Sie erzählt von zwei jüdischen Knaben, die gemeinsam aufwachsen. Einer von ihnen, Danny, erlebt, dass sein Vater nie mit ihm redet – und das ist für ihn sehr unverständlich und schmerzhaft. Erst am Ende der Erzählung findet dieses Verhalten eine Erklärung. Sein Vater erklärt: „Auch mein Vater hat mich im Schweigen erzogen. Er sprach nie mit mir, außer wenn wir die Tora studierten. Durch sein Schweigen hat er mich gelehrt, in mich selbst hineinzuschauen, meine eigene Kraft zu entdecken, in meinem Inneren spazieren zu gehen und mich mit meiner Seele vertraut zu machen." Später, so erläutert der Vater, hat er erkannt, dass die leidvolle Erfahrung eines schweigenden Vaters einem guten Ziel diente:

> Man lernt das Leid anderer zu verstehen, indem man selbst Leid erträgt, pflegte er zu sagen; indem man sich auf sich selbst besinnt, indem man seine eigene Seele findet. Und es ist wichtig, das Leid zu kennen, sagte er. Es zerstört unseren Stolz, unsere Arroganz, unsere Gleichgültigkeit gegen andere. Es macht uns bewusst, wie schwach und winzig wir sind und wie sehr wir angewiesen sind auf den Herrn des Universums.[28]

Ich hatte Leid zuvor nur aus sicherer Entfernung betrachtet, durch den Unfall erlebte ich es hautnah. Als Pfarrer und als Dozent musste ich viel über diese Fragen nachdenken. Doch dann schlug das Leid bei mir ein wie ein Meteor, der die schöne Landschaft meines Lebens verwüstete. Ich wusste sofort, dass dieser Unfall ein schreckliches Unrecht war, und das glaube ich noch heute. Selbst wenn ich irgendeinen Grund hätte, mir in dieser Tragödie selbst Vorwürfe zu machen (ich hatte ja bis dahin wirklich kein tadelloses Leben geführt), hätte ich niemals glauben können, dass meine Kinder solches Leid verdient hatten. Sie waren in jeder Hinsicht unschuldig. Leid wird immer eine schreckliche Missachtung dessen sein, was in dieser Welt recht und gut ist. Dieser Unfall war schlecht, unser Leid unverdient. Schon das Buch Hiob zeigt uns, dass nicht alles, was in dieser Welt geschieht, nach dem Muster von Strafe und Belohnung läuft.

Zu Recht also war ich wütend über dieses tragische Ereignis. Ich war wütend auf den Fahrer und Gott war mir ein Rätsel. Wie hatte er dieses himmelschreiende Unrecht zulassen können, so fragte ich mich. Ich konnte diesen Gott nicht begreifen, der so etwas tun konnte, der das Schreckliche kommen sah und nichts dagegen tat. Diese Tragödie schien nur zu bestätigen, dass Gott nicht da war und dass das Leid völlig beliebig und willkürlich zuschlägt. Ich konnte das alles ebenso wenig verstehen wie ich einen Vater verstehe, der sein eigenes Kind missbraucht.

In den darauf folgenden Monaten sprach ich mit vielen Menschen, die in ihrem eigenen Leid ähnlich empfunden hatten. Sie hatten Gott vertraut und geglaubt, er werde es gut mit ihnen meinen. Doch dieses Vertrauen hatte sich als ein Schuss nach hinten erwiesen. Sie hatten um Bewahrung für einen geliebten Menschen gebetet, und dann wurde dieser Mensch getötet. Sie hatten sich für den Fortbestand einer Ehe eingesetzt, die dann doch mit einer Scheidung endete. Oder sie hatten auf die Heilung ihres Ehepartners gehofft, der schließlich doch an Krebs zugrunde ging. Das Leid war für sie nichts Neues. Jeder dieser Menschen hatte sich bereits Gedanken darüber gemacht. Sie wussten auch, dass sie nicht die Ersten waren, die Leid erfuhren. Und doch hatte die persönliche Erfahrung mit dem Leid in ihnen intensive Gefühle ausgelöst und sie waren umso mehr darauf angewiesen, Antworten zu finden.

Mit Gottes Souveränität Frieden schließen

Etwa ein halbes Jahr nach dem Unfall stellte ein guter Freund meine Sicht der Dinge ziemlich gnadenlos infrage. Ich war überrascht über seine Direktheit. Schließlich gehörte ich ja nun wirklich zu den Menschen, denen man kluge Ratschläge ersparen sollte. Und nun stand ich da und hörte mir mit offenem Mund an, was mein Freund mir zu sagen hatte: „Jerry, irgendwann musst du mit Gott und seinem souveränen Handeln Frieden schließen. Entweder hat Gott die Dinge in der Hand oder er hat sie nicht in der Hand. Und du musst für dich entscheiden, was von beidem du für wahr halten willst."

Dass es Leid in dieser Welt gibt, ist so offensichtlich, dass wir es kaum erwähnen müssten. Trotzdem reagieren wir schockiert und wütend, wenn es uns persönlich trifft – als wären wir eine Ausnahme. M. Scott Peck hat sehr treffend geschrieben:

> Das Leben ist schwierig. Das ist eine tiefe Wahrheit, eine der tiefsten überhaupt. Es ist eine tiefe Wahrheit, denn wenn wir diese Wahrheit einmal erkannt haben, könnten wir sie übersteigen. Wenn wir einmal wirklich verstanden haben, dass das Leben schwierig ist – ich meine wirklich verstanden und akzeptiert –, dann ist das Leben nicht länger schwierig. Denn wenn das einmal akzeptiert ist, spielt es keine Rolle mehr, dass das Leben schwierig ist. ... Aber die meisten Menschen erkennen die Tatsache, dass unser Leben schwierig ist, nicht wirklich an. Stattdessen klagen sie mehr oder weniger anhaltend, lautstark oder auch eher verhalten darüber, wie enorm ihre Probleme, ihre Lasten und ihre Schwierigkeiten sind, als wäre das Leben sonst leicht, als müsse es leicht sein.[29]

Das Leben ist für jeden manchmal schwer. Manchem Leid können wir aus dem Weg gehen, aber eben nur manchem.

Wir können uns gesund ernähren, Sport treiben, beim Fahren den Sicherheitsgurt anlegen und uns an die Geschwindigkeitsbegrenzungen halten, gute Freundschaften aufbauen und positiv denken. Trotzdem müssen wir der Realität ins Auge sehen: Wir könnten einmal an Krebs erkranken, bei einem tragischen Unfall ums Leben kommen, vor dem Scheitern unserer Ehe stehen oder in eine krankhafte Depression verfallen.

Welche Rolle spielt Gott in diesem Theaterstück? Warum lässt er Leid zu? Unsere Antwort auf diese Frage wird immensen Einfluss darauf haben, wie wir auf das Leid, das hinter dieser Frage steht, reagieren werden. Hat Gott die Dinge in der Hand oder nicht? Wenn ja, dann können wir ihm vertrauen, dass er seine Heilsabsichten – seinen verborgenen Willen – auch in unserem Leben verwirklichen wird. Wenn nicht, dann können wir den Glauben auch gleich über Bord werfen und unseren Lebensweg ohne Gott weitergehen. So absolut und so einfach ist diese Entscheidung, auch wenn die Zweifel und der innere Kampf, den wir bei dieser Frage erleben, alles andere als einfach sein mag.

Dass Gott auch unser Leid in seine Heilspläne einbezieht ist ein Grundpfeiler des christlichen Glaubens. Das Leid hat nie das letzte Wort im Leben des Christen. Kreuz und Auferstehung Jesu sind der unwiderlegbare Beweis dafür, dass der verborgene Wille Gottes, der uns manchmal so geheimnisvoll und unergründlich erscheint, real ist und dass er heilsam ist. Die Sünde und die Tragödien und das Leid haben nicht das letzte Wort. Gott hat das letzte Wort. Gott hat die Macht. Er hat alles in seiner Hand. Er ist der Herr über Zeit und Geschichte. Selbst unser Leid dient seinem umfassenderen Ziel – und dieses Ziel dient zutiefst und zuletzt zu unserem Nutzen, zu unserem Heil.

Leid trübt unseren Blick

Aber dieses Heil, so großartig es auch sein mag, liegt noch in der Zukunft. Vergewissernde und ermutigende Worte lassen sich leicht sagen, aber schwer glauben, besonders dann nicht, wenn man gerade selbst von schwerem Leid betroffen ist. Antworten sind nötig, aber zu schnelle Antworten können auch verletzen. Gewiss, Gott wird einmal allem Leid ein Ende machen, und wir werden die Antworten bekommen, die wir manchmal so verzweifelt suchen – aber er tut es nicht sofort, und manche Menschen bekommen, solange sie leben, keine Antwort auf ihre drängendsten Fragen.

Ich mache gerne mehrtägige Wanderungen. Oft bin ich durch so dichte Wälder gewandert, dass ich den Weg vor und hinter mir nur ein paar Schritte weit verfolgen konnte. Ich hatte nur die Karte und einen Kompass, um mich zurechtzufinden. Es gab keine Orientierungspunkte wie Seen, Berggipfel oder Ebenen. Nur viel Wald, so weit das Auge reichte, und einen Pfad, dem ich folgte und von dem ich hoffte, dass er mich an mein Ziel bringen würde.

Leid ist wie ein solches Waldgebiet. Es umschließt uns so dicht, reicht so meterhoch über uns hinaus, dass wir außer dem Leid selbst nichts mehr erkennen können. Es kostet Kraft, es drückt uns nieder und es kennt kein Erbarmen.

Ein Freund von mir sagte einmal: „Ich fühle den Schmerz nicht; ich *bin* der Schmerz. Das ist momentan das einzig Wirkliche in meinem Leben – das Einzige, was ich empfinde."

Aber ich erinnere mich auch an Wanderungen, wo der Weg nach einem langen Marsch auf einen Pass führte, der hoch genug war, um den Blick auf die Landschaft freizugeben. Von einem solchen Pass aus konnte ich sehen, wo ich hergekommen war. Ich konnte Seen entdecken, die nur ein paar hundert Meter von dem Pfad entfernt lagen, den ich gekommen war; ich sah Flüsse und Felsformationen und den Platz, an dem ich die Nacht zuvor gelagert hatte. Dieser Pass gab mir eine neue Perspektive.

Das Leid verdunkelt unseren Blick wie ein dichter Wald. Deshalb brauchen wir mitten im Leid dringend zwei Hilfsmittel. Zum einen sollten wir eine „Landkarte" zurate ziehen. Eine Karte hilft uns, Orientierungspunkte für unseren Weg zu finden und unsere Position festzustellen, sodass wir wissen, woher wir kommen und wohin wir gehen. Wir werden entdecken, dass andere den Weg vor uns gegangen sind. Sie haben dasselbe Gebiet durchquert und ihre Wege für uns in der Karte aufgezeichnet.

Für Christen ist die Bibel eine solche Landkarte. Sie überliefert uns die Erfahrungen von Menschen, die mit Gott gelebt haben, obwohl es keinen Grund mehr dafür zu geben schien. Und doch haben sie erfahren, dass Gott treu ist. Durch die Bibel erfahren wir, dass Leid auch zu etwas gut sein kann. So können wir unser Leid im Licht der Erlebnisse biblischer Personen verstehen. Wir können glauben, dass unser Leid ebenso wie das ihre ein Ende haben wird und unserer Erlösung dient. Wie eine Karte hilft uns die Bibel, unsere momentane Position festzustellen, sodass wir uns nicht mehr verloren und verirrt fühlen müssen. Wir bekommen die Zuversicht, dass unser Leben mehr beinhaltet als das, was wir im Moment vor Augen haben. Wir entdecken, dass unser Leid *nicht die ganze Geschichte* ist, sondern *Teil einer größeren Geschichte,* die gut ausgehen wird.

Das Vertrauen festhalten

Zweitens, sollten wir *einen* Pfad nie verlassen – den Pfad des Vertrauens. Ein Thema zieht sich durch die gesamte Bibel hindurch: Gott will, dass wir im Glauben leben und ihm vertrauen. Nach den Worten des Hebräerbriefs ist Glaube, „die feste Gewissheit, dass sich erfüllt, was Gott versprochen hat; er ist die tiefe Überzeugung, dass die unsichtbare Welt Gottes Wirklichkeit ist, auch wenn wir sie noch nicht sehen können" (Hebr. 11,1). Der Glaube hilft uns, die geistliche Wirklichkeit zu erkennen, auch wenn unser Auge nichts davon sieht. Und mehr noch: „Freude kann Gott aber nur an jemandem haben, der ihm fest vertraut. Ohne Glauben ist das unmöglich. Wer nämlich zu Gott kommen will, muss darauf vertrauen, dass es ihn gibt und dass er alle belohnen wird, die ihn suchen und nach seinem Willen fragen" (Hebr. 11,6). Der *Glaube* ist die Kraft, durch die wir diese Verheißungen annehmen, denn unsere momentanen Lebensumstände geben uns möglicherweise keinen Beweis dafür, dass Gott existiert und es gut mit uns meint. Das Leid stellt uns vor ernste Fragen über Gott und sein Handeln; der Glaube gibt uns die Kraft, nicht aufzugeben. Er schließt den Riss zwischen dem, was wir an objektiver Erkenntnis über Gott aus der Bibel entnehmen können, und unserem subjektiven Empfinden, das durch unser Leid gefärbt wird.

Ich habe mich lange gefragt, warum der Glaube für das Christsein so zentral ist. Mein Sohn David hat mir geholfen, die Antwort zu finden. Mit seinen acht Jahren fragte er mich: „Warum macht es uns Gott so schwer?" Überrascht fragte ich ihn, was er damit meine. Er wiederholte seine Frage: „Warum macht es uns Gott so schwer, ihn kennen zu lernen? Wir können ihn nicht sehen, nicht hören und nicht anfassen. Und trotzdem sollen wir ihm glauben, dass er wirklich da ist?" Diese Frage brachte mich ins Nachdenken. Warum ist der Glaube so zentral? Was hält Gott davon ab, uns mehr von sich zu zeigen? Warum macht er es uns so schwer, ihn kennen zu lernen?

Ich fragte mich, was wohl wäre, wenn Gott uns tatsächlich mehr von sich zeigen würde. Ich bin mir nicht so sicher, ob das so gut wäre. Wenn man Gott so deutlich sehen würde, dass man ihn nicht mehr wegleugnen könnte, bräuchten wir keinen Glauben mehr. Wir hätten gar keine Wahl mehr – wir *müssten* an ihn glauben. „Glauben" wäre in diesem Fall kaum das richtige Wort. Die strahlende, ja blendende Gegenwart Gottes würde uns überwältigen. Seine unbeschreibliche Klarheit würde uns, die wir voller Sünde sind, blenden und vernichten; und das kann wohl kaum das Ziel des Gottes sein, der uns geschaffen hat.

Könnte es für uns also von Vorteil sein, dass wir auf den Glauben angewiesen sind? Ich bin davon überzeugt, dass Gott uns lieber leise liebend umwirbt als durch überwältigende Machtdemonstrationen zum Glauben zu zwingen. Er gibt uns einen Handlungsspielraum und die Freiheit, auf seine Einladung zu antworten. Er lässt uns selbst entscheiden, wie wir uns zu ihm stellen wollen. Er hat uns als Individuen geschaffen; hat uns ein Herz gegeben, mit dem wir fühlen, einen Verstand, mit dem wir denken, und einen Willen, mit dem wir entscheiden können. Gott saugt uns nicht in sich auf, als wäre er ein großes schwarzes Loch, das nichts Eigenständiges um sich herum duldet. Darum wissen wir genug über Gott, um glauben zu können, aber doch auch nur so viel, dass wir noch glauben *müssen*. Gott lädt uns zu einer Beziehung ein, aber er zwingt uns nicht, eine Beziehung mit ihm einzugehen.

In seinem Buch *Dienstanweisung für einen Unterteufel* benutzt C. S. Lewis die Form eines Briefwechsels zwischen zwei Teufeln, um uns etwas über das Christsein zu zeigen. Der „Feind" ist darin natürlich Gott, denn das ganze Buch ist ja aus dem Blickwinkel der Hölle geschrieben. Screwtape erklärt seinem Neffen Wormwood, dass der „Vater-in-der-Tiefe" (Satan) allen Geschöpfen ihre Individualität rauben will. Er will wie ein schwarzes Loch alles verschlucken. Er will nicht lieben.

> Die ganze Philosophie der Hölle beruht auf der Anerkennung des Grundsatzes ... [:] Mein Eigentum ist mein Eigentum, und dein Eigentum ist dein Eigentum. Was der eine gewinnt, verliert der andere. Sogar ein

lebloser Gegenstand ist das, was er ist, dadurch, dass er alle anderen Gegenstände davon ausschließt, den Raum einzunehmen, den er einnimmt. Wenn er sich ausdehnt, so geschieht es, indem er andere Gegenstände beiseite schiebt oder in sich aufnimmt. Genauso mit dem Ich. Bei den Tieren nimmt dieses In-Sich-Aufnehmen die Form des Fressens an; für uns bedeutet es das Aussaugens des Willens und der Freiheit eines schwächeren Selbst durch ein stärkeres. [30]

Screwtape muss jedoch zugeben, dass der „Feind" (Gott) sich anders verhält. Der Feind verlangt zwar, dass die Schwächeren ihm ihr Selbst opfern, will ihnen dieses Selbst aber letztlich wiedergeben. Screwtape schreibt:

> Denke stets daran, dass Er [Gott] diese kleine Brut [die Menschen] wirklich liebt und einen albernen Wert auf die Persönlichkeit eines jeden von ihnen legt. Wenn Er zu ihnen davon spricht, dass sie ihr „Selbst" verlieren sollen, meint Er damit nur die Preisgabe der Anmaßung ihres Eigenwillens. Haben sie dem Folge geleistet, so gibt Er ihnen tatsächlich ihre volle Persönlichkeit zurück und rühmt sich (ich fürchte, wirklich im Ernst), dass sie, wenn sie völlig Sein Eigentum sind, mehr ihr eigenes Selbst sind als je zuvor. [31]

Gott achtet unsere Individualität. Er will uns nicht vernichten. Darum überlässt er uns die Entscheidung, ob wir glauben wollen oder nicht. Sicher, er offenbart sich uns und lädt uns ein, in einer Beziehung zu ihm zu leben. Aber er zwingt uns nicht gewaltsam dazu.

Wir wissen also genug, um glauben zu können, dass es einen Gott gibt, der uns geschaffen hat, der uns liebt und der uns retten will. Aber wir wissen nicht so viel, dass wir *gezwungen* sind, zu dieser Erkenntnis zu kommen. Wir müssen uns für den Glauben *entscheiden*. Und bei diesem

Glauben geht es nicht nur um eine verstandesmäßige Zustimmung. Er verlangt unser aktives Vertrauen. Wir müssen im Vertrauen darauf leben, dass Gott wirklich existiert; dass er unser Fragen nach ihm beantworten und sich von denen finden lassen wird, die ihn suchen; dass er dafür sorgen wird, dass wir vor ihm bestehen können; und dass er uns zeigen wird, wie wir leben sollen.

10

IM LEID NICHT UNTERGEHEN

Gott lädt uns ein, ihm zu vertrauen, selbst wenn all unsere Umstände dagegen sprechen, dass er vertrauenswürdig ist. Selbst wenn uns jeder Anhaltspunkt dafür genommen ist, dass Gott es gut mit uns meint, beschließen wir dennoch zu glauben, dass Gott selbst durch unser Leid hindurch etwas Gutes mit uns vorhat. Unser Schmerz mag uns in Versuchung führen, an Gott zu zweifeln, aber unser Glaube gibt uns die Kraft, daran festzuhalten, dass Gott für die, die ihn lieben, alle Dinge zum Guten wendet.

Glaube bedeutet, an der Überzeugung festzuhalten, dass Gottes verborgener Wille geschieht, im Himmel und auf Erden, selbst wenn unser Leben nicht so verläuft, wie wir es uns erhofft hatten. Durch den Glauben ertragen wir das Leid und hören nicht auf, Gott zu lieben, ihm zu dienen und ihn anzubeten. Wir widerstehen der Versuchung, über all dem verbittert zu werden, Rachepläne zu schmieden, in Zynismus zu verfallen oder über unser Schicksal zu jammern – auch wenn diese Versuchung so natürlich ist wie Hunger oder Erschöpfung. Wir trainieren unser Auge, die Zeichen zu erkennen, die auf Gottes Heilshandeln hindeuten. Wir wapp-

nen uns mit Geduld und warten darauf, dass sich Gottes
Wille erfüllt.

Die praktische Seite des Glaubens

Ein solcher Glaube hat ganz praktische Konsequenzen.
Nehmen wir zum Beispiel eine Frau, deren Situation am
Arbeitsplatz unerträglich ist. Sie fragt sich, ob sie kündigen
soll. Aber sie ist auf das Einkommen angewiesen und die
Chancen auf einen anderen Job stehen schlecht. Also
entscheidet sie sich zu bleiben, weil ihre Zukunftsaussichten
zu unklar sind. Sie weiß, dass sie heute, vorerst nur heute, um
8.00 Uhr am Arbeitsplatz erscheinen und ihren Job, so gut es
geht, erledigen muss. Sie weiß, dass sie in genau diesen
Umständen eine Gelegenheit sehen kann, um Gott zu
dienen. Und sie vertraut darauf, dass Gott seine Befreiung
auf irgendeine Weise in ihrem Leben konkret werden lässt.

Oder stellen wir uns einen Mann vor, der sich in einer
unglücklichen Ehe gefangen fühlt. Seine Frau ist sehr egoistisch und kommandiert ihn nur herum. Für die Kinder hat
sie kaum Zeit und hat immer etwas an ihnen auszusetzen. Er
überlegt, ob er sich scheiden lassen soll, entscheidet sich
dann aber dagegen. Stattdessen versucht er, sie zu lieben,
obwohl sie ihn so unglücklich macht. Er vertraut darauf, dass
Gottes Heilsabsicht in seinem Leben irgendwie Gestalt
annehmen wird.

Oder noch ein Beispiel: Ein Ehepaar überlegt umzuziehen,
damit es näher bei den inzwischen recht betagten Eltern der
Frau leben kann. Die beiden fühlen sich für die Eltern verantwortlich und wollen sich um sie kümmern, auch wenn ein
Umzug für ihre eigenen Kinder eine große Umstellung bedeuten würde und sie selbst durch den beruflichen Wechsel finan-
zielle Einbußen in Kauf nehmen müssten. Sie sind unsicher,
was sie tun sollen. Aber sie wissen, dass sie den Eltern der Frau
auf jeden Fall mit Rat und Tat zur Seite stehen wollen, egal ob

sie nun umziehen oder dort bleiben, wo sie jetzt wohnen. Sie vertrauen darauf, dass Gott ihnen einen Weg zeigen wird, auf dem sich sein Heilshandeln erfüllt.

Der Glaube erkennt das eigene Angewiesensein. Menschen, die nur sich selbst sehen, ahnen nichts von der Notwendigkeit, aus dem Glauben heraus zu leben, weil sie allein auf sich selbst und ihre eigene Kraft vertrauen. Mir erscheint ein solches Selbst-Vertrauen kurzsichtig und töricht, weil der Mensch seiner Natur nach abhängig ist – abhängig von seiner Umwelt, die ihm Nahrung, Luft, Wasser und Wärme gibt; abhängig von seinen Mitmenschen und ihrer Liebe, Unterstützung und Korrektur; abhängig von der geistigen Welt, in der er Vergebung, Sinn und Lebensziele findet. Evelyn Underhill schreibt über diese Abhängigkeit:

> Ich kann mit der irrationalen Energie meiner nur halb entwickelten Natur aus eigener Kraft nicht umgehen und sie nicht erlösen. Ich kann meine guten Vorsätze nicht halten, meine Leidenschaften nicht beherrschen, mein Leben nicht in Ordnung bringen, meine Erinnerungen nicht von Selbstmitleid und Bitterkeit reinigen und ich kann meine Selbstverliebtheit, meine Eigeninteressen und meinen Eigenwillen nicht aus eigener Kraft abtöten. Ich muss zugeben, dass ich Hilfe von dem brauche, der mein kleines Selbst weit übersteigt.[32]

Manchmal ist Glaube harte Arbeit. Jeder Christ kann von Situationen erzählen, in denen es ihm besonders schwer fiel, Gott zu vertrauen. Ich erinnere mich nur zu gut an solche Situationen. Die Szenerie sieht etwa so aus: Ich habe besonders viel zu tun und arbeite deshalb bis spät in die Nacht. Ich werde darüber sehr unzufrieden mit meinem Job und fange an zu überlegen, ob es an der Zeit ist, mich beruflich zu verändern. Dann, ohne jede Vorwarnung, geht es auch noch zu Hause drunter und drüber. John hat seine

Launen und verbreitet miese Stimmung; David treibt mich mit seinem Sarkasmus an die Grenzen der Geduld; Catherine trödelt nur herum und reagiert beleidigt, wenn ich sie daran erinnere, ihre Hausaufgaben zu machen. Ich verliere die Nerven und schnauze die Kinder nur noch an, wodurch sich die Atmosphäre nicht gerade entspannt. Erschöpft und entmutigt falle ich nachts ins Bett und habe das Gefühl, das Dach stürzt über mir zusammen, unsere Familie zerbricht und ich bin als Vater total unfähig. Dann kommt als Nächstes der Gedanke, dass Gott sich doch ein grausames Spiel mit uns erlaubt: die Einzige, die bei uns wirklich fähig war, ein harmonisches Familienleben zu gestalten, Lynda, löscht er aus, und lässt mich, eine Karikatur eines Familienvaters, in einer Situation hängen, die mich völlig überfordert. Es kommt mir vor, als müsse ich mich gegen eine Flut stemmen, die jede Minute über uns hereinbrechen und uns mit noch größerem Schmerz und Unglück überschwemmen kann.

Es ist nicht schwer, eine verzerrte Perspektive zu haben, wenn das Leben einen überfordert. Jeder allein Erziehende berufstätige Mensch wird das kennen. Genauso geht es Menschen, die sterbenskrank oder seit langem ohne Arbeit oder unglücklich verheiratet oder vom Krieg entwurzelt oder einfach nur lebensmüde sind. Ich mag an einer anderen Stelle verwundbar sein als andere, mag mehr oder weniger ertragen können, mag mich mit anderen Sünden herumschlagen. Aber jeder Mensch hat seine Grenzen. Jeder Mensch kennt Zeiten, in denen sein ganzes Leben wie ein Kartenhaus in sich zusammenfällt.

Aus dem Glauben heraus zu leben bedeutet nicht immer, dass sich die äußere Situation verändert. Aber der Blick auf Gott gibt uns Gelassenheit, um sie besser zu verstehen; er gibt uns die innere Kraft, auch darin Gott zu suchen, und er gibt uns den Willen, das Unvermeidliche zu ertragen. Das Leben ist oft schwer und verwirrend. Da ist der ekelhafte

Chef; da sind die Eltern mit ihren unsinnigen Ansichten; die Kinder, die nicht hören wollen; da sind der Alkohol und die anderen Dinge, die uns süchtig machen; da ist die unerträgliche Einsamkeit und da ist die viele Arbeit, die uns das Gefühl gibt, leer und ausgebrannt zu sein. In solchen Zeiten erscheint uns auch das Glaubensleben wie harte Arbeit ohne jedes Vergnügen.

Panorama-Blicke

Und doch gibt es auf unserem Lebensweg großartige Rastplätze. Gott schenkt uns diese seltenen Augenblicke, in denen wir das ganze Panorama seiner Heilsabsichten in all seiner Klarheit vor uns liegen sehen, so als hätten wir gerade einen hohen Berg erklommen und schauten nun herab auf die Täler zu unseren Füßen. Solche Augenblicke sind selten, aber sie sind umso eindrucksvoller. In seiner *Pilgerreise* erzählt John Bunyan die allegorische Geschichte des Pilgers Christ, der aus der „Stadt des Verderbens" flieht, um auf dem Pfad der Erlösung in die „Himmlische Stadt" zu gelangen. Manchmal führt sein Weg ihn durch Mühen und Leid. Er muss durch die verdorbene Stadt der Eitelkeiten ziehen und auf den Berg der Beschwernis klettern; er muss in das Tal der Todesschatten hinabsteigen und den Todesfluss durchqueren. Christ steht gerade deshalb vor all diesen Herausforderungen, weil er auf dem Pfad bleibt, der vor ihm liegt. So demonstriert Bunyan, dass der christliche Glaube uns nicht garantiert, dass das Leben mühelos verläuft.

Aber Christ findet auch Ermutigendes auf seinem Weg. Einmal führt ihn der Pfad auf die „lieblichen Berge", wo ihm Klarheit und Weitblick geschenkt werden. Er kann sehen, woher er kommt und wohin er unterwegs ist – nämlich zur Himmlischen Stadt. Ihm wird deutlich, dass er noch einen weiten Weg vor sich hat. Er sieht Leid und Opfer vor sich liegen. Doch die wenigen Tage, die er auf den „lieblichen

Bergen" verbringt, machen es ihm möglich, seine Wanderschaft aus dem Blickwinkel der Ewigkeit zu sehen. Auf einmal ergibt alles einen Sinn, wird alles hell, als ob sich der Nebel lichten und den Blick auf einen klaren Himmel freigeben würde.[33]

Natürlich muss Christ die „lieblichen Berge" wieder verlassen, um sich erneut der harten Realität einer von Sünde geprägten Welt zu stellen. Er lebt im Glauben, nicht im Schauen, und muss Gott vertrauen, auch wenn er wenig von ihm sieht. Die Ereignisse im Leben des Pilgers Christ zeigen, dass es schwer ist, an einen guten Gott zu glauben, wenn das Leben alles andere als gut ist. „Wie kann ich an Gott glauben", so fragen mich Menschen beinahe jede Woche, „wenn meine Frau mich verlassen hat?" Oder „wenn mein Sohn an Krebs stirbt"? Oder „wenn ich keine Arbeit finde"? Oder „wenn die Kirche mich so im Stich lässt"?

Es gibt auf diese Frage keine einfache Antwort. Der Glaube blickt über die momentanen Lebensumstände hinaus. Er sieht die Vergangenheit, in der Gott uns durch Jesus Christus schon erlöst hat; und er sieht die Zukunft, die uns die Hoffnung gibt, dass durch Gott alles gut werden wird. Unsere gegenwärtigen Umstände mögen uns in die Knie zwingen, doch der Glaube hilft uns, irgendwie über die augenblickliche Situation hinauszublicken auf das viel größere Bild all dessen, was Gott tut.

Augenblicke des Staunens: Gott ist gut

Es ist wunderbar, wenn der Glaube uns für einen kurzen Moment den Blick freigibt auf Gottes wunderbare Absichten. In diesem Leben werden wir über diesen Blick nie vollkommen und dauerhaft verfügen. Aber es gibt Momente unzweifelbarer Gewissheit, die unseren Geist über sich selbst hinausheben und in uns die unzerstörbare Hoffnung wecken, dass Gott sein endgültiges und vollkommenes Ziel in dieser Welt erreichen wird. In seinem Buch *Über den Schmerz* schreibt C. S. Lewis:

> Die christliche Lehre vom Leiden erklärt, glaube ich, eine in Bezug auf die Welt, in der wir leben, sehr merkwürdige Tatsache. Gott hat uns, rein durch die Beschaffenheit dieser Welt, das stabile Glück und die beständige Sicherheit, die wir alle wünschen, vorenthalten; aber Freude, Vergnügen und Fröhlichkeit hat er breiten Wurfes ausgesät. Wir sind niemals sicher – und doch haben wir Spaß die Menge, und auch Entzücken ist nicht selten.

Lewis musste nicht lange nach einer Erklärung für diese merkwürdige Tatsache suchen. Wenn wir beginnen, uns sicher zu fühlen, so argumentiert er, werden wir versuchen, die Welt zu unserer bleibenden Heimat zu machen. Dann wird die Welt selbst uns daran hindern, zu Gott zurückzukehren. Aber „die wenigen Augenblicke von Liebesglück, eine Landschaft, eine Symphonie, ein fröhliches Zusammensein mit Freunden, ein Bad im Freien oder ein Fußballspiel haben nicht diese Tendenz. Unser Vater erfreut uns auf der Reise mit manchem angenehmen Gasthaus, aber er will uns nicht ermutigen, es fälschlich für unser Zuhause zu halten."[34]

Ich kann diese Sicht der Dinge nur bestätigen. Immer wieder gab es Momente – gerade an den merkwürdigsten Orten und in den verrücktesten Situationen –, in denen ich tief in meinem Herzen wusste, dass Gott in meinem Leben etwas so Wunderbares getan hat, dass ich es kaum ermessen kann. Ich bete und auf einmal bin ich tief ergriffen davon, wie gut Gott ist. Ich höre einem meiner Kinder beim Klavierspielen zu und muss schmunzeln, weil ich in meinem Herzen spüre, dass Gott sich an meinen Kindern freut. Ich unterrichte Studenten und erlebe auf einmal, wie Gott etwas in ihrem Leben tut und sie auf eine große Aufgabe vorbereitet. Ich lese die Bibel und verspüre die Gewissheit, dass

Gottes Wahrheit sich durchsetzen wird. Ich höre ein schönes Musikstück und habe den Eindruck, dass der Himmel viel näher ist, als ich manchmal meine. Ich mache eine Bergtour und mir wird klar, dass Gott alles neu macht.

In den ersten zwei Jahren nach dem Unfall herrschten in meinem Leben nur Finsternis und Chaos. Meine Kinder waren traumatisiert und ich war fast immer erschöpft. Jede Nacht rief ich zu Gott und bat um Hilfe und Befreiung von meinem Schmerz, aber es schien mich keiner zu hören. Eines Abends nahm ich meine Kinder mit in das Musical *Les Miserables*. Dort wird die Geschichte von Jean Valjean erzählt, einem verbitterten Ex-Sträfling. Weil er einen Laib Brot gestohlen hat, landet er für 19 Jahre hinter Gittern, bevor er schließlich auf Bewährung entlassen wird. Aber er muss erfahren, dass die Entlassung auf Bewährung noch keine Freiheit bedeutet. Aufgrund seiner Vorstrafe wird er überall abgewiesen und zieht von Ort zu Ort.

Ein katholischer Bischof nimmt Valjean schließlich für eine Nacht auf, gibt ihm zu essen und ein richtiges Bett zum Schlafen. Valjean revanchiert sich für diese Freundlichkeit, indem er das Tafelsilber des Bischofs stiehlt. Auf der Flucht wird er von der Polizei verhaftet und zu einer Gegenüberstellung ins Haus des Bischofs gebracht. Doch der Bischof rettet Valjeans Kopf, indem er der Polizei gegenüber behauptet, er habe Valjean das Tafelsilber anvertraut. Nachdem sich die fassungslosen Polizisten schweigend zurückziehen, erklärt der Bischof dem verdatterten Valjean: „Ich habe deine Seele für Gott gekauft." Diese Erfahrung von Gnade verändert das Leben des Ex-Sträflings.

Von diesem Augenblick an will Valjean sein Leben für Gott einsetzen. Er flieht in eine fremde Stadt, nimmt einen falschen Namen an und wird zum wohlhabenden Besitzer einer Fabrik und schließlich Bürgermeister der Stadt. Später verspricht er einer Sterbenden, dass er ihr Kind adoptieren und wie seine eigene Tochter großziehen werde. Und obwohl ein gnadenloser Beamter ihn wieder ins Gefängnis bringen will, weil er gegen die Bewährungsauflagen verstoßen hat, lebt Valjean weiter vorbildlich. Er ist ein kluger und barmherziger Mann geworden. Er begegnet den Menschen ungewöhnlich freundlich und setzt sein Leben für andere ein. Auf seinem Sterbebett bittet er um Vergebung und vertraut sein Leben der guten Hand Gottes an.

Während ich dieses Musical verfolgte, geschah in mir etwas Außergewöhnliches. Ich erlebte Valjeans Leben als ein Bild für mein eigenes Leben, wie den Lichtkegel eines Leuchtturms, der mir den Weg zeigt. Dieses Erlebnis war so gewaltig für mich, dass ich heute noch schlucken muss, wenn ich davon erzähle. Ich saß in der siebten Reihe in der Oper von Spokane und klammerte mich an meine Kinder, als würde vor meinen Augen soeben ein Wunder geschehen. Ich spürte, wie Gott seinen Anspruch auf mein Leben erhob, wie er einen besonderen Segen auf meine Familie legte und mir versprach, dass alles gut werden sollte. Es war eine überwältigende Erfahrung. Ich wusste von diesem Moment an, dass Gottes Segen uns umgab. Ich empfand unendliche Erleichterung, Dankbarkeit und Frieden.

Solche Erlebnisse sind nicht so ungewöhnlich, wie wir meinen. Ich habe viele ähnliche Berichte gehört. Und auch wenn so ein Erlebnis nur einen Augenblick währt, gibt es uns einen Eindruck von der spürbaren, berührbaren Güte Gottes und weckt in uns die tiefe Sehnsucht, Gott näher kennen zu lernen. Wir wissen in der Regel viel über Gott. Wir wissen, dass er sich in der Geschichte offenbart, dass er in Christus Mensch geworden ist und dass er uns zu Pfingsten seinen Heiligen Geist sandte. Und auch heute noch setzt er seinen Heilsplan in die Tat um, ob wir es sehen oder nicht. Aber hin und wieder erleben wir Gott ganz konkret. Wir erhaschen – oft nur kurz und ganz verschwommen – einen winzigen Blick auf seine Herrlichkeit. Paulus hat es wunderbar ausgedrückt: „Noch ist uns bei aller prophetischen Schau vieles unklar und rätselhaft. Einmal aber werden wir Gott sehen, wie er ist. Jetzt erkenne ich nur Bruchstücke, doch einmal werde ich alles klar erkennen, so deutlich, wie Gott mich jetzt schon kennt"(1. Kor. 13,12).

Manche Menschen haben Erlebnisse, in denen sie mehr von der Herrlichkeit Gottes sehen als nur ein kurzes Aufblitzen. Sie erleben Gott ganz unmittelbar. Paulus berichtet von einer solchen Erfahrung. Er wurde „in den dritten Himmel aufgenommen" und „hat dort Worte gehört, die für Menschen unaussprechlich sind." Diese Entrückung war für ihn so unfassbar, dass er nicht sagen kann, ob er „leibhaftig oder mit seinem Geist dort war" (vgl. 2. Kor. 12,1–7).

Es war jedoch keine bleibende Erfahrung. Sein ganzes Leben über erfuhr er Widerstand; er wurde verfolgt, gefoltert, inhaftiert und litt unter allen erdenklichen Entbehrungen. Paulus weiß, wie vergänglich sein Blick in die himmlische Welt war, aber er hat ihm Kraft gegeben, sein Leben im Glauben weiterzuführen: „Und so trage ich alles, was Christus mir auferlegt hat: alle Misshandlungen und Entbehrungen, alle Verfolgungen und Ängste. Denn ich weiß: Gerade wenn ich schwach bin, bin ich stark durch Christus" (2. Kor. 12,10).

Visionen der himmlischen Welt sind sicher eher die Ausnahme als die Regel. Aber manchmal hebt sich der Schleier. Es gibt solche Momente der Erkenntnis, in denen wir ohne den Schatten eines Zweifels wissen, dass Gott zutiefst gut ist, dass in seinem Wesen nichts anderes Platz hat als Güte und Liebe, und dass dies einmal für alle Welt sichtbar werden wird. Derartige Erfahrungen wecken in uns eine große Sehnsucht danach, diesem Gott immer näher zu kommen.

Alles wird gut. Nicht weil das Leben sich ganz automatisch zum Guten wendet, als ob es irgendeinem Naturgesetz folgen würde. Das Leben ist nicht deswegen gut, weil das einfach zu seinem Wesen dazugehörte. Oft ist das Leben hart, unfair und brutal. Aber am Ende wird es gut ausgehen, weil Gott gut und freundlich und großzügig ist. Er ist beständig am Werk, verborgen und geheimnisvoll, um uns zu erlösen und die Welt wieder zu dem zu machen, was sie seinem Schöpfungsgedanken nach sein sollte. Alles wird gut, denn Gott ist Gott.

TEIL VIER
LEBEN ZWISCHEN
GESTERN UND MORGEN

11
SICH DEM UNABÄNDERLICHEN STELLEN

Unsere Vergangenheit hat uns zu dem gemacht, was wir heute sind, und wir können nichts an dieser Vergangenheit oder ihren Auswirkungen auf uns ändern. Die Zukunft hütet das Geheimnis, was wir einmal sein werden, und wir können sie heute weder kontrollieren noch vorhersagen. Wir leben in der Spannung zwischen Vergangenheit und Zukunft so ähnlich wie eine Büroklammer zwischen zwei gleich starken Magneten, die sie beide anziehen.

Leben können wir nur im Heute. Die unveränderbare Vergangenheit lebt in unseren Erinnerungen; die unvorhersehbare Zukunft lebt in unserer Vorstellungswelt. Nur eines ist sicher: Es gibt für uns nur diesen gegenwärtigen Augenblick – das Heute.

Gott übersteigt die Grenzen der Zeit

Gott ist nicht wie wir an die Gegenwart gebunden. Er übersteigt die Grenzen der Zeit. Er wohnt in der Ewigkeit. Jede Zeitdimension ist für ihn gegenwärtig. Gott ist gegenwärtig und lebendig; und er ist es zugleich für diesen Moment wie für einen Zeitpunkt in 100 Jahren oder einen, der schon 100 Jahre zurückliegt. Der Psalmist schreibt darüber: „Ja, bevor die Berge geboren wurden, noch bevor Erde und Weltall unter Wehen entstanden, warst du, o Gott. Du bist ohne Anfang und Ende ... Tausend Jahre sind für dich wie ein einziger Tag, wie ein Tag, der im Flug vergangen ist, wie eine Stunde Schlaf" (Ps. 90,2.4).

In dem Film *Grand Canyon* dient der Grand Canyon als Bild für die Transzendenz. Im Vergleich mit dem Grand Canyon wirken die Menschen wie kleine Materieklümpchen, deren Leben gerade mal so lange währt wie ein einzelnes Ticken der Uhr. In dem Film gibt es ein Gespräch zwischen zwei Männern, die sich gerade zufällig begegnet sind. Simon, Fahrer eines Abschleppwagens, erzählt Mack, einem Anwalt, von einer Reise zum Grand Canyon und davon, wie klein und unbedeutend er sich angesichts der Größe des Grand Canyon vorkam.

> Aber was mich am meisten beeindruckte war, wie ich da am Rand dieses riesigen uralten Gebildes saß. Diese Felsen und Klippen sind so alt. Es hat so lange gebraucht, bis all das so aussah. ... Wenn man da am Rand sitzt, dann wird einem bewusst, was für ein Witz wir Menschen sind; was für aufgeblasene Köpfe wir haben, wenn wir meinen, dass das, was wir tun, irgendetwas bewirken wird; wenn wir glauben, dass unsere Zeit diesen Felsen auch nur so viel bedeuten würde. Grad mal den Bruchteil einer Sekunde sind wir hier, wir alle zusammen. Und gar nur einer von uns, das ist eine Zeiteinheit, für die gibt es gar keinen Namen. ... Diese Felsen lachen mir ins Gesicht. Das spüre ich. Ich und all meine Sorgen sind für den Grand Canyon geradezu amüsant.

Die Macht der Vergangenheit

Im Gegensatz zu Gott können wir die Zeit nicht transzendieren. Wir sind an sie gebunden. Nehmen wir zum Beispiel die Vergangenheit. Wir können sie nicht verändern, obwohl sie eine große Macht über uns ausübt. Sie beeinflusst unser Leben durch die Konsequenzen, die Entscheidungen auf uns haben, die irgendwann einmal gefällt wurden und nun nicht mehr rückgängig gemacht werden können. Viele dieser Entscheidungen haben wir selbst getroffen. Wir haben uns zum Beispiel entschieden, Elisabeth zu heiraten, Grundschullehrer zu werden, zwei Schachteln Zigaretten am Tag zu rauchen, als Hobby Waffen zu sammeln oder eine Frau im Park zu überfallen.

Jede dieser Entscheidungen hat Konsequenzen auf unser gesamtes Leben, auch wenn wir diese Konsequenzen erst dann wirklich kennen, wenn sie eintreten. Vielleicht sind wir sechzig Jahre glücklich verheiratet. Vielleicht aber verlieren wir unsere Ehepartnerin nach nur acht Jahren Ehe. Vielleicht können wir unserem Beruf als Grundschullehrer ein Leben lang etwas abgewinnen, vielleicht aber schauen wir bald schon um 10.00 Uhr morgens auf die Uhr und erwarten sehnsüchtig das Ende des Arbeitstages. Vielleicht werden wir über 90 Jahre alt, vielleicht aber sterben wir schon mit 42 Jahren an Lungenkrebs.

Ich denke oft darüber nach, welchen Verlauf mein Leben genommen hat und welches Gewicht meine Entscheidungen gehabt haben. Es ist verblüffend, wie einzelne Entscheidungen letztlich oft große Wirkungen haben; Entscheidungen, die unumkehrbar sind, sobald sie getroffen wurden. Ich habe mich zum Beispiel fast nebenbei dazu entschlossen, am *Hope College* zu studieren. Dort machten mir einige Leute Mut, mich als Mitarbeiter für ein Sommerlager zu bewerben, wo ich mich schließlich zu Christus bekehrte. Nachdem ich wieder am College war, gab ich meinem Leben eine neue Richtung und wurde so schließlich Pfarrer. An meiner ersten Pfarrstelle lernte ich einen Studenten namens Scot kennen, der dann Christ wurde und später am *Northwestern College* studierte, als ich dort gerade Studentenpfarrer war. Dort empfing er seinen Ruf in den Pfarrdienst und lernte seine spätere Frau Patty kennen. Heute ist er in einer Gemeinde im Mittelwesten tätig und er und seine Frau ziehen vier Kinder groß. Was wird wohl aus ihnen noch alles werden?

Die Geschichte geht weiter und sie wird sich fortsetzen bis ans Ende der Zeiten. Betrachten Sie doch die erstaunlichen Konsequenzen dieser einen Entscheidung, am *Hope College* zu studieren – den Ruf in den Pfarrdienst, meine Ehe mit Lynda, Scots Bekehrung, seine Heirat mit Patty, seinen Ruf in den Pfarrdienst. Eine einzelne Entscheidung löst eine Kettenreaktion von Ereignissen aus, die sich weiter und weiter fortsetzen.

Viel von dem, was in unserem Leben geschieht, kann an einer einzelnen Entscheidung oder einem einzelnen Ereignis hängen, das uns zunächst völlig unbedeutend erscheint. In Robert Clarks Roman *In the Deep Midwinter* sagt der Protagonist nach einer Reihe verwirrender Ereignisse zu seiner Tochter: „Du entscheidest dich für irgendetwas und alles, was daraus kommt – vielleicht für den Rest deines Lebens – , entscheidet sich für dich." Ich werde nie erfahren, was geschehen wäre, hätte ich ein anderes College besucht.

Unsere Entscheidungen haben Auswirkungen auf andere. Manchmal sind es positive Auswirkungen. Ich habe vor kurzem von einer Frau gelesen, die vor Jahren den Entschluss fasste, den Kindern einer gesamten Grundschulklasse die Studiengebühren für das College zu bezahlen, wenn sie fleißig wären und es so weit schaffen sollten. Viele haben es geschafft und haben heute ihren Studienabschluss in der Tasche. Die Zuwendungen dieser Frau haben das Leben dieser Menschen verändert und werden auch weiterhin Folgen haben, die keiner von uns vorhersehen kann. Vielleicht wird einer dieser Studenten ja einmal Präsident der *Harvard University*. Wer weiß schon, wohin das alles führen wird? Sicher ist nur, dass es Konsequenz um Konsequenz nach sich ziehen wird.

Aber auch schlechte Entscheidungen haben Konsequenzen. Ein Ehemann betrügt seine Frau und lässt sich schließlich scheiden. Das hat schwerwiegende Auswirkungen auf das Leben seiner Ex-Frau. Kollegen und Freunde ermutigen eine Lehrerin, sich für eine vakante Stelle in der Schulverwaltung zu bewerben. Sie bekommt die Stelle und ist schließlich auch für die Schule verantwortlich, an der sie früher unterrichtet hat; dort muss sie einen ihrer früheren Kollegen, der ihr auch zu dieser Bewerbung geraten hatte, suspendieren. Eine Frau raucht zwei Packungen Zigaretten am Tag und stirbt an Lungenkrebs, was ihren trauernden Ehemann dazu bewegt, gegen die Tabakindustrie einen Musterprozess anzustrengen. Ein Junge wird von seinen Eltern misshandelt und stiehlt im Zorn die Waffe seines Vaters; in einer wilden Schießerei tötet er mehrere Klassenkameraden und eine Lehrerin.

Diese Beispiele sind nicht aus der Luft gegriffen. Sie sind tatsächlich geschehen und haben Konsequenzen. Da ist dieser Mann, der zu viel getrunken hat, sich in sein Auto setzt und einen einsamen Highway entlangrast. In einer Kurve verliert er wegen überhöhter Geschwindigkeit die Kontrolle über sein Fahrzeug und kollidiert mit einem Kleinbus. Er kennt die Menschen in diesem Fahrzeug nicht. Er hatte es nicht auf sie abgesehen, als er beschloss, sich betrunken ans Steuer zu setzen. Er dachte nur an sich – an sein Vergnügen und an seine Probleme. Aber für diese anderen Menschen hatte sein Entschluss katastrophale Folgen. Ich weiß das, weil ich es war, der den Kleinbus steuerte. Wenn ich nur daran denke, welche Macht diese Entscheidung hat, schaudert es mich, als würde ich in einen finsteren Abgrund blicken.

Die Konsequenzen unserer Entscheidungen sind oft dauerhaft und unumkehrbar. Lynda und ich hätten keine Kinder in die Welt setzen müssen; kein Gesetz hat das von uns verlangt. Wir haben es so gewollt. Unser Entschluss hat dauerhafte Konsequenzen. Ich kann meine Kinder nicht gegen andere eintauschen. Sie sind und bleiben meine Kinder. Ich kann beschließen, ein guter oder ein schlechter Vater zu sein, und sie können ebenfalls beschließen, gute oder schlechte Kinder zu sein. Doch diese Entscheidungen sind sekundär. Die Tatsache, dass ich immer ihr Vater und sie immer meine Kinder sein werden, bleibt unumstößlich.

Bisher habe ich nur von Entscheidungen gesprochen, die in unserem unmittelbaren Umfeld getroffen wurden. Doch auch die weit zurückliegende Vergangenheit besitzt Macht über uns. Wir machen uns nur selten Gedanken darüber, wie solche weit zurückliegenden Ereignisse unser heutiges Leben beeinflussen, denn das ist eine gewaltige Vorstellung. Entscheidungen, die vor langer Zeit getroffen wurden, haben die Bedingungen mitgeformt, unter denen wir jetzt leben. Was wäre zum Beispiel gewesen, wenn der römische Kaiser Konstantin sich 312 nach Christus nicht zum Christentum bekehrt und es nicht zur Staatsreligion gemacht hätte? Was wäre geworden, wenn die Vereinigten Staaten nicht über lange Zeit hinweg religiös verfolgte Menschen aufgenommen hätten und damit den Grundstein für unsere heutige Vielfalt an Konfessionen und Denominationen gelegt hätte? Dass ich also heute Christ bin, und zwar Presbyterianer, verdanke ich u.a. auch historischen Ereignissen, die schon sehr lange zurückliegen. Unter anderen Umständen wäre ich vielleicht Muslim, libyscher Staatsbürger und Anhänger der Sufimystik.

Begrenzter Einfluss oder völlige Kontrolle?

Aber ist die Macht der Vergangenheit wirklich so absolut? Der jüdische Psychiater und Überlebende des Holocaust Viktor Frankl verlor im 2. Weltkrieg beinahe alles, was ihm lieb war, auch seine Frau. Dieses Leid wurde ihm aufgezwungen. Er war ganz eindeutig das Opfer von Kräften, die er nicht kontrollieren konnte. Millionen Menschen teilten sein Schicksal.

Frankl beobachtete, dass die meisten Gefangenen in den Konzentrationslagern sich von den äußeren Bedingungen bestimmen ließen, was sie schließlich zerstörte. Verständlicherweise bestand ihr Leben fast nur noch aus den grausamen Umständen, unter denen sie leben mussten. Erstaunlicherweise aber gab es einige, die sich angesichts dieses unaussprechlichen Unheils die Kraft zu eigenständigen Entscheidungen bewahrten. Sie erhoben sich über die äußeren Umstände, indem sie bewusst entschieden, wie sie auf diese Umstände reagieren *wollten*. „Auch wenn die Bedingungen wie Schlafmangel, unzureichende Ernährung und verschiedene mentale Stressfaktoren suggerieren, dass die Inhaftierten in einer bestimmten Weise reagieren mussten, wird in einer abschließenden Analyse doch klar, dass die Frage, was für ein Mensch der Gefangene wurde, die Folge einer inneren Entscheidung war und nicht allein Folge der Einflüsse, die das Lager auf ihn hatte." Frankl kommt zu dem Schluss: „Im Grunde kann daher jeder Mensch, selbst unter solchen Umständen, entscheiden, was – mental und spirituell – aus ihm werden soll. Er kann sich seine Menschenwürde selbst in einem Konzentrationslager bewahren."[35]

Nur allzu oft, so hat Frankl beobachtet, haben die Gefangenen zugelassen, dass ihr Leben von den äußeren Umständen bestimmt wurde, sodass sie nur noch auf das reduziert waren, was die Lagerbedingungen zuließen. Viele von uns gehen ebenso mit ihrer Vergangenheit um. Wir werden zu dem, was unsere Vergangenheit aus uns macht, und sie allein bestimmt über unser Schicksal. Unter Idealbedingungen mag das positiv erscheinen – wenn wir in einem stabilen, wohlhabenden und glücklichen Umfeld aufgewachsen sind. Aber keiner von uns hat eine so privilegierte und vollkommene Vergangenheit mitbekommen, dass wir daran nicht gerne das eine oder andere ändern würden.

Das Gefängnis des Bedauerns

Wir lassen auf mindestens zwei Wegen zu, dass die Vergangenheit Macht über uns bekommt. Zum einen, indem wir die Vergangenheit ständig *bedauern*, zum anderen, indem wir über unserer Vergangenheit *verbittert* werden. Fangen wir mit dem Ersten an. Niemand lebt, ohne jemals falsche Entscheidungen getroffen zu haben – sagen wir, zum Beispiel, eine Jugendsünde, ein schlechter Geschäftsabschluss, mangelhafte Studienleistungen oder ein Verstoß gegen das Eheversprechen. Menschen machen schreckliche Dummheiten, die sie später zutiefst bedauern.

Die Bibel ist voller Geschichten, in denen Menschen ihr Handeln bereuen. Eine finde ich besonders ergreifend. Einmal, im Frühling, wo Herrscher im Nahen Osten gewöhnlich in den Krieg zogen, beschloss König David, in Jerusalem zu bleiben und dem Nichtstun zu frönen. Eines Nachmittags erwachte er von seinem Mittagsschläfchen und stieg auf das Dach seines Palastes, von wo aus er die gesamte Stadt überblicken konnte. In der Nähe erblickte er eine badende Frau. Sie war schön und er wollte sie haben. Er fand heraus, dass ihr Name Bathseba war und dass sie die Frau von Uriah, einem seiner getreusten Soldaten war. Trotzdem ließ er sie zu sich bringen und verführte sie.

Bathseba wurde schwanger – eine für David äußerst unangenehme Lage. Deshalb ließ er Uriah von der Front beurlauben, in der Hoffnung, dass dieser während seines Aufenthalts in Jerusalem mit seiner Frau schlafen werde. Doch Uriah war viel zu ehrbar; er wollte die Freuden zu Hause nicht genießen, solange seine Kameraden in der Ferne kämpften. Und so schickte David eine geheime Nachricht an den Feldherrn, unter dessen Kommando Uriah stand, er solle dafür sorgen, dass Uriah im Kampf fällt. Nachdem dies geschehen war, führte David Bathseba in seinen Harem und die ganze Geschichte war bald vergessen.

Doch Gott war nicht erfreut über David. Er schickte den Propheten Nathan zu David, um ihn mit der Wahrheit zu konfrontieren. David erkannte seinen Fehler, bereute seine Sünde und nahm Gottes Strafe an. Das Kind, das aus dem Ehebruch hervorgegangen war, starb. Doch das war noch nicht das Ende dieser tragischen Geschichte. Etwas Heimtückisches fraß sich in Davids Seele hinein, auch nachdem er seine Sünde bereut hatte – als ob diese eine Entscheidung ihn geistlich verkrüppelt hätte. Er verlor als Herrscher seine Entschlusskraft und als Vater das Interesse am Treiben seiner Söhne. Als Amnon, einer seiner Söhne, die eigene Halbschwester Tamar vergewaltigte, unternahm David überhaupt nichts. Als ein weiterer Sohn, Absalom, Amnon für seine grausame Tat umbrachte und anschließend floh, um sein Leben zu retten, tat David wiederum nichts. Als Absalom seinen eigenen Vater vom Thron stürzen wollte, verdrückte sich David ganz im Stillen, weil er die Konfrontation mit dem Sohn fürchtete.

Schließlich wurde die Rebellion niedergeschlagen und Absalom getötet. Der Schmerz übermannte David. Es war der Schmerz über den Verlust seines Sohnes Absalom, aber auch die Reue darüber, dass er nur allzu gut wusste, warum sein Sohn gestorben war. David erinnerte sich wieder an seinen Entschluss, mit Bathseba zu schlafen, und er erkannte, welch schreckliche Konsequenzen dieser Entschluss gehabt hatte. Da stimmte David eine der traurigsten Klagen an, die in der Literatur zu finden sind: „Mein Sohn Absalom! Mein Sohn, mein Sohn, ach Absalom! Wäre ich doch an deiner Stelle gestorben! Ach Absalom, mein Sohn, mein Sohn!" (2. Sam. 19,1).

Davids Aufschrei hallt durch die Menschheitsgeschichte. Es ist der Schrei tiefer Reue. „Ach Absalom, mein Sohn" – wir können an die Stelle dieser Worte andere Namen, Zeiten und Fehlentscheidungen setzen. Es kann der Schrei eines Vaters sein, der sich nicht genug um einen Sohn gekümmert hat, der nun Selbstmord begangen hat. Das mag der Schrei eines Studenten sein, der sein Studium nicht ernst genug genommen hat und nun seinen Traumberuf niemals ausüben wird. Das mag der Schrei eines Trainers sein, der durch eine Bestechungsaffäre seine berufliche Laufbahn selbst zunichte gemacht hat. Das mag der Schrei einer Frau sein, die ihren Mann betrogen und so ihre Ehe zerstört hat.

Ich habe auch so meine Entscheidungen, die ich bedaure. Ich bedaure, dass ich meine Jugend so vergeudet habe; bis zum Studium habe ich mich nie besonders angestrengt, um etwas zu erreichen. Ich bedauere es, dass ich während meiner Zeit als Gemeindepfarrer immer so lange gearbeitet habe. Ich bereue die Streitigkeiten mit Lynda. Ich bereue die Zeiten, in denen ich gemein, zynisch oder gereizt zu den Kindern war. Ich habe Dinge gesagt, die ich gerne zurücknehmen würde, und Dinge getan, die ich gerne vergessen machen würde.

Bedauern oder Reue hält uns in der Vergangenheit fest, wenn dieses Bedauern letztlich uns selbst und den verpassten Lebensmöglichkeiten gilt, die wir uns durch eine unkluge Entscheidung verbaut haben. Es kommt dann dem Selbstmitleid gefährlich nahe. Natürlich gibt es auch eine Reue, die einen Menschen aktiv macht und zu einer Änderung seines Lebens führt. Aber vielfach gelangen Menschen, die etwas bedauern, nicht dahin. Sie bleiben beim Selbstmitleid stehen. Sie wünschen sich, sie könnten die Zeit zurückdrehen und die Vergangenheit verändern, aber das geht nicht. Die Vergangenheit entzieht sich unserem Zugriff. Wir können uns nur immer wieder vorhalten: „Ach, hätte ich nur ...!" „Ach hätte ich nur diesen Job nicht angenommen", sagen wir zu einem Freund. „Ach, hätte ich nur an dem Abend nicht so viel getrunken", murmeln wir in uns hinein. „Ach, hätte ich nur die Reifen wechseln lassen, bevor wir losfuhren." „Ach, hätte ich mir nur mehr Zeit für meine Tochter genommen." „Ach, hätte ich nur mit dem Rauchen aufgehört." ...

Das Gift der Verbitterung

Fruchtloses Bedauern ist nicht die einzige Art, wie unsere Vergangenheit Kontrolle über unser Leben ausübt. Bitterkeit wirkt sich ebenso aus. Bedauern betrifft in der Regel unsere eigenen Entscheidungen, Verbitterung die Entscheidungen anderer. Bitterkeit entsteht, wenn uns bewusst wird, dass andere uns Unrecht angetan haben.

Verbitterung kann unser Hirn und Herz in ein schwarzes Loch voll Zorn und Rachsucht verwandeln, vor dem wir uns kaum noch selbst retten können. Ein verbitterter Mensch kann an nichts anderes mehr denken als an das, was ihn so verletzt, ihm solchen Schmerz und solches Unrecht zugefügt hat. Da ist der Ehemann, der nur noch daran denken kann, dass seine Frau ihre friedliche Ehe zerstört hat. Da ist die Frau, die jede wache Minute darüber nachsinnt, wie ein Geschäftspartner das gemeinsame Unternehmen in den Bankrott getrieben hat. Bitterkeit vergiftet die Seele.

Bitterkeit kann auch alles andere vergiften. Einer der Anführer des Aufstandes im Warschauer Getto beschreibt in einem Dokumentarfilm, was er angesichts des brutalen Vorgehens der Nazis empfunden hat: „Wenn sie das Blut in meinem Herzen schmecken könnten, würde es sie augenblicklich vergiften." Bitterkeit ruiniert die Gesundheit, vernichtet Beziehungen, bestraft die Freunde mit den Feinden und richtet überall Zerstörung an.

Bitterkeit besitzt ihre eigene Logik – die Logik der Opferhaltung. Opfer lenken die Aufmerksamkeit gerne auf das Unrecht, das ihnen angetan wurde. Und es stimmt ja auch, dass das Unrecht eines anderen schreckliche Folgen für das Opfer haben kann – eine zerstörte Ehe, eine bleibende Behinderung, der Verlust eines Arbeitsplatzes, ein psychisches Trauma. Das alles ist nicht fair. Die Opfer haben Recht. Es *ist* unfair; der Schmerz *ist* echt; der Verlust lässt sich *durch nichts* wieder gutmachen. Verbitterte Menschen haben die

Wahrheit auf ihrer Seite. Sie haben ein Recht wütend zu sein. Ja, unsere ganze Gesellschaft frönt dieser Kunst der Opferhaltung, und es ist nicht schwer zu erkennen, warum. Schließlich ist die Erfahrung jedes Einzelnen anders und einmalig. Welches Recht haben die anderen da schon, den Schmerz, den der Betreffende empfindet, herunterzuspielen?

Doch im Recht zu sein macht noch nicht glücklich. Verbitterte Menschen sind im Recht, aber sie sind auch sehr einsam. Ihre Schuldzuweisungen mögen so legitim sein, dass sie damit vor Gericht gewinnen können und jeder einsehen muss, dass sie das Opfer dieses Unrechts sind. Aber ist dieses Bedürfnis, Recht zu bekommen, das alles wert? Ist es all die Einsamkeit, Isolation und gedankliche Besessenheit wert? Denn wenn der Prozess gewonnen ist und alle Entschädigungen zugesprochen wurden, bleibt der verbitterte Mensch weiter in seinem Schmerz allein. Er mag Recht bekommen haben, aber das ist nur ein Pyrrhussieg. Die Jahre, die er damit zugebracht hat, sein Recht zu erkämpfen, sind verlorene Jahre, die selbst den eigentlichen Verlust blass erscheinen lassen.

Ich habe mir nie viel Bitterkeit zugestanden. Ich bin eher der Typ, der Dinge bedauert, weil ich mir selbst die Verantwortung zuschiebe. Trotzdem habe ich nach dem Unfall Ansätze von Verbitterung an mir entdeckt. Merkwürdigerweise war ich nicht gegenüber dem Unfallverursacher verbittert, weil dessen Leben von Geburt an ein einziges Chaos gewesen sein muss. Aber ich spüre so etwas wie Bitterkeit, wenn ich an die Situation denke, in die mich der Unfall gebracht hat. Ich bin meist nur am Rennen und beneide Menschen, die mehr freie Zeit haben. Oft fühle ich mich isoliert, weil ich viel zu Hause angebunden bin. Seit Lynda tot ist, merke ich, dass vertraute Beziehungen so viel Kraft und Zeit kosten, dass es mir kaum der Mühe wert scheint. Ich nehme viel seltener als früher Gelegenheiten wahr, um meine Kontakte zu Erwachsenen zu pflegen. Manchmal werde ich zynisch, wenn ich an all das denke, was meine Kinder an Verlust und Schmerz erdulden mussten und ihr Leben lang ertragen müssen.

Aber ich bin sehr dankbar, dass ich darüber nicht bitter geworden bin. Gottes Gnade hat mich davor bewahrt. Das Wissen um die Auswirkungen, die meine Verbitterung auf das Leben meiner Kinder hätte, half mir, diesem Übel auszuweichen. Dieses Gift will ich in unserem Haus nicht haben.

Die Entscheidung, nicht aufzugeben

Wir können unsere Vergangenheit nicht ändern. Sie ist hart wie Granit – ein unverrückbarer Berg. Was geschehen ist, ist geschehen. Bedauern, Verbitterung, Rachsucht – sie alle können nichts an dem ändern, was bereits geschehen ist. Wir können noch so oft sagen: „Ach, hätte ich nur" – das wird unsere Vergangenheit nicht ändern. Wir können noch so sehr darüber brüten und anderen ihre Schuld zuweisen, das Unrecht wird bleiben, wie es war. Wir können Rachepläne schmieden, doch das wird nichts an den Ereignissen ändern, die für unseren Schmerz verantwortlich sind. Das Bedauern, die Verbitterung und die Rachsucht werden uns nur zerstören. Wir werden durch sie zu Gefangenen unser eigenen finsteren Seele und ersticken an unseren eigenen brütenden Gedanken.

Charles Fraziers Roman *Cold Mountain* beschreibt die Erlebnisse des verwundeten Deserteurs Inman während des amerikanischen Bürgerkriegs. Er will zu seinen geliebten Bergen zurückkehren – und zu der Frau, die dort auf ihn wartet. Unterwegs erträgt er viel Leid, erkennt aber auch, dass Schmerz und Bitterkeit ihm nicht weiterhelfen werden. „Du könntest fortwährend über den Verlust all der Zeit trauern und über all das Leid, das in dieser Zeit geschehen ist. Über die Toten und über dein eigenes verlorenes Selbst. Aber die Weisheit aller Zeiten sagt uns, dass es nicht gut ist, immer und immer weiter zu trauern. Und die Alten wussten schon so manches und hatten so manche Wahrheit zu erzählen", sagte Inman, „denn man kann sich das Herz aus dem Leibe trauern, und am Ende ist man immer noch da, wo man war."

Inman weiß, dass Schmerz und Trauer uns in der Vergangenheit gefangen halten können. Er glaubt, dass selbst der schlimmste Schmerz zu nichts führt. „Was du verloren hast, wird dir nicht zurückerstattet. Es bleibt für immer verloren. Dir bleiben nur die Narben, die auf die zurückgelassene Lücke hinweisen. Alles, was dir bleibt, ist der Entschluss, weiterzugehen oder nicht. Aber wenn du weitergehst, dann im Wissen um die Narben, die du trägst."[36]

Inman zeigt uns, dass wir irgendwie lernen müssen, nicht aufzugeben, weiterzugehen, egal wie groß der Schmerz über die Vergangenheit auch sein mag. Wir können an dem Geschehenen nichts ändern. Aber eines steht in unserer Macht: Wir können Gott vertrauen, dass er *unsere Vergangenheit erlöst und heilt*. Diesem Thema wollen wir uns im folgenden Kapitel zuwenden.

12

SICH VON DEN SCHATTEN DER VERGANGENHEIT BEFREIEN LASSEN

Gott kann uns von der Last unserer Vergangenheit befreien, wenn wir das zulassen. Er tut es, indem er das Böse, das geschehen ist, nimmt und etwas Gutes daraus erwachsen lässt und es so verwandelt. Das ist dann ähnlich wie bei einer Impfung; das Gift richtet sich letztlich gegen sich selbst und die Krankheit wird zerstört.

Ich habe erlebt, wie aus schlechten Studenten ausgezeichnete Dozenten wurden, weil ihr eigenes Versagen ihnen gezeigt hat, warum Studenten sich oft so schwer tun und wie sie am besten lernen können. Ich habe gesehen, dass missbrauchte Kinder zu engagierten Sozialarbeitern wurden, weil sie verstehen, wie Missbrauch entsteht und wie man ihn zum Guten verarbeiten kann. Ich habe junge Paare getraut, die sich vorgenommen haben, einander treu zu bleiben und so gegen die familiäre Vorprägung gescheiterter Ehen anzukämpfen, die sie von ihren Eltern mitbekommen hatten.

Niederlagen können uns Hinweise auf unsere Berufung geben. Charles Colson, ein enger Mitarbeiter von Präsident Nixon, wurde im Zusammenhang mit der Watergate-Affäre zu einer siebenmonatigen Gefängnisstrafe verurteilt. Er bekehrte sich kurz vor seiner Inhaftierung zu Jesus Christus. Doch seine Erlebnisse im Gefängnis machten ihn nicht verbittert. Nein, er sah die anderen Insassen mit offenen Augen und rief schließlich die Organisation *Prison Fellowship* ins Leben, die sich um Gefangene und deren Familien kümmert. Papst Johannes Paul II. wuchs in Polen auf und erlebte dort die Grauen der kommunistischen Herrschaft hautnah mit. Er ist zu einem engagierten Verfechter der Menschenrechte in unserer Welt geworden. Joni Eareckson Tada erlitt als Teenager einen tragischen Unfall und ist seitdem querschnittsgelähmt. Ihre Bücher und Gemälde, ihr Zeugnis und ihr Einsatz für unheilbar Kranke haben Millionen von Menschen neue Hoffnung gegeben.

Nun mag man Chuck Colson, Papst Johannes Paul II. oder Joni Eareckson Tada als außergewöhnliche Persönlichkeiten ansehen, deren Leistungen für den Normalsterblichen unerreichbar bleiben. Aber ich habe auch bei ganz normalen Durchschnittsmenschen schon diese erlösende Kraft Gottes am Werk gesehen. Ich denke zum Beispiel an eine Frau in meinem Bekanntenkreis, die anderen viel Mut und Hoffnung gibt, obwohl sie erst vor kurzem ihren Mann bei einem

Autounfall verloren hat. Ich habe Briefkontakt zu einem Lehrer, der seine Zeit und Kraft in die Arbeit mit schwer erziehbaren Jugendlichen investiert, obwohl sein Vater von einem solchen Jugendlichen brutal ermordet wurde. Ich habe einen Kollegen, der sich mehr als jeder andere um die Menschen auf unserem Campus kümmert, obwohl er aus einer absolut lieblosen Familie stammt. Ich habe erlebt, was diese Menschen tun und habe von ihrer Güte profitiert. Jeder von ihnen ist von etwas in seiner Vergangenheit gezeichnet, das er nicht ungeschehen machen kann. Aber nicht trotz dieser Vergangenheit, sondern gerade wegen dieser Vergangenheit sind sie zu dem geworden, was wir heute als positive Kraft in ihnen erleben.

Die Erfahrung der Erlösung

Gott kann uns von einer belastenden Vergangenheit befreien, wenn wir ihn in unser Leben einladen. Er wird das nehmen, was einst schlecht gewesen ist, und wird es in etwas Gutes verwandeln. Er wird diese Befreiung in unserem Leben zustande bringen, aber wir müssen uns auf drei Dinge einlassen: Vergebung zu empfangen, selbst anderen zu vergeben und abzuwarten, bis Gott die Dinge zum Guten verwandelt.

Erstens, müssen wir bereit sein, Vergebung zu empfangen. Ich habe immer geglaubt, wenn Menschen Probleme mit der Vergebung haben, dann liegt das daran, dass sie nicht zugeben wollen, wie sehr sie Vergebung brauchen. Sie sind schnell dabei, anderen Schuld zuzuweisen, können aber nur schwer eigene Fehler eingestehen. Sie beschuldigen lieber andere, als selbst Verantwortung zu übernehmen. Inzwischen ist mir klar geworden, dass das Problem bei vielen Menschen an ganz anderer Stelle liegt. Sie können die Vergebung *Gottes* nicht annehmen; und sie können sich selbst nicht vergeben. Sie bedauern ihre dummen Fehler so sehr, dass sie sie in ihrer Erinnerung immer und immer wieder durchspielen, bis diese

Fehler ihr ganzes Leben beherrschen. Sie hassen sich für das, was sie getan haben, und können die Vergangenheit nicht loslassen. Sie können ihr ideales Bild von sich selbst nicht aufgeben – und deshalb können sie sich nie verzeihen.

Das Problem liegt nicht bei Gott. Gott hat in Jesus Christus die Frage menschlicher Sünde ein für alle Mal geklärt. Er verspricht uns, dass er uns vergibt und uns erlöst. Aber wir müssen bereit sein, unsere Fehler zuzugeben, und die Verantwortung für unser Handeln übernehmen und dann Gottes Vergebung annehmen. Wir müssen die Vergangenheit so stehen lassen, wie sie ist, ohne ständig zu versuchen, noch etwas daran zu drehen, sie zu verleugnen oder unser ganzes Sein von ihr beherrschen zu lassen.

Vergebung anzunehmen kostet Mut. Gordon MacDonald erreichte den Höhepunkt seiner Karriere in der evangelikalen Welt Amerikas, als er zum Leiter von *InterVarsity Christian Fellowship* ernannt wurde. Er war schon lange Jahre Pfarrer gewesen und hatte sich als Autor einen beachtlichen Ruf erworben, als er diese prominente Stelle mit hoch gesteckten Erwartungen annahm. Doch was kaum einer wusste: MacDonald hatte eine außereheliche Beziehung gehabt. Bald nachdem er die Leitung von *InterVarsity* übernommen hatte, kam diese Affäre ans Licht der Öffentlichkeit. MacDonald musste seinen Posten aufgeben. Doch er war so klug, Freunde um Hilfe zu bitten, die ihm rieten, sich aus der Öffentlichkeit zurückzuziehen und an sich zu arbeiten. Einige Männer begleiteten ihn in dieser Zeit der Umkehr und der inneren Erneuerung, sodass er schließlich wieder Führungsaufgaben innerhalb der Kirche übernehmen konnte. MacDonald stand zu seiner Schuld, nahm die Vergebung an und vergab sich selbst. Und auf diese Weise blieb der Kirche ein fähiger, aber nicht unfehlbarer Leiter erhalten.

Zweitens müssen wir bereit sein zu vergeben. Bitterkeit kann für die Seele genauso verheerende Folgen haben wie falsches Bedauern. Am meisten leidet unter dieser Bitterkeit der verbitterte Mensch selbst. Bitterkeit ist für die Seele wie eine schwere Infektion für den Körper. Sie verzehrt uns. Und die Vergebung ist das Antibiotikum, das gegen diese Krankheit der Verbitterung hilft.

Vergebung geschieht niemals im Handumdrehen; manchmal braucht es dafür ein ganzes Leben. Aber sie beginnt mit einem Entschluss. Wir müssen vergeben *wollen* und uns für die Vergebung *entscheiden*, selbst wenn uns gefühlsmäßig nicht danach ist. Vergebung wäscht die Schuld nicht weg und ist keine Rechtfertigung des Bösen. Sie geht davon aus, dass das Unrecht, das getan wurde, tatsächlich Unrecht ist und ein Urteil und eine Strafe verdient. Doch die Vergebung drückt die Bereitschaft aus, unser Recht darauf, andere zu verurteilen und zu bestrafen, an Gott abzugeben und den Schuldigen als einen Menschen zu sehen, dem wir Gutes wünschen. Sie hilft, den Schmerz loszulassen, und macht es uns möglich, das Erlebte hinter uns zu lassen. Die Vergebung erkennt an, dass Gott alles in der Hand hat, dass er zu seiner Zeit Recht sprechen wird und letztlich alles zum Guten wenden wird.

Selbst wenn also die Beziehung nicht wiederhergestellt wird, weil dem Schuldigen nichts daran liegt, oder weil er sich uns entzieht oder gar stirbt, bewirkt die Vergebung im Herzen dessen, der vergibt, eine Befreiung. Das Vergeben selbst wird wie ein Kanal für Gottes Heilshandeln an dem Betreffenden. Gnade kann die Seele heil machen, die Persönlichkeit festigen, Frieden schenken und ein neues Engagement im Glauben ermöglichen. Es kann die vergebende Person auf so dramatische Weise verändern, dass von ihr – wie Paulus es ausdrückt – „ein Wohlgeruch für Gott" ausgeht und nicht länger „ein Verwesungsgeruch" (2. Kor. 2,15.16).

Erst in den letzten zehn Jahren haben auch die Sozialwissenschaften begonnen, danach zu fragen begonnen, welche Wirkung die Vergebung auf den Menschen hat. Das

Ergebnis ist recht eindeutig. Vergebung mildert Depressionen und Angstzustände, schafft Selbstvertrauen und stärkt die körperliche und emotionale Verfassung gleichermaßen. Sie löst Menschen aus Bindungen und setzt ihr Leben frei. Vergeben macht die Seele gesund.

Vergebung ereignet sich natürlich nicht immer schnell und führt auch nicht immer zu einer Versöhnung zwischen den betroffenen Menschen. Vergebung ist ein Prozess und kein Einzelereignis. Sie ist eine Willensentscheidung und kein Gefühl. Sie bringt uns auf einen Weg, dessen Ende wir nicht kennen. Vielleicht müssen wir dem, der uns Unrecht getan hat, immer wieder vergeben, weil die Folgen seiner Schuld uns immer wieder zu schaffen machen. Ich vermute, dass ich dem Fahrer des Unfallwagens erneut vergeben muss, wenn meine Kinder ihr Abitur oder ihren Studienabschluss machen, wenn sie heiraten oder Kinder bekommen, denn solche Ereignisse werden in mir die Erinnerung an den Verlust wecken, den ich immer noch in meiner Seele empfinde.

Und schließlich müssen wir bereit sein, darauf zu warten, dass Gott die Dinge für uns zum Guten wendet. Der Prophet Jesaja spricht im Namen Gottes: „Meine Gedanken sind nicht eure Gedanken, und meine Wege sind nicht eure Wege" (Jes. 55,8). Gott stellt seine Uhr nicht nach unseren Erwartungen. Seine Uhr läuft manchmal langsamer, manchmal aber auch schneller als unsere. Israel hat Jahrhunderte auf den verheißenen Messias gewartet. Gott hat sich offensichtlich Zeit gelassen. Doch als die Zeit gekommen war, handelte er schnell und entschlossen, wie uns die Lebensgeschichte und das Wirken Jesu beweisen.

Ungeduld will den Heilungsprozess abkürzen. Doch echte Heilung braucht oft lange und ist mit viel Schmerz verbunden. Jeder, der sich einer größeren Operation unterziehen musste, wird bestätigen, dass die langfristigen Auswirkungen des Eingriffs zwar positiv waren, die unmittelbaren Folgen jedoch schmerzhaft und unangenehm. In Bezug auf unsere Erlösung ist der kürzeste Weg zwischen zwei Punkten *keine* gerade Linie. Wir Menschen sehen, was Gott unserer Meinung nach tun wird oder tun sollte, um uns von den Wunden unserer Vergangenheit zu befreien. Aber unser Blickfeld ist recht begrenzt. Um seine guten Absichten für uns zu verwirklichen, mag Gott durchaus Ereignisse herbeiführen, die das ersehnte Ziel eher im Halbkreis oder in Spiralen ansteuern.

Also müssen wir abwarten. Aber wir können noch mehr tun. Während wir warten, können wir in jedem Augenblick unseres Lebens den Willen Gottes tun, egal wie schwer dieser Augenblick für uns auch sein mag. Die Vergangenheit ist vergangen und lässt sich nicht mehr ändern, aber Gott ist lebendig. Wenn wir uns ihm zuwenden, befinden wir uns augenblicklich im Zentrum seines Willens, ungeachtet unserer äußeren Lebensumstände. Und von dem Augenblick an wird Gottes befreiende Gnade in unserem Leben wirksam; Gott wird in unserem Leben seine Geschichte schreiben – eine Geschichte mit einem siegreichen, uns zum Guten dienenden Ende (vgl. Röm. 8,28). Gott wird auf irgendeine Weise die Folgen, die unsere Vergangenheit für uns hat, in Segen verwandeln. Seine Gnade wird uns zu einem Leben ohne falsches Bedauern und ohne Verbitterung führen (vgl. 2. Kor. 7,5–12). Aber wir müssen bereit sein, geduldig zu warten, bis er dieses Ziel erreicht.

Die Erlösungsgeschichte meines Lebens

Auch in meiner eigenen Familie habe ich erlebt, mit welcher Kraft Gottes Erlösung wirksam wurde, selbst wenn sich dies über Jahre hinzog und für mich und meine Schwester mit viel Schmerz verbunden war.

Meine Mutter wuchs in einer Kleinstadt auf. Man ging in die Kirche und sie besuchte eine christliche Schule. Doch mit zwanzig wollte sie die Welt ihrer Eltern und deren Werte hinter sich lassen. Sie ließ sich auf Männer ein, denen sie besser aus dem Weg gegangen wäre, und heiratete schließlich einen von ihnen – meinen Vater. Sie führte dieses Leben noch einige Jahre, bis sie sich schließlich Gott wieder zuwandte. Ihre Umkehr war echt, aber sie bezahlte einen hohen Preis für die Entscheidungen, die sie in ihren gottlosen Jahren gefällt hatte – unter anderem bestand dieser Preis aus dem beinahe dreißig Jahre währenden Chaos ihrer Ehe.

Mein Vater, ein außerordentlich liebenswerter und kluger Mann, kam aus einer zerrütteten Familie; eine Last, die er ein Leben lang mit sich herumschleppte. Er war zunächst geschäftlich sehr erfolgreich, doch seine charakterlichen Fehler führten zu immer erniedrigenderen Misserfolgen. Er trank zu viel, leistete sich zu viele Eskapaden und wollte mit aller Macht erfolgreich sein. Er fällte zu viele Fehlentscheidungen, verletzte zu viele Menschen – darunter auch sich selbst. Nach dreißig Jahren Ehe ließ er sich von meiner Mutter scheiden, nur um wenige Monate später erneut zu heiraten. Doch auch diese Ehe endete mit einer Scheidung. Dreißig Jahre lang erlebte mein Vater eine Krise nach der anderen.

Doch das betraf ja nicht nur ihn. Ich erinnere mich gut an das Whiskeyglas in seiner Hand, an all die Nächte, in denen er nicht nach Hause kam, an die Streitereien, die erst dann aufhörten, wenn er wütend aus dem Haus stürmte. Selten war er da, wenn ich bei einem Sportwettbewerb mitmachte; das war mir damals gerade recht, denn seine Anwesenheit war mir peinlich. Er sah nur seine eigenen Bedürfnisse. Seine Unsicherheit war seine Triebfeder. Eigentlich hätte ich Mitleid mit ihm haben können, aber Kinder sehen ihre Eltern selten objektiv und fühlen in ihrer Unreife nur ihren eigenen Schmerz und ihre eigene Wut. Als Teenager ging ich ihm aus dem Weg. Als Erwachsener fing ich an, ihn herauszufordern, was zu jahrelangen Konflikten führte. Ich schrieb ihm unzählige Briefe. Nach seinem Tod fand ich einige dieser Briefe, die er aufgehoben hatte. Meine damalige Offenheit und Kritik erstaunten mich. Ich hatte damals nicht viel Mitgefühl für ihn übrig. Ich machte ihm Vorwürfe, ich verurteilte ihn und sah kaum Chancen, dass er sich ändern könnte.

Doch es kam anders. Meine Mutter wurde zu einer sehr glaubensstarken Frau. Sie fand schon früh die Kraft, ihren Schmerz über die kaputte Ehe zu überwinden. Bei den Tiraden meines Vater bewies sie viel Selbstbeherrschung; sie blieb freundlich und achtete meinen Vater, ohne sich von ihm erniedrigen zu lassen. Niemals schrie sie ihn an oder versuchte, ihn zu manipulieren. Sie bewahrte ihre Würde auch in Situationen, die andere zum Wahnsinn getrieben hätten.

Nach der Scheidung zog meine Mutter wieder in ihre Heimatstadt zurück und arbeitete als leitende Pflegekraft in einem Altenheim. Sie engagierte sich in einer Gemeinde, hatte wie immer ein offenes Haus und begegnete den Menschen mit großer Dankbarkeit und Liebe. Besondere Freude machte ihr ihre Rolle als Großmutter. Sie spürte, wann eines ihrer Enkelkinder ihre besondere Zuwendung brauchte, weil es gerade eine besonders harte Zeit durchmachte – ein spezielles Geschenk, ein Telefonanruf oder die Einladung zu einem Besuch. Sie betete auch für ihre Enkel und bezeichnete diesen Dienst als eine ihrer wichtigsten Aufgaben als Oma.

Als sie starb, kamen Hunderte zur Beerdigung und es wurde deutlich, für wie viele sie eine barmherzige Samariterin gewesen war. Gott hatte ihre Torheit in etwas ganz Wunderbares verwandelt. Ihr Entschluss umzukehren, sich verändern und Gottes Gnade in ihrem Leben wirken zu lassen, führte zu einer tiefen Heilung ihrer Seele.

Mein Vater musste einen sehr viel schwereren Weg gehen. Seine finanziellen Probleme führten ihn in den Bankrott; mehr als einmal musste er vor Gericht erscheinen und wurde schließlich sogar zu einer Gefängnisstrafe verurteilt. Ich schämte mich für ihn, und es war mir peinlich, wenn Leute sagten, ich wäre ihm ähnlich. Damals war mir nicht bewusst, dass es eine Ehre sein konnte, meinem Vater ähnlich zu sein, wenn man bedachte, was aus ihm hätte werden können, wenn er schon früher den Weg der Erlösung eingeschlagen hätte.

Als er mit fast 80 Jahren den absoluten Nullpunkt erreichte, gab es für ihn nur einen Ausweg. Er wandte sich Gott zu, fand unter seinen Mitchristen echte Freunde, las Bücher über den Glauben und besuchte regelmäßig den Gottesdienst. Mein Vater und ich fanden wieder zusammen. Wir waren beide sanfter geworden; er kämpfte nicht mehr um meine Anerkennung und ich begann, diesem interessanten, vielschichtigen, gebrochenen Mann mit wirklichem Interesse zu begegnen. Er wurde stolz auf mich, weil er in mir den Mann sah, der er gerne gewesen wäre, und ich konnte ihn so annehmen, wie er war.

Im Herbst 1998 wurde bei ihm ein Tumor diagnostiziert. Es war typisch für meinen Vater, dass er fest daran glaubte, diesen Tumor besiegen zu können. Doch im Januar 1999 verschlechterte sich sein Zustand dramatisch. Der Arzt informierte meine Schwester, ihren Mann und mich, sodass wir noch drei Tage mit ihm verbringen konnten, bevor er starb. Wir beteten mit ihm, sangen für ihn und verbrachten unbezahlbare Stunden mit seiner Familie und seinen Freunden. Es entstand eine neue Ebene von Vertrautheit und Frieden in diesen letzten Stunden. Er sagte, er sei nun bereit zu sterben. Wir waren bei ihm, als er starb.

Zwei Tage vor seinem Tod fragte ich meinen Vater, wie er sich seine Beerdigung wünschte. Er machte ein paar Vorschläge und sagte dann zu mir: „Du musst das machen, mein Sohn. Du bist der Einzige, der das so machen kann, wie es sein soll." Das werde ich nie vergessen. Es war für mich, als würde Gott mir auf diese Weise zusichern, dass er alles wieder gutmachen werde.

Meine Eltern sind einen schweren Weg gegangen; und auch uns Kindern brachte dieser Weg manches Leid. Ich bin froh darüber, wie der Weg meines Vaters zu Ende ging, aber auch traurig über all diese vertanen Jahre. Dieses zwiespältige Gefühl wird mich wohl nie ganz verlassen. Doch die Geschichte ging nicht tragisch aus, obwohl ich das über viele Jahre erwartet hätte. Ich habe nicht immer geglaubt, dass Gott eine Situation verwandeln werde oder könnte, die oberflächlich betrachtet so hässlich, verdorben und böse aussah. Die Erlösung der Vergangenheit kann ein sehr handfester, aber auch ein sehr schmerzhafter Vorgang sein, so wie man die alte Farbe von einem Möbelstück abschleifen muss, bevor es neu angestrichen werden kann. Ich hätte mir gewünscht, dass der Glaube meines Vater noch mehr Wurzeln hätte schlagen und mehr Frucht hätte bringen können und dass ich ihm ein besserer Sohn gewesen wäre. Dennoch habe ich Gottes Kraft erlebt; Gott hat eine Geschichte erzählt, deren Ende schön war und heilig. Der Schmerz gehörte dazu, aber der Schmerz war nicht alles an dieser Geschichte. Am Ende waren die Schatten der Vergangenheit verflogen, erhellt vom Licht der Gnade.

Meine Geschichte ist nur eine unter vielen. Sie ist ein unvollkommenes und unvollendetes Beispiel für Gottes veränderndes, befreiendes, erneuerndes Handeln. Ich kenne Söhne, die in der Beziehung zu ihren Vätern mehr erreicht haben, und andere, deren Väter gestorben sind, bevor überhaupt wieder so etwas wie eine erneuerte Beziehung entstanden war. Ich habe erlebt, wie Ehen, auf die keiner mehr einen Pfifferling gegeben hätte, es geschafft haben und andere, bei denen es noch Hoffnung gab, gescheitert sind. Wie sich die Erlösung im Leben konkretisiert, ist von Mensch zu Mensch verschieden. Sie ereignet sich nicht immer schnell; nicht immer kommt alles wieder in Ordnung, was zerbrochen ist. Sie vollzieht sich auch nicht immer im Zeitrahmen unseres Lebens. Aber sie kommt, weil Gott real ist und gut und wahrhaftig. Egal wie lang, schwierig und verwirrend unser Weg auch sein mag, die Erlösung wird kommen, weil Gott sich dazu verpflichtet hat, uns zu erlösen. Jesus Christus ist der unumstößliche Beweis dafür, wie ernst es Gott mit diesem Versprechen ist.

13

Die Zukunft vorbereiten

Der Eintritt in ein neues Jahrtausend liegt noch nicht lange hinter uns. Wir haben die magische Grenze des Jahres 2000 überschritten. Sehr zur Überraschung aller Schwarzseher ist die Welt nicht untergegangen. Es sind keine Flugzeuge vom Himmel gefallen; die Computernetze sind nicht zusammengebrochen. In all dieser Aufregung um den Jahrtausendwechsel habe ich mir, wie viele andere auch, Gedanken über die Zukunft gemacht. Ich habe mich gefragt, was ich wohl im Jahr 2010 machen werde; was meine Kinder bis dahin erreicht haben werden. Ich spielte mit dem durchaus angenehmen Gedanken, bis dahin vielleicht Großvater zu sein.

Wir träumen gerne von der Zukunft und stellen uns vor, was wir eines Tages machen werden. Aber wir sollten uns nichts vormachen. Unsere Zukunft besteht aus einem breiten Fächer von Möglichkeiten. Welche davon Wirklichkeit werden wird, werden wir erst erfahren, wenn es so weit ist. Wir haben unsere Zukunft nicht in der Hand.

Unsere Unwissenheit setzt uns Grenzen. Vor kurzem hörte ich eine Radiosendung über Vorhersagen, die zur letzten Jahrtausendwende gemacht worden waren. Wie bei den heutigen Futuristen, hatten die damaligen Zukunftsdeuter ihre Vorhersagen aufgrund ihrer begrenzten Erkenntnisse getroffen. Niemand von ihnen hat die technologische Revolution des 20. Jahrhunderts, die Entstehung des Internets, die Genforschung oder Aufstieg und Fall von Faschismus und Kommunismus vorhergesehen.

Umstände, die außerhalb unserer Kontrolle liegen, werden uns überraschend treffen. Da ist eine Frau, die unzählige Stunden in ihre Karriere als Violinistin investiert, doch kurz vor ihrem Debüt verliert sie durch einen banalen Unfall einen Finger. Ein junger Mann macht einer Studienkollegin einen Heiratsantrag und sie beschließen, nach dem Auslandssemester der jungen Frau zu heiraten. Doch in dieser Zeit verliebt sie sich in einen anderen und will nun nicht mehr zurückkehren. Wir können uns über unsere Pläne noch so sicher sein, die Zukunft besteht immer aus mehreren Optionen, von denen nur eine Wirklichkeit werden wird. Wir können etwas für die Zukunft erwarten, aber wir können sie niemals kontrollieren. Wir wissen schlichtweg nicht, was morgen sein wird.

Während der Reformation gab eine Frau namens Katharina von Bora das Versprechen, Nonne zu werden und den Rest ihres Lebens in einem Kloster zu verbringen. Sie wollte ihr Leben in aller Stille und Schlichtheit führen – ihre Aufgaben im Kloster erledigen, Gott loben, beten und über die Schrift nachsinnen. Doch Katharina lebte in einer stürmischen Zeit. Sie konnte sich den Ereignissen in Europa nicht entziehen. Ihr Konvent wurde geschlossen, ihre Freundinnen wurden mit ehemaligen Priestern verheiratet und sie blieb allein zurück – ohne ein Zuhause und ohne Einkommen.

Der Mann, der dafür verantwortlich war, Ehemänner für die ehemaligen Nonnen zu finden, heiratete Katharina schließlich selbst. Sie bekamen sechs Kinder. Ihr Heim – erfüllt von Musik, Gesprächen und Aktivitäten – wurde zum Treffpunkt für viele Menschen. Ihr Mann hatte viele Feinde und viele Auseinandersetzungen. In all den Jahren ihrer Ehe drohte ihm die Vollstreckung der über ihn verhängten Todesstrafe. Sie gehörten zu den berühmtesten Persönlichkeiten Europas. Von all dem wusste Katharina von Bora nichts, als sie in jungen Jahren ihr Keuschheitsgelübde ablegte – doch sie wurde die Frau Martin Luthers und stand im Mittelpunkt des Reformationsgeschehens.

Vergangenheit und Gegenwart haben eines gemeinsam: Beide sind real. Die Vergangenheit ist geschehen; das ist eine Tatsache. Die Gegenwart vollzieht sich in diesem Augenblick; auch das ist eine Tatsache. Doch die Zukunft hat sich noch nicht ereignet. Sie ist keine Tatsache, sie ist nur eine Möglichkeit. Und sie ist nicht vorhersagbar. Niemand weiß genau, was nächste Woche oder nächstes Jahr sein wird. Die Zukunft entzieht sich unserem Zugriff, und sie wird uns überraschen. Uns widerfährt vielleicht eine Tragödie, als wir gerade meinen, alles liefe in unserem Sinn. Wir erleben Momente des Glücks, obwohl wir gerade dachten, niemals mehr aus diesem finsteren Tal herauszukommen. Uns eröffnen sich neue Möglichkeiten, wo wir uns bereits mit dem ewig gleichen Trott abfinden wollten. Die Weltkarte wird in einer Weise neu geordnet, wie es kein Gelehrter und kein Staatsmann vorhersehen konnte. Ein Schriftsteller schreibt ein Buch, das unsere Ansichten über das Leben für immer verändert. Und ein neuer Edison oder Einstein oder Martin Luther King wird geboren und erstaunt uns durch sein Denken, seine Fähigkeiten oder seine Leistungen.

Die Macht der Angst

Es gibt zwei ungesunde Arten, auf die fehlende Gewissheit über unsere Zukunft zu reagieren: mit Angst oder mit Sorgen. Die Angst ist die Version, die stärker in der Realität begründet ist. Unsere Furcht richtet sich in der Regel auf etwas Konkretes – auf Fremde, auf Menschenansammlungen, auf Schlangen, auf Ablehnung oder auf den Tod zum

Beispiel. Wir haben Angst vor etwas, das wir kennen. Die Angst ist klar umrissen und bedroht uns unmittelbar. Sie ist auch ungewöhnlich rational, zumindest für die Person, die diese Angst empfindet.

Ich zum Beispiel haben Höhenangst. Wenn ich in einem Sessellift sitze, habe ich wirklich Angst. Ich stelle mir dann die schlimmsten Dinge vor. Ich mache mir vor, dass ich mich in Lebensgefahr befinde, obwohl vor mir schon Tausende in diesem Sessellift saßen. Ich sehe, wie sich der Sitz aus seiner Verankerung reißt und in die Tiefe stürzt. Meine Angst ist irrational – zumindest für meine Freunde, die mit mir in diesem Sessellift unterwegs sind. Doch für mich ist sie völlig real. Ich *weiß* einfach, dass etwas schief gehen wird. Ich spüre es und spiele es dann in Gedanken durch. Niemand kann mich vom Gegenteil überzeugen.

Nicht dass Angst immer etwas Schlechtes wäre. Sie kann ein gesunder und hilfreicher Reflex sein. Wenn wir Angst haben, produziert unser Körper Adrenalin, wodurch unser Herz mehr Blut in den Kreislauf pumpt, unsere Sinneswahrnehmung und unsere Instinkte geschärft werden und unsere körperliche Leistungsfähigkeit gesteigert wird. Die Angst bereitet uns auf Flucht oder Kampf vor.

Mein jüngster Sohn, John, hat die typischen Kindheitsängste, die sein älterer Bruder gerne mit einem herablassenden Tonfall beiseite schiebt – so als habe er solche Ängste nie gekannt. Doch Johns Angst ist nichts Ungewöhnliches. Die meisten Kinder haben Angst vor Geistern und Monstern, die mit der Dunkelheit kommen. Nein, es gibt keine Geister und Monster unter seinem Bett. Aber diese Furcht ist etwas durchaus Reales.

Auch Erwachsene haben Ängste. Unsere Ängste sind in der Regel konkreter und realitätsnaher. Wir haben Angst vor einem Börsenkrach, vor Terroranschlägen, vor einem dritten Weltkrieg, vor der globalen Erwärmung, dem Verlust unseres Arbeitsplatzes oder dem Tod eines unserer Kinder. Ich frage mich oft, was aus mir werden würde, wenn ich noch ein Kind verlieren sollte. Ich weiß nicht, was ich dann tun würde. In meinen Gebeten sage ich Gott, dass ein solcher Verlust mehr wäre, als ich verkraften könnte. Diese Angst verfolgt mich.

Die Bibel weiß einiges über menschliche Ängste. Das Geheimnis zur Überwindung der Furcht liegt nicht darin, sie zu verleugnen oder abzutun, sondern sie richtig einzuordnen. Mit anderen Worten, wir sollten das Richtige fürchten. Wir brauchen einen Blick für die richtigen Verhältnisse. Wir sollten den Verlust eines Kindes mehr fürchten als den Verlust unseres Arbeitsplatzes, Krankheit mehr als Schmerzen und die Trennung von Gott mehr als den Tod. Und über allem anderen sollten wir Gott fürchten, denn er ist der letzte und endgültige Herr über Leben und Tod. Und wenn wir Gott fürchten, werden alle unsere anderen Ängste den ihnen angemessenen Platz finden.

Die Bibel erzählt in vielen Geschichten von Menschen, die tatsächlich in der Gegenwart Gottes tiefe Furcht empfanden. Jesaja kommt dem Tod nahe und ruft: „Ich bin verloren!" (vgl. Jes. 6,1–8). Mose verbirgt sein Angesicht vor dem Glanz der Herrlichkeit Gottes, die ihn zu verzehren droht (vgl. 2. Mose 3).

Das Neue Testament bildet dazu einen hilfreichen Kontrapunkt. Es lehrt uns, dass eine gesunde Furcht Gottes – „heiliges Erstaunen" und „Ehrfurcht" sind vielleicht bessere Ausdrücke dafür – unsere Ängste und sogar unsere Angst vor Gott abschwächen kann. Der Gruß, mit dem Engel am häufigsten vor Menschen erschienen, lautet: „Fürchte dich nicht!" Jesus sprach von dem paradoxen Sachverhalt, dass wir Gott einerseits fürchten sollen, weil er die Macht hat, uns am Ende von sich zu weisen, ihn andererseits jedoch nicht fürchten brauchen, weil wir ihm unglaublich wichtig sind. „Welchen Wert hat schon ein Spatz auf dem Dach? Und doch vergisst Gott keinen einzigen von ihnen. Selbst die Haare auf eurem Kopf sind alle gezählt. Ihr braucht wirklich keine Angst zu haben! Ihr seid mehr wert als ein ganzer Spatzenschwarm!" (Lk. 12, 6.7).

Je mehr wir Gott fürchten, umso weniger werden wir alles andere fürchten (vgl. Röm. 8,31–39). Blaise Pascal, der berühmte Philosoph und Mathematiker des 17. Jahrhunderts, hat geschrieben: „Es gibt eine tugendhafte Furcht, welche die Folge des Glaubens ist, und eine lasterhafte Furcht, welche das Ergebnis von Zweifel und Misstrauen ist. Erstere führt zu der Hoffnung, auf Gott zu vertrauen, an den wir glauben; Letztere neigt zur Verzweiflung ... Menschen des ersteren Charakters fürchten, Gott zu verlieren; Menschen des letzteren fürchten, ihn zu finden."[37]

Das Problem mit der Sorge

Sorge ist etwas anderes als Angst. Die Angst ist wie hohes Fieber, Sorge eher wie eine leicht erhöhte Temperatur. Sie zehrt an uns, betäubt unsere Seele und schwebt drohend über unseren Gedanken, wie eine verblasste Erinnerung. Wir haben Angst vor konkreten Dingen wie dem Tod, aber was uns Sorgen macht, sind irgendwelche vagen Bedrohungen. Die Sorge lähmt uns nicht, sie ist eher etwas, was uns vom Wesentlichen ablenkt. Sie ist wie ein tropfender Wasserhahn, der undicht bleibt, weil wir nicht dazu kommen, ihn zu reparieren.

Nicht jede Sorge ist schlecht. Sorgen können uns weise, vorsichtig und in bestimmten Angelegenheiten behutsam machen. Ich mache mir zum Beispiel Sorgen um meine Kinder. Jedes Mal, wenn Catherine sich hinters Steuer setzt, ermahne ich sie, sich anzuschnallen und vorsichtig zu fahren. Ich warne meine Kinder vor Fremden, vor Gefahren und vor dem Bösen in dieser Welt. Ich mahne sie zur Wachsamkeit gegenüber den negativen Einflüssen im Fernsehen, Internet und Kino. Und ich kann zu diesen Sorgen stehen.

Meine beiden Teenager halten meine Sorgen für eine Art Verfolgungswahn und für mangelndes Vertrauen in sie selbst. Sie sagen immer nur, ich solle mich „abregen" und das Leben etwas lockerer nehmen. Aber ich reagiere immer gleich. „Sorgen gehören zur Jobbeschreibung von Eltern", sage ich ihnen dann. Ich erinnere sie daran, dass die Welt, in der sie leben, gefährlich ist und dass meine Sorge meine Wachsamkeit als Vater demonstriert.

Aber Sorgen können auch Probleme mit sich bringen; drei fallen mir an dieser Stelle ein. Erstens: Sorgen haben ihre Wurzel im Irrealen. Wenn wir uns über die Zukunft Sorgen machen, sorgen wir uns um etwas, das es noch gar nicht gibt. Es *könnte* so passieren, es könnte aber auch ganz anders kommen. Was wäre, wenn wir die Beförderung nicht bekommen? Was wäre, wenn wir entlassen werden? Was wäre, wenn wir keinen Ehepartner finden? Was wäre, wenn unsere Kinder in Schwierigkeiten geraten? Was wäre, wenn der Aktienmarkt zusammenbricht oder unsere Ehe den Bach runtergeht? Wir machen uns Sorgen über Dinge, die unvorhersehbar und unerwünscht sind, die aber so gar nicht zwingend eintreffen müssen.

Solche Sorgen drehen sich buchstäblich um *nichts*. Wir wissen nicht, was in Zukunft sein wird. Wir können darüber spekulieren und uns wilde Fantasien ausmalen, aber wir wissen nichts. Ich könnte nächstes Jahr meinen Job verlieren oder eine Auszeichnung für meine Leistungen als Dozent erhalten. Ich könnte Krebs bekommen oder hundert Jahre alt werden. Ich könnte mich heillos verschulden oder im Lotto gewinnen und mir eine Villa am Mittelmeer kaufen. (Letzteres ist nicht so wahrscheinlich, da ich keine Lottoscheine kaufe.) Ich kann die Zukunft nicht vorhersehen.

Die Sorge lässt unsere Gedanken verrückt spielen, und vage Möglichkeiten verwandeln sich in beunruhigende Realitäten. Durch solche Sorgen rauben wir unserem Geist die Kraft, unsere Gedanken sind nicht bei der Sache, unsere

Kreativität geht verloren und wir vergeuden unsere Energie. Wir leben nicht mehr mit all unserer Kraft im Hier und Heute. Ich habe meinen Job noch nicht verloren, und vermutlich wird das auch nicht geschehen. Ich habe noch keine ernste Krankheit. Was hilft mir da alles Sorgen?

Zweitens: Sorge macht uns unentschlossen. Wir müssen weit reichende Entscheidungen fällen; dem können wir uns nicht entziehen. Wir müssen uns für einen Studienort entscheiden (falls wir überhaupt studieren), müssen ein Studienfach und ein Berufsziel wählen, und uns schließlich für eine bestimmte Stelle bewerben. Wir müssen entscheiden, wo wir leben wollen, ob und wen wir heiraten und wie wir unsere Zeit und unser Geld investieren wollen.

Nur allzu leicht lassen wir uns vor solchen Entscheidungen lähmen – wie das Wild im Lichtkegel eines Autoscheinwerfers erstarrt. Wir fragen uns, welche der vor uns liegenden Möglichkeiten wohl dem Willen Gottes entspricht, und wir machen uns verrückt, weil wir nicht sagen können, welche Wahl die richtige ist. Was ist, wenn es keine klare Wegweisung gibt? Was ist, wenn alle Möglichkeiten gut sind, wir uns aber nur für eine entscheiden können? Was ist, wenn wir uns falsch entscheiden?

Also wägen wir ab. Wir seufzen, weil anscheinend niemand wissen kann, welche die beste oder richtige Wahl ist, und schließlich entschließen wir uns zu überhaupt nichts. François Fénelon, ein französischer Mystiker des frühen 18. Jahrhunderts rät uns deshalb: „Mach dir keine Gedanken über die Zukunft – Sorgen erdrücken das Wirken der Gnade in dir. Die Zukunft gehört Gott. Er hat alle Dinge in seiner Gewalt. Versuche nie vorauszusehen, was er tun wird."[38]

Unentschlossenheit hilft niemandem. Wir müssen einer Tatsache ins Auge sehen – wir können unsere Zukunft nicht kontrollieren. Sie wird immer drohend und unerreichbar vor uns schweben. Was auch immer wir beschließen, es wird immer Überraschungen und unvorhergesehene Wendungen geben. Alle unsere Zukunftssorgen werden daran nichts ändern; und sie werden uns auch nicht helfen, gute Entscheidungen zu fällen.

Und schließlich hält uns die Sorge davon ab, unsere ganze Zeit und Energie in das zu stecken, was wirklich zählt – in das Hier und Heute (mehr dazu im nächsten Kapitel). Wir sind endliche Geschöpfe, und wir haben nur ein begrenztes Maß an Zeit, Energie und Fähigkeiten. Die Sorge bringt uns in Widerstreit mit uns selbst. Wenn wir uns um Dinge sorgen, die wir ohnehin nicht in der Hand haben, bleibt uns weniger Kraft für die Dinge, die im Bereich unserer Handlungsmöglichkeiten liegen. Es ist eine Ironie, aber die Sorge hält uns davon ab, die einzige Möglichkeit wahrzunehmen, die wir haben, um die Zukunft in unserem Sinne zu beeinflussen – und das ist die Chance, uns durch die Art und Weise, wie wir heute leben, bereits auf die Zukunft vorzubereiten.

Ein Student, der sich Sorgen um die Examensfragen macht, wird weniger Zeit in die Vorbereitung investieren. Die Angst vor einem schlechten Abschneiden lässt seine schlimmsten Träume schließlich wahr werden. Eltern, die sich voreilig sorgen, wie sie einmal mit ihren pubertierenden Kindern umgehen sollen, vergeuden ihre Kräfte und haben weniger Energie für die gegenwärtigen Bedürfnisse ihrer Kinder übrig. So tragen sie selbst zu den Problemen bei, vor denen sie sich fürchten. Jesus sagt uns: „Deshalb habt keine Angst vor der Zukunft! Es ist doch genug, wenn jeder Tag seine eigenen Lasten hat. Gott wird auch morgen für euch sorgen" (Mt. 6,34). Und Paulus ermahnt uns, unsere Zeit richtig einzusetzen – so setzen wir dem Bösen etwas entgegen; er warnt uns vor falscher Sorge, weil sie uns den Frieden raubt und uns ängstlich macht (vgl. Eph. 5,15.16; Phil. 4,4–7).

Die Sorge überwinden

Es gibt keine einfache Methode, um die Sorge zu überwinden. Sorgen sind etwas Natürliches und oftmals haben wir guten Grund, uns zu sorgen. Aber wir können lernen, unsere Sorgen zu kontrollieren. Wir können unsere Sorgen im Gebet aussprechen, uns auf die Zukunft vorbereiten und lernen, aus der Hoffnung zu leben.

Erstens: das *Gebet* setzt unsere Sorgen an den richtigen Platz. Paulus schreibt: „Macht euch keine Sorgen! Ihr dürft Gott um alles bitten. Sagt ihm, was euch fehlt, und dankt ihm! Gott wird euch seinen Frieden schenken, den Frieden, der all unser Verstehen, all unsere Vernunft übersteigt, der unsere Herzen und Gedanken im Glauben an Jesus Christus bewahrt"(Phil. 4,6.7). Wenn wir unsere Sorgen im Gebet aussprechen, finden wir Frieden und unser Vertrauen in Gott wächst; wir finden Ruhe vor unseren Sorgen. Wenn wir beten, verändert Gott uns.

Doch das Gebet bewirkt noch etwas anderes. Die großen geistlichen Väter sagen uns, dass unser Gebet auch Gott verändert. Er hört unser Gebet und handelt. Er verändert den Lauf der Geschichte als Antwort auf unser Gebet. Richard Foster behauptet genau dies. Wenn wir beten, so schreibt er, „arbeiten wir mit Gott zusammen, um über die Zukunft zu bestimmen! Bestimmte Dinge werden sich in dieser Geschichte ereignen, wenn wir richtig beten. Wir sollen die Welt durch unser Gebet verändern."[39] Die Geschichte ist so geworden, wie sie geworden ist, weil Menschen gebetet haben. Und auch morgen wird die Geschichte einen veränderten Verlauf nehmen, weil heute Menschen beten.

Gott ist kein Geist, den man aus der Flasche zaubern kann. Das Gebet verlangt Demut, Langmut und Geduld. Gott wird unsere Gebete erhören und die Zukunft anders gestalten, als sie eigentlich gekommen wäre, aber wir sind

Teil dieser Zukunft. Wir sind die Akteure eben der Zukunft, für die wir beten. Gott wird unsere Gebete erhören, indem er *uns einsetzt,* um diese Zukunft zu verändern. Mose freute sich, als er hörte, dass Gott die Israeliten aus der Sklaverei befreien wollte; eine Befreiung, für die sie lange gebetet hatten. Doch als Gott sagte: „Ich will *dich* zum Pharao senden" (vgl. 2. Mose 3, insbes. Vers 10), war er weniger glücklich. Mose hatte eigentlich nicht gedacht, dass er selbst die Antwort auf die Gebete der Israeliten sein sollte. Wenn wir beten, sollten wir uns auf das gefasst machen, was geschehen könnte. Möglicherweise sind wir selbst die Antwort auf unsere Gebete.

Ich bete jeden Morgen, dass Gott mich auf das vorbereiten möge, was an diesem Tag geschehen wird. Ich lade ihn in meinem Gebet in den Hörsaal ein, in mein Büro und in mein Zuhause. Ich bitte ihn, mich in Versuchungen zu bewahren und mir die Augen zu öffnen für das, was er in meinem Leben tut. Ich stelle mir vor, wie Gott ein Stück Weg für mich ebnet, damit ich das tun kann, was an diesem einen Tag dran ist. Dabei habe ich die tröstenden Worte Jesajas im Gedächtnis:

> Bahnt dem Herrn einen Weg durch die Wüste! Baut eine Straße durch die Steppe für unseren Gott! Jedes Tal soll aufgefüllt, jeder Berg und Hügel abgetragen werden. Alles Unebene soll eben werden und alles Hügelige flach. Denn der Herr wird kommen in seiner Macht und Hoheit. Alle Menschen werden ihn sehen. Er selbst hat es angekündigt.
> (Jesaja 40,3–5)

Wir sollen nicht nur für die Zukunft beten; wir können uns auch auf die Zukunft *vorbereiten.* Dazu gehört vor allem, dass wir in der Gegenwart auf die richtige Art leben. Wir können uns im Glaubensleben üben, an unserem Charakter arbeiten, tragfähige Freundschaften gestalten und unser Teil dazu beitragen, dass wir zu Menschen werden, die aus dem Glauben leben. Wir können unsere Fähigkeiten ausbauen, z.B. Computerkenntnisse oder die Gabe, Vorträge zu halten, und mit unseren Kräften verantwortlich umgehen. Wenn wir all das tun, werden wir gut vorbereitet sein für das, was die Zukunft von uns verlangen wird.

Ein guter Freund schrieb mir neulich seine Gedanken zur Frage nach dem Willen Gottes: „In unserer heutigen Welt, in der die Sofortbefriedigung so groß geschrieben wird, haben wir die Erwartung, dass uns alles auf dem silbernen Tablett serviert wird – unser berufliches Schicksal eingeschlossen." Er erwähnte Abraham Lincoln als einen Mann, der einiges an Fehlschlägen, Demütigungen und Enttäuschungen hinnehmen musste, bevor er sein Ziel erreichen und Gottes Willen tun konnte. Wir sollten nicht erwarten, dass es uns anders ergeht. Mein Freund hat als Mitarbeiter an einem Gemeindezentrum in einer Großstadt eine Menge Probleme erfahren – „und das bei dürftigen fünf Euro die Stunde, um als Babysitter für die kreischenden Kinder unverantwortlicher Eltern da zu sein, die nichts tun, als die Erzieher und das ganze Betreuungsangebot zu kritisieren."

Doch gerade dieser Job brachte ihn dazu, noch einmal mit dem Studium anzufangen und Lehrer zu werden. Er erwarb sich durch diese Arbeit praktische Fähigkeiten, Kreativität beim Entwerfen von Unterrichtsplänen und positive Kommunikationstechniken, ganz zu schweigen von der charakterlichen Fähigkeit, Geduld zu zeigen und auch in Schwierigkeiten durchzuhalten. Selbst der niedrige Lohn wirkte sich zu seinem Vorteil aus. „Was ich für andere tat und was ich an Neuem einbrachte, war *meine* zusätzliche Leistung", schreibt er; und so blieb er frei von dem Druck äußerer Erwartungen. Er kommt zu dem Schluss, „dass dieses gesamte Jahr ein gutes Beispiel dafür war, wie wir *vorbereitet* werden. Und besteht nicht fast unser gesamtes Leben in einer solchen Vorbereitung? Hin und wieder freuen wir uns über die Früchte unseres Erfolgs, aber wir sollten nicht meinen, es sei Gottes Wille, dass wir das Endprodukt in Händen halten, ohne eine solche Zeit der Vorbereitung durchlaufen zu haben."

Und schließlich sollten wir *aus der Hoffnung* leben. Christen haben allen Grund, auch für das irdische Leben eine große Hoffnung zu haben. Auch wenn wir sterblich sind und unser Leben etwas sehr Zerbrechliches darstellt, können wir davon ausgehen, „dass die Sonne auch morgen wieder am Horizont aufgehen wird." Hoffnung hier auf Erden bedeutet, dass wir zur Schule oder Hochschule gehen und unsere Ausbildung abschließen können, dass wir eine Arbeit suchen und unseren Lebensunterhalt verdienen, dass wir uns Ziele setzen, uns unsere Zeit einteilen und auch auf die kleinen Dinge Acht haben, und dass wir bei alledem wissen, dass das Leben auf dieser Erde noch eine Weile fortbestehen wird. Es gibt auch eine gute Weise, das Irdische zu lieben – es gibt einiges in diesem Leben, das es wert ist, dass wir dafür leben.

Gott versprach Noah nach der Sintflut, dass er die Erde nie wieder in einer solchen Weise zerstören werde. Die Jahreszeiten sollten kommen und gehen, Bauern ihre Saat ausstreuen und ihre Ernte einbringen, Kinder heranwachsen und wieder Kinder haben (vgl. 1. Mose 8,21.22). Diese Zusage Gottes an Noah versichert uns, dass das Morgen in etwa so sein wird wie das Heute, dass die Abläufe in der Natur mit einer gewissen Gleichförmigkeit wiederkehren werden. Diese irdische Hoffnung ist für uns ein guter Grund, verantwortlich zu leben. Ein Mentor hat einmal zu mir gesagt: „Lebe jeden Tag so, als ob es dein letzter wäre aber nimm dir vor, die Spanne deines Lebens voll auszuschöpfen."

Dieser „letzte Tag" wird natürlich unweigerlich kommen; und nicht nur für uns, sondern für diese ganze Geschichte. Darum sollten wir ebenso wenig unsere Hoffnung auf den Himmel verlieren. Das Neue Testament spricht häufig von dieser Hoffnung, um den Christen, die unter Verfolgung litten, Mut zu machen. Diese Hoffnung gründet sich auf die Wiederkunft Christi, der die Welt endgültig und vollständig erlösen wird. Diese Hoffnung ist uns sicher, aber wir können sie noch nicht sehen. Paulus schreibt: „Darauf können wir zunächst nur hoffen und warten. Hoffen aber bedeutet: noch nicht haben. Denn was einer schon hat und sieht, darauf braucht er nicht mehr zu hoffen. Hoffen wir aber auf etwas, das wir noch nicht sehen können, dann warten wir zuversichtlich darauf" (Röm. 8,24.25).

Die irdische Hoffnung und die Hoffnung auf die Ewigkeit stehen in einer kreativen Spannung zueinander. Wenn wir gesund sind, Freunde haben, uns unsere Arbeit gut von der Hand geht und das Leben sinnvoll ist, dann ist es nur natürlich, dass wir im Heute leben und eine irdische Zukunft erwarten. Doch wir dürfen darüber unsere Hoffnung auf die Ewigkeit nicht aus dem Blick verlieren. Diese Welt ist nicht alles. Das Leben auf dieser Erde ist wichtig, aber es ist nicht das Einzige. Es weist auf etwas Höheres hin, auf den Himmel, auf die Ewigkeit, die unsere wahre Heimat ist. Jesus wird wiederkommen und sein Reich aufrichten. Dann werden alle Tränen abgewischt und alle Zerbrochenheit geheilt werden. Letztlich kann uns nichts – weder die Vergangenheit noch die Zukunft – von der Liebe Gottes trennen, die er uns in Christus erwiesen hat.

14

In der Gegenwart leben

Wenn es je einen Film über die Erlösung gegeben hat, dann ist es *Groundhog Day*. Der Film erzählt die Geschichte von Phil Connors, einem arroganten Meteorologen aus Pittsburgh, der von dem Fernsehsender, für den er arbeitet, in die Stadt Punxsutawney in Pennsylvania geschickt wird, um vom dort jährlich stattfindenden *Groundhog Day Festival* seinen Wetterbericht zu übertragen. Connors hasst diese Berichterstattung und vergleicht sie sogar mit dem Fegefeuer. Angewidert macht er seinen Wetterbericht und drängt die Filmcrew, möglichst schnell nach Pittsburgh zurückzukehren. Doch ein Schneesturm zwingt sie zur Umkehr und Connors muss noch eine weitere Nacht in der Kleinstadt verbringen.

Als er am nächsten Morgen aufwacht, muss er feststellen, dass es wieder *Groundhog Day* ist, wieder der 2. Februar, und dass er diesen verhassten Tag noch einmal durchleben muss. Am nächsten Tag passiert genau das Gleiche und am nächsten auch – Conners wacht jeden Morgen auf und jeden Morgen ist wieder der 2. Februar. Jede Szene dieses Tages spielt sich immer wieder gleich ab; die Personen, die diesen Tag füllen, sind immer wieder dieselben. Er ist in einer Zeitschleife gelandet.

Zuerst findet Connors diese Erfahrung toll. Er kann leben, wie er will, ohne dass sein Handeln irgendwelche Konsequenzen für ihn hat. Er beschließt, das eine oder andere auszuprobieren. Er vertreibt sich die Zeit mit Sex und Alkohol. Doch bald bereitet ihm das kein Vergnügen mehr und er beginnt zu verzweifeln, weil er diesem 2. Februar einfach nicht entrinnen kann. Seine Ewigkeit heißt *Groundhog Day* und für ihn ist es die Hölle. Er begeht dutzende Male Selbstmord, nur um am nächsten Tag wieder unter denselben Umständen des 2. Februar aufzuwachen.

Schließlich macht Connors eine Entdeckung. Der Tag läuft zwar immer gleich ab, aber er kann den Tag dazu nutzen, sich selbst zu verändern. Er kann ein besserer Mensch werden. Zunächst entwickelt er seine Begabungen: er nimmt Klavierunterricht, baut Eisskulpturen, geht noch einmal zur Schule, lernt Gedichte auswendig und erlernt eine fremde Sprache – alles an diesem einen Tag.

Doch dann entdeckt er noch etwas anderes. Er kann anderen helfen. Er wandert durch die Straßen der Stadt, um herauszufinden, was sich dort alles am *Groundhog Day* ereignet hat. Er findet heraus, dass ein Mann sich beim Essen verschluckt hat und erstickt, dass ein junges Paar die Verlobung gelöst hat und eine Junge von einem Baum gefallen ist. Connors greift ein und ändert den Lauf dieser Ereignisse. Jeden Tag findet er sich zur selben Zeit am selben Ort ein, um Menschen in Not zu retten – immer und immer wieder. Er findet Freude daran, anderen etwas Gutes zu tun und wird zu einem Helden – oder besser gesagt zu einem Heiligen – in einer Stadt, die in diesem einen Tag gefangen ist. Connors bleibt nur dieser eine Tag, um zu leben. Sein Leben ist auf ewig an diese wenigen Augenblicke gebunden – die Gegenwart scheint zur Ewigkeit zu werden. Doch er lernt, an diesem einen Tag das Richtige zu tun.

Die Geschichte endet damit, dass Connors schließlich eines Morgens aufwacht und feststellt, dass es der 3. Februar ist. Doch das Datum ist nicht das Einzige, was sich verändert hat. Auch Connors ist ein anderer geworden. Er ist zu einem neuen Menschen geworden – ein Musiker und ein Poet, ein Bildhauer, ein Arzt und ein Seelsorger, einer, der jedem hilft und jedem ein Freund ist – und das alles in einem Tag.

Die Geschichte ist nicht so fantastisch, wie es scheinen mag. Ich habe ja bereits angedeutet, dass Gottes Erfahrung von Zeit völlig anders ist als unsere menschliche. Gott ist unbegrenzt und er lebt in jeder Zeitdimension so, als wäre es die Gegenwart. Wir als endliche Geschöpfe besitzen nur die Gegenwart. Was wäre nun, wenn im Blick Gottes jeder Tag mehr oder weniger gleich wäre? Wenn Daten, Orte und Umstände irrelevant wären? Was wäre, wenn die Welt wirklich wie dieser *Groundhog Day* wäre, den Gott benutzt, um uns zu verändern, sodass wir im Gegenzug die Welt verändern? Was wäre, wenn der Zeitablauf von Vergangenheit, Gegenwart und Zukunft der Ewigkeit am wenigsten ähnlich sieht und der Augenblick, den wir Gegenwart nennen, der Ewigkeit am ähnlichsten ist, weil dieser Augenblick alles ist, was uns bleibt, um den ewigen Gott zu erkennen?

Wir können nichts tun, um unsere Vergangenheit zu verändern. Kann unser Bedauern über das Geschehene die Dinge, die passiert sind, nachträglich verändern? Nein, keinesfalls. Wir können auch nichts tun, um unsere Zukunft zu kontrollieren. Werden die Sorgen um das, was morgen sein wird, uns mehr Macht über die Zukunft geben, die vor uns liegt? Nein! Wir können nur in der Gegenwart leben. Wenn wir für Gott leben, so verheißt uns Gott, wird er den Augenblick der Gegenwart dazu nutzen, die Schatten der Vergangenheit zu tilgen und uns auf die Zukunft vorzubereiten, bis schließlich unser ganzes Leben ein herrliches Zeugnis seiner Liebe und seiner lebensverändernden Macht ist.

Gottes radikale Gnade

Gott verspricht uns, unsere Vergangenheit zu erlösen und uns auf die Zukunft vorzubereiten, weil er gnädig ist. Seine Gnade gibt es umsonst, aber sie ist nicht billig. Sie kostet uns unsere Eigenmächtigkeit. Er verabscheut die Sünde und das Böse und er verurteilt sie als das, was sie sind – eine Missachtung seiner Größe und Herrlichkeit und eine Beeinträchtigung des Lebens, das er gut geschaffen hat. Aber Gott ist auch gut, freundlich und gnädig. Er liebt den Sünder und will ihm gnädig sein. Er kam in Christus, um seine Integrität und Gerechtigkeit aufrechtzuerhalten und uns zugleich seine Barmherzigkeit zu schenken. Das Kreuz Christi ist der Punkt, an dem sich Gottes Gerechtigkeit und Gottes Barmherzigkeit begegnen. Es zeigt uns, mit welchem Ernst Gott der Sünde entgegentritt, aber es beweist auch, wie ernst er es damit meint, dass er uns gnädig sein möchte. Das Kreuz öffnet uns den Blick dafür, wie ernst die Konsequenzen der Sünde sind. Aber vor allem lädt es uns immer wieder neu zu

Gott ein, der uns in seine Arme schließt – uns, seine verlorenen Söhne und Töchter.

Wir brauchen die Gnade Gottes, um seinen Willen zu tun. Ohne sie sind wir Gefangene unserer Vergangenheit und unserer Zukunft, beherrscht von unserem Bedauern, unserer Bitterkeit, unserer Angst oder unserer Sorge. Die Gnade verändert all das. Sie zieht uns wieder zu Gott hin, stellt uns ins Zentrum seines Willens, egal was wir getan oder erlebt haben. Niemand ist so voller Sünde, dass Gott ihn nicht mehr erreichen könnte. Wir können moralisch noch so verdorben oder sozial noch so abgestürzt sein. Wir können zum zehnten Mal geschieden sein. Wir mögen Alkoholiker, Prostituierte, Betrüger, Missbraucher, Lügner oder Mörder sein. Was wir getan haben, hat vergleichsweise wenig Bedeutung; was zählt ist das, was Gott getan hat. Wenn wir uns in ernst gemeinter Umkehr und im Glauben ihm zuwenden, werden wir zu Menschen, die die unerschöpfliche Gnade geschenkt bekommen. Von dem Augenblick an wird unser Leben neu, selbst wenn sich an den Umständen unseres Lebens nicht viel ändert.

In Gottes Gnade zeigt sich Gottes Wesen; sie nimmt in Gottes Absichten mit uns eine zentrale Stelle ein. Sie ist wie eine Quelle lebendigen Wassers, wie Jesus von sich selbst gesagt hat. Gottes Wille ist es, uns gnädig zu sein; sein Wille ist auch, dass wir diese Gnade annehmen und uns ganz ihm überlassen. Wenn wir das tun, erfüllt Gott den Augenblick der Gegenwart mit seiner Macht und greift wunderbar in unser Leben ein. Und so kann uns unsere Sünde, so abscheulich sie auch sein mag, nicht von der Gnade Gottes abschneiden.

Und auch unsere Lebenssituation kann das nicht. Vielleicht sind wir krank, weil wir unser Leben lang geraucht haben, vielleicht hoch verschuldet, vielleicht müssen wir uns für die Verbrechen unserer Vergangenheit vor Gericht verantworten oder haben unseren Job verloren, weil wir etwas falsch gemacht oder anderen Unrecht getan haben. Es spielt keine Rolle. Die Vergangenheit ist vergangen, aber Gott lebt. Sobald wir uns ihm zuwenden, befinden wir uns im Zentrum seines Willens. Und in dem Augenblick wird Gott sein Heilshandeln an uns beginnen und eine Geschichte in unserem Leben schreiben, die mit seinem herrlichen Triumph endet. Er wird die Auswirkungen unserer Vergangenheit in einen Segen verwandeln. Es gibt keinen Ort, der so weit von Gott entfernt wäre, dass er dort nicht gegenwärtig sein könnte (vgl. Ps. 139,7–12). Es gibt keine Tat, die so schlecht sein könnte, dass Gott sie nicht vergeben könnte oder wollte (vgl. Psalm 103). Was für ein Trost zu wissen, dass wir in das Zentrum des Willens Gottes für uns eintreten können, wenn wir uns ihm nur zuwenden! So radikal ist Gottes Gnade!

Die Chance der Umkehr nicht verpassen

Gottes Gnade ist radikal, so radikal, dass man sie auch missbrauchen kann. Man mag sich sagen: *Wenn Gottes Gnade immer für mich da ist, warum soll ich mich dann heute schon ändern* (vgl. Röm. 6,1.2). Wenn wir jederzeit zu Gott umkehren und seinen Willen doch noch tun können, warum sollten wir uns dann beeilen, es jetzt zu tun?

Es gibt zwei gute Gründe dafür: Zum einen ist diese Art von Aufschieben gefährlich für unser geistliches Befinden. Es mag ja stimmen, dass Gott seine Grundhaltung der Gnade nicht aufgibt, nur weil wir etwas tun, was seinem Willen zuwider läuft. Doch wenn wir Gottes Gebot (das ja unserem Wohl dient) auf die leichte Schulter nehmen, verändert das unsere Haltung Gott gegenüber. Ganz langsam entfernen wir uns von ihm. Jedes Mal, wenn wir mit dem Hintergedanken spielen, uns Gott ja später wieder zuzuwenden, wird uns die Rückkehr zu ihm ein klein wenig schwerer fallen. Wir werden an unserer Ernsthaftigkeit zweifeln und Recht und

Unrecht nicht mehr so genau unterscheiden können; wir werden uns selbst und unserer Bereitschaft zur Umkehr nicht mehr trauen.

Aber vor allem ist eine solche Haltung schlichtweg töricht. Sie bringt uns um das Beste im Leben. Natürlich sage ich zu meinen Kindern: „Ich liebe euch, egal was ihr tut. Ich werde euch immer lieben, weil ihr meine Kinder seid. Väter lieben ihre Kinder eben." Doch die Art, wie ich ihnen meine Liebe zeige, hängt davon ab, wie sie auf meine Liebe reagieren. Sie können meine Liebe unbeschwert erleben oder auch meine harte, konsequente Liebe erfahren. Wenn sie beschließen, mir in wichtigen Fragen nicht zu gehorchen, hat das Konsequenzen. Dann schicke ich sie auf ihr Zimmer und sie versäumen Dinge, die sie mit ihren Freunden unternehmen wollten oder sie bekommen eine Extraaufgabe im Haus zugewiesen. Meine Liebe zu ihnen ändert sich dadurch nicht, aber sie erfahren sie auf andere Weise.

Wir können entscheiden, ob wir den Willen Gottes tun wollen oder nicht. Doch wir besitzen nicht die Freiheit, über die Konsequenzen unseres Handelns zu entscheiden. Sobald eine Entscheidung gefällt wurde, ist sie ein Teil unserer unumkehrbaren Vergangenheit, aus der sich wiederum die Umstände ergeben, unter denen wir in der Gegenwart den Willen Gottes zu erfüllen haben.

Macht Gott es uns nicht reichlich schwer?

Es ist nie zu spät, Gottes Willen zu tun, weil Gottes Gnade für Sünder niemals aufhört. Aber es ist immer zu spät, die Konsequenzen aus den bereits getroffenen Entscheidungen zu ändern. Wir können den Willen Gottes tun, egal, wie unsere Umstände aussehen – ob wir mit einer Prostituierten verheiratet sind (wie Hosea es war), ob wir uns im Drogenentzug befinden oder eine Gefängnisstrafe absitzen. Warum sollten wir uns selbst schaden und ignorieren, was Gott, indem er uns seinen Willen offenbarte, an Gutem für uns vorgesehen hat?

Unsere vergangenen Entscheidungen beeinflussen unsere gegenwärtige Situation ähnlich wie die Züge bei einem Schachspiel aufeinander aufbauen. Wir machen unseren Zug, und sobald wir die Finger von der Figur nehmen, mit der wir gerade gezogen sind, dürfen wir den Zug nicht wieder rückgängig machen. So entsteht eine neue Konstellation für unseren Gegner. Sein nächster Zug verändert die Konstellation, unter der wir wiederum unseren nächsten Zug tun. So bildet jeder einzelne Zug den Kontext für den nächsten. Wir können uns ein paar schlechte Züge erlauben, ohne gleich zu verlieren. Aber wir geraten ins Hintertreffen und müssen schließlich um unser Überleben kämpfen. Warum also sollten wir einen schlechten Zug tun, wenn wir bessere Möglichkeiten haben?

Robert Huntfords *The Last Place on Earth* erzählt die Geschichte von dem Wettrennen um die Entdeckung des Südpols zwischen dem Norweger Roald Amundsen und dem Briten Robert Scott. Amundsen erreichte 1912 vor Scott den Südpol und gelangte sicher zu seinem Basiscamp zurück. Scott und seine vier Begleiter starben auf dem Rückweg vom Pol. Huntford verfasste das Buch, um die Geschichtsschreibung zu korrigieren, denn bis dahin war Scott immer als der eigentliche Entdecker, als echter Wissenschaftler und als tragischer Held angesehen worden. Huntford wollte zeigen, dass Scott in Wirklichkeit arrogant und dumm gewesen war. Nicht mangelndes Glück hatte zu seinem Scheitern und schließlich zu seinem Tod geführt, sondern seine schlechte Vorbereitung und seine mangelnde Eignung. Immer wieder traf er Fehlentscheidungen, doch er hätte bis zum Schluss die Chance gehabt, die Expedition zu retten und zu überleben. So weigerte er sich zum Beispiel, so viel Nahrung mitzunehmen, um auch in einer Gefahrensituation aushalten zu können. Er verlor die Route, weil er nicht auf seine Männer hörte. Bis zum Schluss rechtfertigte er seine Entscheidungen und stellte sich als Held dar, der Kräften unterlag, denen er hilflos ausgeliefert war. Das zeigen auch die letzten Zeilen seines Tagebuches:

> Wir zeigen der Welt, dass Engländer mutigen Herzens sterben und bis zum Schluss kämpfen ... Ich denke, wir sind ein Beispiel für den Engländer der Zukunft ... Die Gründe für dieses Desaster liegen nicht an einer fehlerhaften Organisation, sondern an dem fehlenden Glück bei all den Risiken, die wir eingehen mussten ... Ich glaube nicht, dass Menschen je einen solchen Monat durchgestanden haben, wie wir ihn gerade erlebten.

Huntford sieht das anders: „Scott hat dieses Unheil durch seine Inkompetenz selbst über sich gebracht und das Leben seiner Begleiter weggeworfen. Seine Sünden sind ihm vergolten worden. Aber er hat sich selbst gerechtfertigt, Entschuldigungen für sich gefunden und die Schuld seinen Untergebenen zugeschoben."[40]

Die Entscheidungen, die wir einmal gefällt haben, bestimmen das Bühnenbild unserer Gegenwart. Wir können uns als Meister der Torheit profilieren, wenn wir das wollen. Wir können Tag für Tag verschlafen und so unseren Job verlieren, wir können unser Vermögen verspielen, wir können unsere Kinder vernachlässigen und an denen Verrat begehen, die uns am nächsten stehen. Wir können die Umkehr von unseren Sünden auf die letzte Minute aufschieben, und Gott wird uns, so erstaunlich das klingen mag, mit Freude aufnehmen, wenn unsere Umkehr ernst gemeint ist. Aber wir können die Konsequenzen unserer Entscheidungen nicht umkehren. Aber wenn wir jetzt schon um Gottes Gnade wissen – warum sollten wir auch nur eine Minute zögern, zu einem Leben umzukehren, das sich nach dem Willen dessen richtet, der nur das Beste für uns im Sinn hat?

Das Beste aus der Gegenwart machen

Gott würde jedem, der sich in Fehler und törichte Entscheidungen verstrickt hat, nur allzu gern helfen; nicht indem er uns die Konsequenzen unserer Torheiten erspart, sondern indem er uns die Kraft gibt, sie auszuhalten und daran zu wachsen. Wir sehen oft nur unsere hoffnungslose Situation, Gott aber sieht unsere Lebensumstände in einem breiteren Blickwinkel und möchte etwas Größeres durch sie erreichen – trotz unserer Fehlentscheidungen.

Gottes Wille besteht also darin, dass wir das Leben genau dort recht leben, wo wir uns befinden. Wir würden uns vielleicht idealere Voraussetzungen wünschen, aber wir können auch in der Situation, in der wir gerade stecken, einen Weg gehen, der Gott gefällt. Paulus rät der Gemeinde in Ephesus: „Dient Gott, solange ihr es noch könnt, denn wir leben in einer schlimmen Zeit" (Eph. 5,16). Das bedeutet nicht, dass wir uns verrückt machen sollen. Panikmache gehört nicht zum Glauben. Wir sollten die „schlimme Zeit" mit den Augen der Bibel sehen, nicht mit denen unserer modernen Gesellschaft. Aber es heißt auch: Wartet nicht auf andere Umstände!

Im Griechischen gibt es zwei Wörter für Zeit: *chronos* und *kairos*. Bei *chronos* geht es um das Ablaufen der Zeit – um Uhren, Kalender, Terminpläne, Tagesordnungen und den Zeitdruck, den wir spüren, während die Uhr tickt, Stunden vergehen und der Abgabetermin näher rückt. *Chronos* verlangt von uns, so viel zu erreichen, wie wir nur können – effizient, produktiv und pünktlich müssen wir sein. Beim *kairos* dagegen geht es um die wichtigen Ereignisse, um das, was an unserem Tagesablauf wesentlich ist und um das Wunder des Augenblicks. Dieser *kairos* ist die transzendente Wirklichkeit, die in unsere irdische Wirklichkeit eindringt; er ist die Ewigkeit, die sich in der Zeit offenbart; das Außergewöhnliche, das sich im Gewöhnlichen manifestiert. Wir existieren im *chronos*; aber wir sehnen uns nach *kairos*. *Chronos* verlangt ein Lebenstempo, bei dem keine Zeit vergeudet wird; *kairos* erlaubt uns, jeden Augenblick auszukosten und auf die in ihm liegenden Chancen hin zu befragen. Wir funktionieren in der Zeiteinheit *chronos*; aber eigentliches Leben ereignet sich im *kairos*.

Wir alle haben diesen *kairos* schon einmal erlebt, auch wenn er uns oft nicht bewusst ist, weil wir in solchen Augenblicken dazu neigen, alles andere um uns herum zu vergessen. Wir beobachten, wie an einem späten Winterabend Schnee fällt. Wir bleiben mit guten Freunden beim Abendessen hängen, völlig ins Gespräch vertieft. Wir blicken liebevoll auf unser schlafendes Kind. Wir nehmen uns an einem freien Samstagmorgen Zeit, um bei einer Tasse Kaffee die Zeitung zu lesen. Wir denken über ein gutes Buch nach. Wir schlendern gemütlich durch eine Ausstellung. Wir bringen am Arbeitsplatz ein Projekt mit dem guten Gefühl zu Ende, etwas Tolles erreicht zu haben.

Musik, Bücher, Hobbys, Freundschaften, stille Momente oder herausfordernde Aufgaben – in all diesen und zahllosen anderen Situationen können solche Augenblicke des *kairos* entstehen. Wie jeder Mensch zu solchen Augenblicken findet, hängt auch von unserer Persönlichkeit und Lebensphase ab. Das soll jedoch nicht heißen, dass Produktivität etwas Falsches wäre. Manchmal muss es schnell gehen. Zu unserer Kultur gehören Terminpläne, terminierte Projekte und Abgabetermine. Aber wir müssen auch darum kämpfen, uns die Freude an unserer Arbeit zu bewahren.

Der dem Quäkertum angehörende Mystiker und Philosoph Thomas Kelly wusste um diesen *kairos*. Er betont, wie wichtig es ist, im gegenwärtigen Augenblick das Ewige zu entdecken – das „Heilige Jetzt", wie er es nannte.

> Das alte eindimensionale Leben, das nur im endlosen Band der Zeit gelebt wird, war schon immer ein angespanntes Leben. Haben wir die Vergangenheit richtig

kalkuliert? Welche unvorhergesehenen Ereignisse
können in der Zukunft eintreten und unsere Bemü-
hungen zunichte machen? ... Und dann entsteht so ein
Gefühl der Gegenwart, das Ewige Jetzt bricht durch
die vielen Nuns unserer Zeit hindurch und alles ist
gesichert. Ein Gefühl völliger Sicherheit und die
Gewissheit, ganz mit einer überwindenden Kraft
verbunden zu sein, vertreibt die alten Ängste ...[41]

Sue Bender war eine viel beschäftigte, erfolgreiche Schriftstellerin, aber trotz ihrer Erfolge wurde sie immer unzufrie-
dener mit ihrem Leben. Eines Tages entdeckte sie in einem
Laden Quilts, deren Schönheit und Schlichtheit sie zutiefst
ansprachen. Diese Quilts waren von Frauen hergestellt
worden, die der religiösen Gemeinschaft der Amish angehörten, und so beschloss Sue Bender, eine Weile bei den
Amish zu leben. Diese Gemeinschaft lebt noch weitgehend
nach den Spielregeln vergangener Jahrhunderte und verweigert sich den Errungenschaften moderner Technik, von der
Elektrizität bis zum Automobil. Hier lernte die Schriftstellerin Wertvolles darüber, was es heißt, in der Gegenwart des
Augenblicks zu leben. „Ich hatte mich nach dieser Ruhe und
Konzentration gesehnt, die ich empfand, wenn ich bei den
Amish Geschirr abspülte. Das war die Befindlichkeit, nach
der ich gesucht hatte. Meine zwanghafte Aktivität hatte mich
davon abgelenkt, nach innen zu schauen, weil ich Angst vor
der Leere hatte, die ich dort finden würde. Doch unter all
dieser Raserei verbarg sich genau das, wonach ich gesucht
hatte – diese innere Ruhe." Bender entdeckte, warum die
Amish ihr Leben voll auszuschöpfen wissen. Es liegt an ihrer
Einstellung zum Leben. „Ihr Leben feiert das Gewöhnliche
... Durch sie lerne ich, nicht durch das Leben zu hasten, um
alles mitzunehmen. Ihr Lebensstil liefert das Gute frei Haus,
und das ist etwas völlig anderes. Ihr Leben spiegelt ihren
Glauben wider. Ihr Leben ist eine Kunst."[42]

Die Kunst zu leben

Das Leben zu einer Kunst zu machen – darum geht es, wenn wir versuchen im Augenblick der Gegenwart zu leben. Wir müssen dafür nicht zum Lebensstil vergangener Jahrhunderte zurückkehren. Die meisten von uns sind so stark mit unserer modernen Gesellschaft verwachsen, dass wir gar nicht aussteigen könnten. Wir besitzen Häuser, arbeiten in großen Firmen und sind von der modernen Technologie abhängig. Wir leben nach der Uhr. Die Welt lebt in uns, genauso wie wir in der Welt leben. Doch mitten in unseren alltäglichen Aufgaben begegnet uns Gottes Gegenwart und Kraft, wenn wir ein Auge dafür haben. In ihnen entdecken und feiern wir, wie Jean-Pierre de Caussade schrieb, „das Sakrament des gegenwärtigen Augenblicks".

Mit 29 Jahren erkrankte ich an einem seltenen Fieber, das für Erwachsene tödlich sein kann, wenn es nicht schnell behandelt wird. Die Ärzte erkannten die Erkrankung nicht gleich, sodass mein Zustand kritisch wurde. Ich verbrachte acht Tage auf der Intensivstation. Ich hatte eine schwere beidseitige Lungenentzündung und ständiges Schwindelgefühl, meine Temperatur betrug eine ganze Woche lang über 40,5 Grad Celsius; mein Herz raste mit bis zu 160 Schlägen pro Minute, meine Nieren und meine Leber versagten und zweimal kam es zum Herzstillstand. Unser Hausarzt meinte zu Lynda: „Ihr Mann war dem Tod so nahe, wie man ihm nur sein kann."

In den langen Monaten meiner Rekonvaleszenz sah ich die Welt mit den Augen eines Mannes, der sie beinahe verlassen hätte. Ich erinnere mich noch, wie ich einmal einen Spaziergang in unserem Viertel in Los Angeles machte und ihn so sehr genoss, als befände ich mich gerade auf einer Wanderung durch einen Naturpark mit wunderbar klarer Luft und einer atemberaubend schönen Natur. Ich erinnere mich, wie ich in eine Tomate biss und das Aroma dieser Frucht förmlich in meinem Mund explodierte. Die ganze Welt war erfüllt von pulsierendem Leben, weil ich offene Augen dafür hatte. Ich wünschte, ich könnte die Welt heute noch einmal so sehen wie damals.

Wie kann unser gewöhnliches Leben, so geschäftig und verrückt es ist, zu einer Kunst werden? Ich bin da kein Experte. Manchmal lebe ich eher wie eine Maschine. Ich stehe morgens auf und mein Motor läuft den ganzen Tag auf Hochtouren. Ich bin ziemlich pflegeleicht – ich brauche nur Schlaf und Nahrung. Geben Sie mir eine Aufgabe und ich werde sie pünktlich und effizient erledigen. Bei mir ist das Leben eine Wissenschaft, aber keine Kunst.

Aber ich bin auf dem Weg dahin, dass das anders wird. Wenn ich ein Stück mit dem Auto unterwegs bin, schalte ich oft das Radio aus, um etwas von dem Lärm aus meinem Leben zu verbannen. Ich nehme mir morgens Zeit, auf Gott zu hören, zu beten und in der Bibel zu lesen. Ich treffe mich mit meinem geistlichen Begleiter und wir lesen gemeinsam geistliche Texte. Ich höre Musik, lese Romane und halte Bienen, um mein Lebenstempo etwas zu verlangsamen. Außerdem versuche ich, meine Arbeit in jedem Augenblick als ein Geschenk Gottes zu sehen, ob es nun darum geht, mit Studenten Gespräche zu führen, eine Vorlesung zu halten, an einer Besprechung teilzunehmen oder gar Seminararbeiten zu korrigieren. Ich mache mir klar, dass es ein Privileg ist, dass ich meine Berufung hier an diesem Ort und unter diesen Menschen leben darf.

Ich lerne auch von anderen. C. S. Lewis machte jeden Tag einen Spaziergang und beantwortete jeden Brief, den er erhielt, obwohl jeder verstanden hätte, wenn er dieser Pflicht nicht nachgekommen wäre. Suzannah Wesley (die Mutter der späteren Erweckungsprediger John und Charles Wesley) zog 19 Kinder groß, aber sie nahm sich jede Woche für jedes ihrer Kinder eine Stunde Zeit, die diesem Kind ganz allein gehörte. Solche Dinge geben uns neue Kraft, Kreativität und

Weitsicht für unser geschäftiges Leben und machen uns wieder dankbar.

Besonders schwierig ist es, aus unserer Arbeit eine Kunst zu machen und sie als einen Weg zu sehen, um jeden Augenblick unserer Gegenwart für Gott zu leben. Unsere Arbeit fordert Effektivität und Produktivität. Dass wir Freude an der Arbeit haben möchten, ist der Tatsache untergeordnet, dass es Ergebnisse zu erzielen gilt. Wie wir unsere Arbeit tun, ist nur das Mittel; das Ziel ist das, was wir schlussendlich erreichen. Doch wir können auch unsere Arbeit als etwas Sakrales ansehen. Einer meiner ehemaligen Studenten schrieb mir, wie sehr sich seine Einstellung zu seinem Beruf als Geschichtslehrer verändert hat. „Gott hat mir gezeigt, wie ich ihm in allen Dingen dienen und ihn verherrlichen kann, selbst wenn ich meinen Unterricht vorbereite oder Arbeiten korrigiere ... Ich habe das Gefühl, die Trennung zwischen dem, was ‚geistlich‘ oder ‚Gottesdienst‘ ist, und dem Säkularen ist verschwunden. Ich habe den Eindruck, das Heilige hat sich über alle Dinge meines Lebens ausgebreitet – und das beschmutzt keineswegs den Begriff heilig, sondern erweitert vielmehr mein Verständnis von dem, was heilig ist. Ich habe heute eher das Gefühl, in allen Dinge an dem dran zu sein, was Gott tun möchte.“

Auch der Pfarrer, Prediger und Autor A. W. Tozer stützt diese Einstellung zur Arbeit. Er schreibt, dass das, was ein Mensch tut, seine Arbeit, eine geradezu sakramentale Bedeutung haben kann, wenn seine Motive stimmen.

> Jeder möge an seiner Berufung festhalten, dann wird seine Arbeit so geistlich sein wie die eines Pfarrers. Nicht, was ein Mensch tut, bestimmt, ob seine Arbeit geistlich oder weltlich ist, sondern die Frage, *warum* er sie tut. Die Motivation zählt. Lass einen Menschen Gott in seinem Herzen heiligen, und er wird von da an nichts Gewöhnliches mehr tun. Alles, was er tut, ist durch Jesus Christus für Gott gut und angenehm.

> Für einen solchen Menschen wird das Leben an sich
> zu etwas Sakramentalem und die ganze Welt zu einem
> Heiligtum.[43]

Mehr als von irgendjemand sonst habe ich von einem meiner Universitätslehrer darüber gelernt, was es heißt, an der eigenen Berufung Freude zu haben. Er war seit etwa vierzig Jahren Dozent, war Mitglied von -zig Komitees, Ausschüssen und Gremien, hatte überall in der Welt Vorträge gehalten und mehr als fünfzig Bücher geschrieben. Aber er ging jeden Vortrag, jedes Buch, jede Verpflichtung, die er übernahm, so an, als sei es sein erstes Projekt. Er genoss das, was tat, in jedem Augenblick – nicht, weil er seine Arbeit vergötterte, sondern weil er seine göttliche Berufung liebte. Früher dachte ich immer, er sei glücklich, weil er so viel erreicht hatte. Heute glaube ich eher, er hat so viel erreicht, weil er bei seiner Arbeit glücklich ist. Gott hat uns für die Arbeit erschaffen, und er will, dass wir sechs Tage in der Woche mit Arbeit verbringen. Er hat uns außerdem so geschaffen, dass wir Freude an der Arbeit haben können, wenn wir uns selbst in das, was wir tun, hineingeben und nicht nur danach schielen, was sie uns einbringt – sei es nun an Geld, Prestige oder Macht.

Das ganz normale Leben gibt uns viele Gelegenheiten, Augenblicke des *kairos* zu erfahren. Wir müssen das Auge eines Künstlers entwickeln, um diese Augenblicke zu erkennen und zu ergreifen. Wenn wir unsere Berufung leben, können wir uns an allem freuen, was wir tun, weil die Arbeit ihre eigene Würde bekommt. Wenn wir Zeit mit Kollegen oder Freunden verbringen, können wir uns ganz in einem guten Gespräch verlieren. Wenn wir abspülen, können wir über das Gute nachdenken, das Gott uns gibt. Wenn wir die Kinder ins Bett stecken, können wir für sie beten und Gott dafür danken, dass er uns mit ihnen so reich beschenkt hat. Wenn wir morgens aufwachen, können wir uns freuen, dass wir einen weiteren Tag leben dürfen. Mit anderen Worten, wir können unsere geistlichen Sinne schärfen, damit wir das „Heilige Jetzt" in uns aufnehmen und uns an dem Wunder eines jeden Augenblicks freuen.

Teil fünf

Entscheidungen treffen

15

Die kleinen Dinge wichtig nehmen

Vor einiger Zeit hörte ich eine Geschichte, die aus der russisch-orthodoxen Kirche kommt. Da gab es einen reichen und berühmten Mann, der sein ganzes Leben lang Berge von Geld anhäufte und große Macht über andere ausübte. Sein Glaubensleben kam dabei zu kurz. Er liebäugelte zwar mit dem Glauben, doch er nahm sich nicht die Zeit, ihn auch zu leben. Als er bereits großen Ruhm und Erfolg erlangt hatte, beschloss er, auf Pilgerfahrt zu gehen und einen berühmten Heiligen aufzusuchen und von diesem zu erfahren, welchen besonderen Dienst er Gott und der Kirche erweisen könnte, um seine Hingabe an Gott unter Beweis zu stellen.

Als der Tag seiner Abreise gekommen war, war der Bahnhof voller Menschen, die ihn verabschieden wollten. Die Leute bewunderten ihn für das, was er erreicht hatte, und fragten ihn, warum er sich keinen eigenen Salonwagen hatte reservieren lassen, sondern lieber mit den Armen in der dritten Klasse fahren wollte.

Er setzte sich auf den letzten verbliebenen Platz neben einen alten Bauern, der sich offensichtlich ebenfalls auf Pilgerfahrt befand. Den ganzen Tag über erzählte der Reiche dem Bauern von seinem Leben, von seinen wirtschaftlichen Erfolgen und seinem gesellschaftlichen Einfluss. Er war überrascht, wie leicht es ihm fiel, mit dem einfachen Volk ins

Gespräch zu kommen. Schließlich verkündete er: „Und nun pilgere ich zu unserem geliebten Heiligen, der mir sagen wird, was ich tun muss, um meiner Kirche einen großen Dienst zu erweisen."

Der Zug erreichte den Zielbahnhof und wieder wartete auf dem Bahnsteig eine riesige Menschenmenge. Der Reiche dachte sich, dass sich die Nachricht von seiner Pilgerreise wohl herumgesprochen hatte, und so blieb er sitzen, um die anderen Reisenden zuerst aussteigen zu lassen. Er hörte, wie die Leute jubelten, und glaubte, alle warteten nur darauf, dass er aus dem Zug steigen würde. Also erhob er sich, zupfte seinen Mantel zurecht und ging mit zum Gruß erhobenen Armen auf die Tür zu. Doch hier erwartete ihn ein Schock. Kein einziger Mensch hatte auf ihn gewartet. Die ganze Menschenmenge bewegte sich zum Ausgang und bejubelte einen anderen. Der Reiche fühlte sich gedemütigt.

Natürlich wollte er wissen, wem dieser Jubel galt, und so beeilte er sich, die Menge einzuholen. „Wer ist das?", fragte er. „Das ist der heilige Mann", antwortete ihm jemand voller Begeisterung. Der Reiche bahnte sich einen Weg durch die Menge, bis er genau hinter dem Heiligen stand. Als dieser sich umdrehte, erstarrte der Reiche vor Schreck. Es war der alte Mann, der neben ihm im Zug gesessen hatte, der Mann, vor dem er sich mit all seinem Ruhm und Reichtum gebrüstet hatte. Der Reiche fiel vor ihm auf die Knie und fragte: „Was muss ich tun?" Und der heilige Mann antwortete ihm: „Fahr wieder nach Hause und diene den Armen."

Das Außergewöhnliche liegt im Gewöhnlichen!

Dieser reiche Mann hätte nicht auf Pilgerfahrt gehen zu müssen, um zu erfahren, wie er Gott dienen kann. Er machte sich auf die Reise, um etwas Außergewöhnliches für Gott zu tun, doch das hätte sein ohnehin aufgeblasenes Ego nur noch mehr anschwellen lassen. Hätte er einen demütigen Geist gehabt und auf Gottes Reden geachtet, hätte er gewusst, dass er Gott dort dienen konnte, wo er war. Gottes Wille ereignet sich in den kleinen Dingen des Alltags, dort, wo wir leben. Gott hat uns gezeigt, wie wir unter ganz gewöhnlichen Bedingungen seinen Willen tun können. Diese Alltagsbedingungen, unter denen sich ein Großteil unseres Lebens vollzieht, sind so banal, dass man sie leicht übersieht und ihnen keine Aufmerksamkeit und Kraft widmet – ein letztlich fataler Fehler. Wenn wir das Gewöhnliche als unwichtig betrachten, handeln wir so dumm wie ein Sportler, der meint, höchstens kurz vor einem Wettkampf trainieren zu müssen.

Als Catherine, David und John noch jünger waren, fragten sie mich zu besonderen Anlässen wie dem Vatertag immer: „Daddy, was wünschst du dir heute von uns?" Natürlich wollten sie so etwas hören, wie das Frühstück ans Bett zu bringen oder Ähnliches. Ich war immer versucht zu antworten (habe es aber nicht getan, weil es mir fehl am Platz erschien): „Habt ihr heute eure Betten gemacht? Habt ihr den Geschirrspüler ausgeräumt? Habt ihr die Einfahrt gekehrt? Die Wäsche zusammengelegt?" Darauf hätten sie sicher geantwortet: „Ja, das wissen wir ja. Aber du sollst dir irgendetwas Besonderes wünschen. Womit können wir dir eine Freude machen?" Dann hätte ich gerne wieder geantwortet: Macht eure Betten, räumt den Geschirrspüler aus, kehrt die Einfahrt und legt eure Wäsche zusammen. Damit hätten sie mir eine Freude gemacht.

Am Vatertag wollten meine Kinder immer etwas Außergewöhnliches und Heldenhaftes für mich tun; und ich habe mich viele Male darüber gefreut. Aber am meisten haben mich nicht die außergewöhnlichen Dinge an besonderen Tagen gefreut, sondern ihre Bereitschaft, ihre ganz alltäglichen und scheinbar belanglosen Aufgaben zu erfüllen. Ich will, dass meine Kinder lernen, Verantwortung zu übernehmen; und das nicht nur an den besonderen Tagen, sondern jeden Tag – da wo es weder wichtig noch besonders aufregend zu sein scheint.

Oft benehmen wir uns wie Kinder. Wir wollen wissen, was wir irgendwann einmal an Besonderem für Gott leisten können – wie dieser sich uns immer wieder entziehende „Wille Gottes", den wir entdecken wollen, aussieht. Doch es geht nicht um die großen Dinge, die es mit Bravour zu tun gilt; es geht um die kleinen Dinge, die es jeden Tag zu tun gilt, um seinen Willen zu erfüllen. Gott möchte, dass wir uns jeden Tag neu im Gehorsam üben. Er ruft uns dazu auf, den Armen zu dienen, unsere Kinder zu lieben, unserem Nächsten ein Freund zu sein, in einer unehrlichen Welt ehrlich zu leben und ihn höher zu achten als alles andere. Der tagtägliche Gehorsam gegenüber Gott in den ganz gewöhnlichen Umständen unseres Lebens – das ist es, was Gott von uns will.

Ein solcher praktischer Gehorsam erfordert es, dass wir mitten in unseren Alltagsumständen aufmerksam werden für Gott. Natürlich lohnt es sich zu ergründen, wie und warum wir in diese Lebenssituation geraten sind. Es ist gut für uns, wenn wir danach fragen, wie es zu unserer Scheidung kommen konnte oder warum wir so oft krank sind oder warum wir es an keinem Arbeitsplatz lange aushalten oder keine Freunde finden. Doch es ist nicht gut für uns, zu viel darüber zu brüten. Denn wie es auch immer dazu gekommen sein mag, wir stehen heute da, wo wir sind. Und der Wille Gottes zeigt uns, wie wir mit unserer gegenwärtigen Situation umgehen sollen. Die äußeren Umstände bestimmen nicht darüber, ob wir im Einklang mit Gottes Willen leben oder nicht. Wir bestimmen darüber, denn wir entscheiden, *wie wir* unter den gegebenen Umständen *auf Gottes Reden reagieren*.

Nehmen wir ein Beispiel: Ein Mann hat sich von seiner Frau scheiden lassen, um eine Jüngere zu heiraten. Er und seine Ex-Frau haben drei Kinder, doch der Mann war viel zu sehr darauf aus, viel Geld zu verdienen, um sein Leben in vollen Zügen zu genießen. Als auch seine zweite Ehe zu zerbrechen droht, beginnt er nach den Gründen für sein

Scheitern zu fragen. Ein Arbeitskollege lädt ihn zu einem christlichen Seminarwochenende ein, und auf dem gemeinsamen Wochenende findet er zum Glauben. Er erkennt, wie dumm er gehandelt hat und bereut seine Lebensentscheidungen – Entscheidungen, die ihn, wie er jetzt glaubt, wohl für immer daran hindern werden, zu erleben, dass Gottes Wille für sein Leben vollkommen ist. Doch sein Kollege macht ihm Mut, die Beziehung zu seiner zweiten Frau wieder in Ordnung zu bringen, seine erste Frau zu achten und sich um seine Kinder zu kümmern. So entdeckt er, dass man Gottes Willen auch unter Lebensumständen erfüllen kann, die man kaum für erstrebenswert erachtet hätte.

Sich auf ein solides Fundament stützen

Die wichtigsten Entscheidungen unseres Lebens betreffen unseren Lebensstil – unsere Gewohnheiten, Überzeugungen und Lebensziele. Oft benehmen wir uns wie Eltern, die wochenlang darüber brüten, ob man lieber eine Woche campen oder sich ein paar Tage in Disneyland vergnügen sollte. Dabei übersehen sie ganz, dass die wichtigste Entscheidung – der gemeinsame Urlaub als Familie – bereits gefällt wurde. Oft machen wir uns unnütze Sorgen, ob wir Gottes Willen erfüllen werden.

Man übersieht so leicht das Offensichtliche. Da macht sich ein junges Paar Gedanken, ob es ein wunderschönes, aber schon älteres Haus für 500.000 Euro kaufen oder lieber für 750.000 Euro sein Traumhaus bauen soll. Aber ob sie überhaupt so viel Geld in ein Haus stecken sollen, fragen sie nie. Oder nehmen wir einen Mann, der überlegt, ob er den Job in Miami annehmen oder in Kansas City bleiben soll. Dabei sind beide Möglichkeiten für seine Familie und für sein Engagement in der Gemeinde von Nachteil. Kann es sein, dass uns die Frage nach dem Willen Gottes manchmal auf eine völlig verkehrte Schiene bringt?

Wir können den Willen Gottes hier und heute immer erfüllen, selbst wenn unsere Zukunft im Dunkeln liegt. Wir können unser Studium oder unsere Ausbildung ernst nehmen, selbst wenn wir noch nicht wissen, welche berufliche Richtung wir einmal einschlagen werden. Wir können die Probleme von heute lösen, um auf die Probleme von morgen vorbereitet zu sein. Wir können heute der Not begegnen, die wir um uns herum entdecken, und werden so vielleicht ganz nebenbei erkennen, welchen Dienst wir morgen für Gott und andere tun sollen. Wir können uns um andere kümmern, wir können an unserer Persönlichkeit und unseren Fähigkeiten arbeiten und wir können uns für eine gute Sache einsetzen. Diese schlichten Selbstverpflichtungen können ein Fundament werden, das uns auf zukünftige Aufgaben vorbereitet. Je konsequenter und zuverlässiger wir heute sind, umso eher werden wir fähig, den Willen Gottes morgen zu tun.

Denken wir an die Ehe. Ob wir uns entschließen zu heiraten und wen wir heiraten werden, ist weniger wichtig als dass wir lernen, Beziehungen und Freundschaften aufzubauen, lange bevor wir an eine Heirat überhaupt denken. Letztlich entscheidet unser Entschluss, andere zu lieben, darüber, ob eine Ehe gelingen kann, denn die Liebe schafft die dafür notwendigen Rahmenbedingungen. Die meisten Ehen scheitern nicht daran, dass jemand „den Falschen" geheiratet hat, sondern daran, dass die Partner nicht gelernt haben, andere Menschen zu lieben, bevor die Frage der Ehe überhaupt akut wurde. Die Grundfrage ist doch: „Bin ich bereit, einen Menschen zu lieben, bis der Tod uns scheidet?"

Oder nehmen wir den Beruf. Es ist für unsere Zukunft nicht so entscheidend, welchen Beruf wir wählen, als vielmehr, wie wir Tag für Tag handeln. Es wird in dieser Welt immer einen Bedarf geben an Arbeitern, die bereit sind zuzupacken, an kompetenten Lesern und gründlichen Autoren, an kritischen Denkern, an Problemlösern, an kooperativen

Kollegen, verantwortungsbewussten Mitarbeitern und gerechten Vorgesetzten. Ich unterrichte an einer christlichen Hochschule, weil ich davon überzeugt bin, dass die Studenten hier ein gutes Fundament für ihren Lebensweg bekommen. Sie erhalten hier eine breite Allgemeinbildung, die ihnen in jedem Beruf dienlich sein wird. Die meisten der heutigen Studenten werden nicht ihr Leben lang denselben Beruf ausüben. Und wenn ihr Studium sie nur auf *eine* berufliche Richtung vorbereitet, dann war ihre Ausbildung mangelhaft. Doch wenn das College ihnen ein gutes Fundament an Wissen, Fähigkeiten, Gewohnheiten und Überzeugungen mit auf den Lebensweg gibt, dann sind sie auf nahezu jede Situation vorbereitet.

Die Bedeutung des Gewöhnlichen

Das ganz normale Leben ist der Rahmen, in dem wir den Willen Gottes erfüllen. Vor einigen Jahren sprach an unserem College ein bekannter Referent vor einer großen Zahl von Studenten. Immer wieder stellte er mit dramatischen Gesten die folgende Frage: „Wie viele von Ihnen haben wirklich gelebt? Und ich meine: *wirklich* gelebt?" Er meinte damit Abenteuerlust, die Bereitschaft, etwas zu riskieren und Großes für Gott zu tun – ein Leben, das beständig im Ausnahmezustand gelebt wird, sozusagen. Seine Worte waren mitreißend. Doch als einer meiner Kollegen später seiner Frau von diesem Vortrag erzählte, meinte die nur mit einem schelmischen Grinsen: „Klingt ganz nach Mann!" Sie fragte sich, ob der Referent wohl dasselbe gesagt hatte, wenn er wie jeder andere Sterbliche sein Leben fristen und Tag für Tag die gleichen banalen Aufgaben erledigen müsste, wie Lebensmittel einkaufen oder Rasen mähen. Theresa von Avila, eine Mystikerin des 16. Jahrhunderts und Leiterin eines religiösen Ordens, sagte einmal: „Gott wandelt zwischen Töpfen und Pfannen." Die meisten Menschen müssen zwischen Töpfen und Pfannen wandeln, und genau dort lernen wir, „wirklich zu leben" und Gottes Willen zu tun.

Auch das Neue Testament richtet sich an Menschen, die ein stinknormales Leben führen. Jesus verbrachte den allergrößten Teil seiner Zeit mit ganz gewöhnlichen Menschen: Frauen, Kinder, Fischer, Bauern und so weiter. Er warnte die Reichen vor den Gefahren des Reichtums und versicherte den Armen, dass Gott sie nicht vergessen hat. Er verhieß, dass eines Tages alles umgekehrt werden sollte, dass die Ersten die Letzten und die Letzten die Ersten sein sollten (vgl. Lk. 13,30). Und darum rief er die Menschen dazu auf, zum Dienen bereit zu sein.

> Ihr wisst ... wie die Machthaber der Welt ihre Völker unterdrücken. Wer die Macht hat, nutzt sie rücksichtslos aus. Aber gerade so darf es bei euch nicht sein. Wer in Gottes Augen groß sein will, der soll allen anderen dienen, und wer der Erste sein will, soll sich allen anderen unterordnen.
> (Markus 10,42–44)

Paulus redete für Menschen unterschiedlichster Herkunft verständlich vom christlichen Glauben. Er zeigte, dass jeder Mensch Gott an dem Platz dienen konnte, an dem er sich befand.

• Für die Sklaven hieß das, ihre Nachfolge Jesu ernst zu nehmen: „Denkt bei allem daran, dass ihr für Gott und nicht für die Menschen arbeitet. Als Lohn dafür wird Gott euch geben, was er versprochen hat. Das wisst ihr ja. Ihm allein, euerm Herrn Jesus Christus, dient ihr und keinem anderen!" (Kol. 3,23.24).

• Titus, den Gemeindeleiter, ermutigt er dazu, auch seine Gemeindeglieder darauf hinzuweisen, wie sie Christus im Alltag dienen können: „Erinnere die Christen daran, dass sie sich dem Staat und seinen Behörden unterzuordnen haben.

Sie sollen die Gesetze des Staates befolgen und sich tatkräftig für das Gemeinwohl einsetzen. Kein Christ darf gehässig über andere reden oder gar Streit suchen. Er soll vielmehr jedem freundlich und liebevoll begegnen ... Alle, die sich zu Jesus Christus bekennen, müssen lernen, überall da zu helfen, wo es nötig ist. Denn sonst vertun sie ihr Leben, und ihr Glaube ist nichts wert" (Tit. 3,1–2,14).

• Er gibt der alltäglichen Arbeit Würde, wenn er schreibt: „Wer früher gestohlen hat und davon lebte, der soll sich jetzt eine ehrliche Arbeit suchen, damit er Notleidenden helfen kann" (Eph. 4,28).

Paulus brachte seine Einstellung zum Willen Gottes auf einen simplen Nenner: „Bei all diesen Fragen, beim Essen und Trinken oder was ihr auch tut, denkt immer daran, dass alles zur Ehre Gottes geschieht" (1. Kor. 10,31).

Unsere größte Herausforderung sind nicht die Augenblicke, in denen Gott uns ein heroisches Opfer abverlangt, sondern die Zeiten, in denen er von uns verlangt, unsere alltäglichen Pflichten sorgfältig zu erfüllen. Solche alltäglichen Abläufe können uns einschläfern und selbstzufrieden machen. Jean-Pierre de Caussade, ein Jesuit des 18. Jahrhunderts, spricht von dem Geheimnis des Glaubens, sich jeden Tag in den ganz gewöhnlichen Dingen Gott hinzugeben. Wir brauchen Augen des Glaubens und ein Herz voller Liebe, um die Bedeutung des Alltäglichen zu erkennen:

> Dieser gegenwärtige Augenblick birgt in sich einen unermesslichen Reichtum, der deine wildesten Träume übersteigt; doch du wirst ihn nur in dem Maße genießen können, wie du glaubst und liebst. Je mehr Liebe eine Seele besitzt, je mehr Sehnsucht, je mehr Hoffnung, umso mehr findet sie. Der Wille Gottes manifestiert sich in jedem Moment; ein riesiger Ozean, den das Herz nur ermessen kann, wenn es von Glaube, Hoffnung und Liebe überfließt.[44]

Wenn wir die geistliche Bedeutung des Gewöhnlichen wahrnehmen, werden wir erkennen, welche unglaubliche Gabe Gott uns schenken will. Diese Gabe ist seine liebevolle Gegenwart.

> Wenn sich der Wille Gottes einer Menschenseele offenbart und sie sich ihrerseits ihm hingegeben hat, dann wird sie sich des gewaltigen Verbündeten bewusst, der sie umgibt, denn sie kostet das Glück der Gegenwart Gottes, an der sich nur freuen kann, wer durch die Selbsthingabe gelernt hat, wo er in jedem Augenblick in der Beziehung zu Gottes ewig liebendem Willen steht.[45]

Es gibt nichts Gewöhnlicheres als Routinearbeiten. Gott hat uns zur Arbeit geschaffen – dass wir Sojabohnen anpflanzen, Telefongeschäfte abwickeln, Viertklässlern Mathematik beibringen oder Spaghetti kochen. Die tägliche Arbeit hat ihre Würde, wenn sie zur Ehre Gottes und zum Wohl der Menschheit getan wird. Gott gab uns Muskeln und Hände, Kreativität und Verstand, damit wir Romane schreiben, Jazzmusik spielen, rechnen oder ein Haus streichen. Wir tun den Willen Gottes, wenn wir unsere Kraft einsetzen, um für seine göttlichen Pläne in dieser Welt zu arbeiten.

Der jüdische Ausdruck *Tikkun Olam* – „die Welt in Ordnung bringen" – verweist auf den Zweck, den Gott mit unserer Arbeit verfolgt. Gott hat uns zu seinen Mitarbeitern gemacht; wir sollen ihm helfen, diese Welt wieder zu dem zu machen, wozu er sie gedacht hat. Mitarbeiter Gottes werden wir nicht erst dadurch, dass wir die Verlorenen für Christus gewinnen, sondern auch, indem wir uns für das Allgemeinwohl einsetzen, uns um problembeladene Menschen kümmern, nach Gerechtigkeit trachten, sinnvolle Produkte herstellen, hilfreiche Dienstleistungen anbieten und schöne Kunstwerke erstellen. Evelyn Underhill schreibt:

Das Christentum ist eine Religion, die davon ausgeht, dass etwas nicht in Ordnung ist mit der Welt und dass wir von Gott eingeladen sind, mit ihm zusammen die Sache in Ordnung zu bringen. Das Christentum bietet nicht nur die erlösende Liebe für jeden Einzelnen, sondern es ruft uns, gleichsam als Ernstfall und Bestätigung unserer Erlösung, hinein in die hohe Ehre, an dieser endlosen Aufgabe mitzuwirken. Wenn wir zum Leib Christi gehören, sind wir aufgerufen, einen Teil dieser endlosen Erlösungsarbeit mit zu übernehmen und so das Reich Gottes in die Welt zu bringen.[46]

Bruder Laurentius, ein Mönch des 17. Jahrhunderts, war überzeugt, dass man Gott auch in der allergewöhnlichsten Arbeit Ehre erweisen könne. Er lebte im Kloster und verbrachte den Großteil seiner Zeit in der Küche. Hier lernte er, Gott zu ehren, während er die langweiligsten und gewöhnlichsten Arbeiten verrichtete. Ein Mitbruder hat die Gespräche aufgezeichnet, die sie führten, und daraus entstand der Klassiker *Allzeit in Gottes Gegenwart*. Geistliches Wachstum, so schreibt er, hängt nicht davon ab, dass wir uns andere, spirituellere Aufgaben suchen; es beruht vielmehr darauf, dass wir unsere Einstellung zu dem, was wir tun, verändern. „Unsere Heiligung besteht nicht darin, dass wir unser Werk verändern, sondern darin, dass wir das um Gottes willen tun, was wir gewöhnlich nur für uns selbst tun."

Bruder Laurentius glaubt, dass unser Motiv zum Handeln entscheidend ist.

> Die beste Methode ... zu Gott zu gelangen, ist die, dass wir unsere gewöhnliche Arbeit verrichten, ohne dabei die Anerkennung durch Menschen im Blick zu haben, sondern sie allein aus Liebe zu Gott zu tun ... Es ist eine große Täuschung zu meinen, die Zeit des Gebets solle sich von anderen Zeiten unterscheiden; denn wir sind streng verpflichtet, in der Zeit des

Werks Gott durch unser Werk anzuhangen wie in der Zeit des Gebets durch unser Gebet.[47]

Routineaufgaben müssen für Gott wirklich eine Bedeutung haben, denn er erwartet von uns, dass wir eine Menge Zeit damit verbringen. Unser Leben besteht zum Großteil aus banalen, unerwähnenswerten und langweiligen Tätigkeiten. Wir machen Betten, spülen Geschirr, kaufen ein, kochen, erledigen das Tägliche, schreiben Briefe, machen Notizen, spitzen Bleistifte, beantworten E-Mails, fahren die Kinder zur Klavierstunde, gehen zu Sitzungen, singen im Kirchenchor, jäten Unkraut, telefonieren und gleichen unser Konto aus. Wir leben ein ganz gewöhnliches Leben und ersticken in Routine.

Warum hat Gott das Ganze so eingerichtet? Warum hat er das Leben so gewöhnlich geschaffen? Wir träumen uns aus unserem Alltag fort in die Glitzerwelt von Hollywood, in den Ruhm eines Spitzensportlers oder in den Luxus eines Multimillionärs oder die öffentliche Beachtung eines Spitzenpolitikers. Aber auch diese berühmten Leute verbringen einen großen Teil ihrer Zeit mit banalen Kleinigkeiten.

Wir können versuchen, jede Minute in unserem Tag effektiv zu nutzen. Wir können uns mit wichtigen anstatt mit banalen Dingen beschäftigen. Aber wir können nicht alles tun. Wir haben alle Grenzen. Wir müssen schlafen und den Alltagskram erledigen. Wir brauchen Zeit, um uns zu erholen und mal ein gutes Buch zu lesen. Wir erkälten uns oder holen uns eine Grippe. Irgendwann werden wir sterben. Und deshalb müssen wir lernen, unser Leben gut zu leben – es für Gott und in seiner Gegenwart zu leben – mitten in dieser unausweichlichen Normalität und Gewöhnlichkeit.

Das Leben feiern statt es nur zu überstehen

Ich habe gute Freunde, die mir nach dem Unfall sehr geholfen haben, Ron und Julie. Sie haben selbst drei Kinder, aber Julie fühlte sich berufen, nach Lyndas Tod meinem Sohn John eine „Ersatzmutter" zu sein. Vier Jahre lang verbrachte John die Vormittage bei ihr, während ich zur Arbeit ging. Bis heute unterhalte ich mich mit Julie und Ron immer wieder darüber, wie es uns gerade geht. Wir sprechen über Probleme, über glückliche Entwicklungen und über wichtige Entscheidungen. Und immer wieder sagt Julie zu mir: „Es ist so schön, das Leben gemeinsam zu leben."

Vor einigen Jahren ging ich mit den Kindern in einen Film über eine Expedition zum Mount Everest, dem höchsten Berg der Erde. Am Anfang des Films wird erklärt, warum es so gefährlich ist, sich länger als ein oder zwei Tage in der so genannten „Todeszone" aufzuhalten; diese Zone beginnt, wenn die Bergsteiger eine Höhe von etwa 7 900 Metern erreichen. In dieser Höhe ist die Luft so dünn, dass der menschliche Organismus nur eine begrenzte Zeit klettern kann. Deshalb verbringen die Bergsteiger Wochen damit, sich an die Höhe zu akklimatisieren und Vorräte in die vielen Lager entlang ihres Weges zu schaffen. Doch egal wie gut sie sich auch vorbereitet haben, wenn sie die Todeszone erreichen, bleibt ihnen nur wenig Zeit für den Weg zum Gipfel und zurück. Die letzte Etappe bis zum Gipfel ist so anstrengend, dass die Bergsteiger bereits um Mitternacht aufbrechen müssen, um den Weg zu schaffen, bevor der Tag zu Ende ist und Nahrung, Sauerstoff und Kräfte zur Neige gehen. Wenn man eine ganze Stunde auf dem Gipfel verbringen kann, gilt dies unter Kennern als wahrer Luxus. Mit anderen Worten, die Bergsteiger investieren mehrere Wochen ihres Lebens und ungeheure Geldsummen, um einen Gipfel zu erreichen, auf dem sie, wenn sie großes Glück haben, eine einzige Stunde verbringen werden! Und viele erreichen dieses Ziel noch nicht einmal.

Der Film brachte mich ins Nachdenken über die Ambivalenz des Erfolgs. Liegt die wahre Freude im Erreichen von etwas wirklich Großartigem, oder liegt sie in der Erfahrung, diese Herausforderung gewagt zu haben? Wird unsere Freude dadurch vollkommen, dass wir etwas zu Ende bringen, oder einfach darin, dass wir uns daranmachen, es zu tun? Vielleicht suchen wir die Freude an der verkehrten Stelle. Möglicherweise liegt das Geheimnis wahrer Freude darin, einfach sein Leben zu leben, sich eine Aufgabe zu setzen und den Willen Gottes im ganz normalen Leben zu verwirklichen.

Die kleinen Dinge zählen

Zum Beginn des neuen Jahrtausends brachte die Zeitschrift *Newsweek* eine Reihe von Artikeln, in denen Augenzeugen über das 20. Jahrhundert berichteten. Eine Ausgabe war dem Sport gewidmet und erzählte von namhaften Athleten, unvergesslichen Augenblicken, großartigen Mannschaften und aufregenden Wettkämpfen. Eine dieser besonderen Mannschaften war das Basketballteam der Universität von Kalifornien in Los Angeles in den Sechziger- und Siebzigerjahren. Sie gewannen zehn nationale Titel, davon sieben in Folge. Trainer des Erfolgsteams war während der gesamten Zeit John Wooden. Ein Reporter fragte ihn nach seinem Erfolgsgeheimnis. „Ich denke, es sind die kleinen Dinge, die zählen", sagte er. Und bei diesem Sport können das wahrhaft „kleine Dinge" sein.

> Als Erstes habe ich unseren Spielern bei unserem ersten Zusammentreffen gezeigt, dass sie sich etwas mehr Zeit nehmen sollten, um ihre Strümpfe und Schuhe richtig anzuziehen. Denn Schuhe und Strümpfe sind die wichtigsten Teile ihrer Ausrüstung.

... Es dauert nur ein paar Minuten, aber ich wollte,
dass meine Spieler wissen, wie man das richtig
macht.[48]

Mein Sohn John ist inzwischen in der fünften Klasse und
hat angefangen, in einer Amateurmannschaft Basketball zu
spielen. In der Amateurliga ist die Konkurrenz groß, und
die Spieler nehmen ihre Sache sehr ernst. John und seine
Mitspieler sehen sich bereits als die zukünftigen Profis in
der Nationalmannschaft. Sie versuchen die flüssigen Bewe-
gungsabläufe und die Meisterwürfe ihrer Idole nachzuah-
men, was oft ziemlich komisch wirkt. Und obwohl es bei
den meisten noch an den Grundfertigkeiten fehlt, benehmen sie sich, als wären sie nur noch ein oder zwei Schritte
von der Meisterschaft entfernt. Sie haben große Ziele, aber
ob sie Erfolg haben werden, hängt, wie Wooden ganz richtig erkannt hat, davon ab, ob sie auf die kleinen Dinge
achten.

Der Apostel Paulus nahm Timotheus unter seine Fittiche,
um ihm alles beizubringen, was er als Hirte einer Gemeinde
brauchte. Paulus erkannte, dass der Erfolg seines Schülers
davon abhing, wie gut er auf die Dinge des Alltags achtete,
darum schrieb er ihm:

> Niemand hat ein Recht, auf dich herabzusehen,
> weil du noch so jung bist. Allerdings musst du
> in jeder Beziehung ein Vorbild sein, in allem, was du
> sagst und tust: in der Liebe, im Glauben und in deiner
> ganzen Gesinnung. Solange ich nicht wieder bei euch
> bin, lies du in der Gemeinde aus der Heiligen Schrift
> vor, ermutige die Christen und unterrichte sie.
> Setze die Gabe ein, die Gott dir schenkte,
> als er dich durch ein prophetisches Wort in der
> Gemeinde für diese Aufgabe bestimmte
> und die Ältesten dir segnend die Hände auflegten.
> Gebrauche diese deine Gabe, dann wird

jeder erkennen, wie dein Glaube
in jeder Hinsicht wächst.
(1. Timotheus 4,12–15)

Ich habe Menschen mit besonderen Gaben, schneller Auffas-
sungsgabe oder natürlichen Talenten immer beneidet –
Leute, die zum Beispiel Basketballturniere spielen konnten,
ohne vorher groß zu trainieren; die ihre Seminararbeiten erst
Stunden vor dem Abgabetermin schrieben und trotzdem
exzellente Leistungen erbrachten; die eine Rede frei halten
konnten, ohne sich darauf vorbereitet zu haben; die ganze
Menschenmengen in ihren Bann ziehen konnten. Heute tue
ich das nicht mehr. Mario Puzo hat gesagt, für ihn sei ein
Held ein Mann, der seine Aufgabe kennt und sie tut.

Heute beeindrucken mich Menschen, die in ihrem
Alltagstrott ihr Bestes geben und Freude daran haben, das
Leben zu meistern und zu gestalten. Sie sind es, die die Welt
in Gang halten. Ich schätze Pfarrer, die Woche für Woche
fundierte Predigten halten, Studenten, die ihre Seminararbeiten mit Sorgfalt geschrieben und rechtzeitig abgegeben
haben, und Führungskräfte, denen der Erfolg ihrer Mitarbeiter am Herzen liegt. Ich bewundere Trainer, denen die
Spieler ebenso wichtig sind wie die Ergebnisse, Gefängnis-
wärter, die ihre Arbeit mit Stolz verrichten, und Kollegen,
die rechtzeitig zu Besprechungen erscheinen. Letztlich
kommt es darauf an, dass wir auf die kleinen Dinge Acht
haben.

Die meisten von uns haben ihren großen Augenblick.
Vielleicht gewinnen wir einen Preis oder unsere Leistung
wird in besonderer Weise anerkannt. Oder wir gewinnen in
letzter Minute ein Spiel oder unser Foto erscheint in der
Zeitung. Doch vor jedem solchen Augenblick voller Ruhm
liegen Hunderte von Stunden, die wir mit Alltagskram
verbringen. Ein Augenblick ist kurz. Es ist die Zeit, die wir
im Studium, im Training, in der Arbeit, bei freiwilligen

Diensten und in der Hingabe für Gott und andere zubringen, die am meisten zählt. Es sind die kleinen Dinge des Alltags, durch die wir den Willen Gottes erfüllen.

16
ENTSCHEIDUNGEN TREFFEN

Robert Frost hat ein Gedicht geschrieben, in dem zwei Straßen beschrieben werden, die sich in einem Wäldchen treffen. Er wählte die Straße, auf der noch nicht so viele Menschen gegangen waren, und das war das Entscheidende. Früher oder später treffen wir alle auf eine solche Weggabelung. Wir müssen uns entscheiden, welchem Weg wir folgen wollen. Manchmal werden uns beide Wege ähnlich erscheinen. Der eine ist der, auf dem alle gehen, und beide scheinen einladend zu sein. Wie fällen wir unsere Entscheidung? Wie treffen wir Entscheidungen über unsere Zukunft? Wie erkennen wir den Willen Gottes?

Nehmen wir eine Abiturientin, die von einer Reihe von Universitäten Informationen über ihr Studienfach zugesandt bekommt. Fünf Universitäten nimmt sie in die engere Wahl; sie schaut sie sich an und schließt zwei weitere von ihrer Liste aus. Die verbleibenden drei erscheinen ihr alle gleich interessant. Jede hat einen guten Ruf, die Städte, in denen die Universitäten liegen, besitzen eine gute Infrastruktur und ein breites Freizeitangebot und die Biologische Fakultät, die sie besuchen möchte, ist an allen drei Universitäten ausgezeichnet. Wie kann sie ihre Entscheidung treffen?

Oder denken wir an einen jungen Betriebswirt. Seine Arbeit in der mittleren Führungsebene eines Softwareherstellers macht ihm Spaß. Seine Frau hat eine gute Stelle an der örtlichen Grundschule und die Kinder fühlen sich in ihrem Umfeld wohl. Die Familie gehört zu einer lebendigen Gemeinde. Doch dann bekommt er von einer Firma aus einer ganz anderen Ecke des Landes eine Einladung zu einem Vorstellungsgespräch. Die neue Stelle wäre besser bezahlt und würde seinen Interessen und Fähigkeiten voll entsprechen. Es scheint die Chance seines Lebens zu sein, aber seine Familie ist gegen einen Umzug. Wie kommt er zu einer Entscheidung?

Oder nehmen wir zwei allein Erziehende, beide geschieden mit Kindern. Sie treffen sich bei einer Veranstaltung für Singles und es funkt sofort zwischen ihnen. Also verabreden sie sich und es entsteht eine ernsthafte Beziehung. Sie glauben fest daran, dass Gott sie zusammengeführt hat. Sie denken über eine Heirat nach und glauben, dass sie die Kraft und die Überzeugung haben, es noch einmal mit einer Ehe zu versuchen. Doch ihre Kinder sind weniger begeistert. Sobald die beiden Familien zusammen sind, gibt es Spannungen. Freunde unterstützen sie zwar, fragen aber auch, ob die beiden Familien wohl dauerhaft miteinander auskommen werden. Wie können die beiden Gottes Willen im Blick auf ihr zukünftiges Leben erkennen?

Manche Entscheidungen fallen uns natürlich leicht. Wenn ich mich beim Essen zwischen Mais und roten Bohnen entscheiden muss, dann werde ich jederzeit Mais wählen. Wenn ich die Wahl habe, ob ich meinen Papierkram erledige oder ein gutes Buch lese, werde ich mich für das Buch entscheiden. Bei diesen Entscheidungen geht es um persönliche Präferenzen. Wenn es bei all unseren Entscheidungen nur darum ginge, was wir lieber haben, dann wäre es einfach sich zu entscheiden. Doch unsere persönlichen Wünsche helfen uns nicht immer bei der Frage, welche Wahl die beste ist.

Auch die Festlegung unserer Prioritäten hilft uns nicht immer weiter. Es fällt mir leicht zu entscheiden, was wichtiger ist: mit meinen Kindern etwas zu unternehmen oder den Garten in Schuss zu halten. Meine Kinder sind mir wichtiger als der Garten. Sie haben Priorität. Aber oft liegen meine Prioritäten im Wettstreit miteinander und dann ist es nicht immer so offensichtlich, wofür ich mich in einer bestimmten Situation entscheiden soll. Zum Beispiel will ich sowohl meinen Lehrauftrag wahrnehmen als auch dieses Buch zu Ende bringen; aber beides soll nicht auf Kosten meiner Kinder gehen.

Und moralische Grundsätze machen die Entscheidung oft auch nicht klarer. Wenn ich die Wahl hätte, entweder bei meiner Steuererklärung zu mogeln oder als Extraverdienst einen Forschungsauftrag für die Semesterferien zu übernehmen, würde ich mich für den Forschungsauftrag entscheiden, weil ich weiß, dass Betrug falsch ist. Aber moralische Grundsätze können auch miteinander kollidieren. Manche Fragen sind völlig eindeutig, andere wiederum nicht. Mein Moralkodex sagt mir, dass es richtig ist, Menschen in Not zu helfen; er sagt mir aber auch, dass ich für meine Kinder da sein muss. Wie viel Zeit soll ich mir für das eine und wie viel für das andere nehmen? Jede Stunde, die ich für andere Menschen einsetze, ist eine Stunde weniger für meine Kinder. Gibt es hier eine eindeutige Entscheidung darüber, was richtig und was falsch ist? Ich bezweifle es.

Aber ich würde mir wünschen, dass es eindeutige Maßstäbe gäbe. Ich hasse Entscheidungen. Selbst bei der Wahl aus dem Angebot einer Speisekarte oder eines Versandhauskatalogs bin ich aufgeschmissen. Alles klingt gut. Wenn ich dann über so wichtige Dinge nachzudenken habe wie eine berufliche Veränderung, fühle ich mich völlig überfordert. Ich würde mir wünschen, dass ein anderer die Entscheidung für mich fällt. Dieses Kapitel handelt also von etwas, was ich selbst in meinem Leben unbedingt umsetzen muss.

Die Stimme Gottes

Zuzuhören ist nicht nur eine Gabe, es ist eine Kunst. Wir werden sicher eines Tages Computer besitzen, die Gespräche mit Menschen führen können, doch sie werden nie so ausgeklügelt sein, dass sie die gesamte Komplexität menschlicher Konversation erfassen könnten. Wir wissen aus eigener Erfahrung, dass Menschen mit Worten das eine sagen, während ihre Gesten und ihr Tonfall eine ganz andere Botschaft vermitteln können. Selbst ein so simpler Ausdruck wie „Schönen Dank!" kann viele verschiedene Botschaften enthalten – echte Dankbarkeit, Sarkasmus, banale Höflichkeit oder herablassende Gereiztheit –; es hängt ganz vom Tonfall ab, mit dem die Worte gesprochen werden, und vom Kontext, in dem sie fallen.

Wenn wir gute Entscheidungen treffen wollen, müssen wir lernen, auf Gottes Reden zu hören. Ich glaube nicht, dass es schwerer ist, Gott zuzuhören als den Menschen. Es mag in mancher Hinsicht sogar leichter sein. Doch auf jeden Fall ist es anders als ein Gespräch zwischen Menschen. Gott spricht nicht mit einer vernehmbaren Stimme, und er benutzt auch weder Gesten noch Tonfall. Und doch kommuniziert Gott mit uns – und das manchmal deutlicher als wir es wahrhaben möchten. Er teilt uns seinen Willen und seine Liebe mit. Aber er gibt uns keine „mehrdeutigen Botschaften", wie wir das häufig tun. Er liebt uns und will, dass wir ihn kennen lernen. Darum müssen wir lernen, dem zuzuhören, der wie kein anderer mit uns redet. Wie können wir auf ihn hören?

Die nahe liegendste Antwort lautet: Wir sollen die Bibel lesen, auch wenn dieses Buch kein Ersatz für eine lebendige Beziehung zu Gott sein sollte. Zum Beispiel erfahren wir in der Bibel, dass Gott durch Feuer, Erdbeben und Wind redet, dass er aber auch ganz sanft mit „einem leichten Säuseln" spricht (vgl. 1. Kön. 19,11–18). Zu manchen spricht er direkt (vgl. 2. Mose 3; Jes. 6), doch meist spricht er indirekt durch

Naturereignisse (Ps. 19). Er schenkt uns Eindrücke oder spricht unsere Intuition an, durch die wir häufig die Gegenwart Gottes spüren und seinen Willen erkennen. Er sendet seine Botschaften durch Propheten und Seher, in Träumen und Visionen. Er offenbart seinen Willen durch die Lebensgeschichten von Menschen, die vor uns gelebt haben. Und schließlich und vor allem kam er in Jesus Christus als Mensch zu uns, um uns unmissverständlich zu zeigen, wer er ist und wie sehr er uns liebt. In all diesen Kommunikationsformen zeigt sich kein durchgängiges Muster, wie Gott redet, aber es ist klar, dass Gott mit uns ins Gespräch kommen will, selbst wenn seine Botschaften uns manchmal nur indirekt erreichen.

Ich habe bereits gesagt, dass wir Gott im Glauben erkennen, nicht von Angesicht zu Angesicht. So hat Gott dieses Universum geschaffen. Wenn Menschen behaupten, sie seien mit Gott auf Du und Du so wie Mose oder Elija, bekomme ich ein mulmiges Gefühl. Davon gibt es heute viel zu viele. Die einen spielen sich auf diese Weise als Demagogen auf und die anderen kuschen vor ihnen oder reagieren zynisch. Wir können einiges über Gott wissen. Wir können Gott persönlich kennen lernen. Aber es bleibt „vieles unklar und rätselhaft", wie Paulus schreibt (1. Kor. 13,12). Es wird immer etwas von dem Geheimnisvollen und Rätselhaften in unserer Beziehung zu Gott bleiben – zumindest diesseits der Ewigkeit. Wenn wir mit Gott kommunizieren wollen, müssen wir lernen, es im Wissen um diese Begrenztheit zu tun.

Gott redet zu uns. Manchmal tut er es durch ungewöhnliche Umstände. Wenn etwas Unvorhergesehenes geschieht, stehen wir unter Umständen auf einmal vor einer neuen Herausforderung oder müssen eine völlig neue Richtung einschlagen. Corrie ten Boom wuchs in einer ganz normalen holländischen Familie auf. Die ersten 50 Jahre ihres Lebens verliefen ganz und gar unauffällig. Sie lebte bei ihren Eltern und half ihrem Vater in seinem Uhrmachergeschäft. Sie blieb unverheiratet und ging nie auf Reisen. Dann besetzten die Nazis die Niederlande und begannen mit der Verfolgung der holländischen Juden. Ein Führer der Untergrundbewegung, der erkannt hatte, wie sehr sich Corrie immer für andere, besonders Benachteiligte eingesetzt hatte, fragte sie, ob sie sich dem Widerstand anschließen würde. Sie zögerte keinen Augenblick. Das Haus der ten Booms wurde um eine geheime Kammer erweitert, in der sich Juden vor den Nazis verstecken konnten. Jahrelang setzte sich Corrie für die verfolgten Juden ein. Schließlich wurde sie verhaftet und in ein Konzentrationslager gebracht. Sie verlor ihren Vater und ihre Schwester, doch sie selbst überlebte.

Nachdem Corrie ten Boom die Geschichte dieser traumatischen Jahre in *Das Versteck* niedergeschrieben hatte, reiste sie um die ganze Welt, um Millionen von Menschen durch ihren Glauben zu ermutigen und zu inspirieren. Hätte ihr jemand mit vierzig gesagt, was für ein Leben sie einmal führen sollte, hätte sie sicher nur den Kopf geschüttelt. „Wer, ich?", hätte sie wohl ausgerufen. „Ich bin nur eine einfache Frau, die ein ganz gewöhnliches Leben führt. Ich bin keine Heldin. Da sprechen sie wohl von jemand anderem." Doch dann änderte sich die Situation. Und Gott benutzte die äußeren Umstände, um zu Corrie zu reden, und so geschah, was weder sie noch irgendein anderer Mensch hätte voraussehen können.[49]

Gott spricht auch durch Träume und Visionen. Eine Vision veränderte die gesamte Zielrichtung der Missionsarbeit des Paulus. Zweimal unternahm Paulus den Versuch, seine Missionsarbeit in Kleinasien auszuweiten. Zweimal scheiterte er. Dann sah er in einer Vision einen Mann aus Mazedonien, der ihm zurief, er solle nach Mazedonien kommen. Paulus erwachte am nächsten Morgen, packte seine Sachen und segelte nach Mazedonien (vgl. Apg. 16,6–10). Mit dieser Vision begann eine lang anhaltende und fruchtbare Arbeit, in deren Verlauf Paulus im heutigen Europa viele Gemeinden gründete, so zum Beispiel in Philippi, Thessaloniki und Korinth. In manchen dieser Städte wurde er verfolgt – für uns eine Erinnerung daran, dass unser Leben nicht unbedingt einfacher wird, wenn Gott zu uns redet; es kann sogar schwerer werden.

Gott kann auch mithilfe der Inspiration mit uns reden. Ich kenne eine Reihe von Studenten, die eine der vielen Missionskonferenzen in Urbana im US-Staat Illinois besucht haben. Den meisten von ihnen haben diese Konferenzen gut getan. Sie wurden motiviert und gingen mit neuer Kraft in ihren Alltag, um weiter an den Interessen und Träumen zu arbeiten, die sie auch vor der Konferenz bereits verfolgt hatten. Die Grundausrichtung ihres Leben veränderte sich nicht.

Doch einige kamen mit dem sicheren Gefühl wieder nach Hause, dass Gott sie zu etwas Neuem berufen hat. Irgendeine Predigt, einer der Workshops oder ein Gespräch wurde für sie zu einem Wendepunkt in ihrem Leben. Und von da an wussten sie einfach, dass Gott sie zu einer bestimmten Aufgabe berufen hatte: als Mitarbeiter in einem Waisenhaus in Indien, als Jugendleiter in El Salvador oder als Arzt in Äthiopien. Warum enthielt die Konferenz für sie eine spezielle Botschaft und für die anderen nicht? Auf irgendeine Weise hörten sie die Stimme Gottes und antworteten darauf.

Es kann auch geschehen, dass eine ganze Gemeinde prophetisch redet. Wir besitzen Berichte über christliche Gemeinden der frühen Kirche, die mit Gewissheit erkannten, dass Gott eine bestimmte Person für eine Führungsaufgabe berufen hatte, obwohl der Betreffende diese Position noch nicht einmal angestrebt hatte. Menschen übernahmen an verschiedenen Stellen Aufgaben gegen ihren Willen, weil die Gemeinde darauf bestand, dass Gott es so wollte. Ambrosius wurde auf diese Weise Bischof von Mailand, Augustinus Bischof von Hippo und ein ausgezeichneter Theologe nebenbei; Chrysostomos wurde Erzbischof von

Konstantinopel und Gregorius ein herausragender Papst der römischen Kirche. Diese Männer schrieben Werke, die noch heute gelesen werden. Sie standen vor Kaisern, führten ihre Kirche durch Krisenzeiten hindurch, kämpften gegen Irrlehren und stießen auf heftigen Widerstand. Sie wurden zu ganz großen Männern des Glaubens – nicht weil sie es so gewollt hatten, sondern weil es nötig war. Sie hätten sich diesen Lebensweg nicht selbst ausgesucht. Aber der Leib Christi redete mit einer Stimme und Gott benutzte diese Stimme, um sie in ihre Leitungsaufgaben zu berufen.

Solche ungewöhnlichen Dinge geschehen nicht häufig. Wir sollten sie nicht als Regelfall erwarten und unser Leben nicht davon abhängig machen. Es gibt keinen Grund, sich neben das Telefon zu setzen und auf einen Anruf Gottes zu warten. Aus irgendeinem Grund glauben wir, Gott müsse zu allem etwas zu sagen haben. Ich bin mir da nicht so sicher. Vielleicht schweigt Gott auch, weil er nichts zu sagen hat. Sein Schweigen bedeutet vielleicht nicht mehr als: „Super, werde Buchhalter oder Lehrer, zieh nach Orlando oder bleib in Chicago, heirate Sam oder bleib Single – ich werde auf jeden Fall mit dir sein und dich segnen!" Doch sein Schweigen kann auch heißen, dass er uns etwas Ernsteres zu sagen hat – etwas, das wir nicht hören wollen. Und wenn wir uns die Mühe machen würden, auf Gott zu hören, dann würde er vielleicht so etwas sagen wie: „Nein, ich habe nichts dagegen, wenn du an der *Harvard University* studieren willst; ich habe auch nichts gegen das kleine College in Spokane, aber ich habe etwas dagegen, dass du deine Eltern so geringschätzig behandelst. Ändere das bitte!"

Das Außergewöhnliche ist genau das – außergewöhnlich, etwas, das vom Normalen abweicht, eine Ausnahme. Es ist nichts, was wir von Gott verlangen oder erwarten sollten, selbst wenn wir immer offen dafür sein und bereitwillig darauf reagieren sollten. Wenn Gott unsere Lebensplanung unterbricht und durcheinander wirft, gut – dann soll es so sein. Wir werden es nicht im Voraus erfahren, aber wir sollten darauf vorbereitet sein. Wir können ebenso wenig vorhersehen, wann Gott auf außergewöhnliche Weise zu uns reden wird, wie die Juden zu Jesu Zeiten wissen konnten, dass Gott Mensch werden würde. Jean-Pierre de Caussade warnt uns:

> Gläubige Seelen vertrauen nicht auf Wunder. Sie lassen sich genügen an ihrer Unwissenheit und überlassen die Wunder anderen als Licht auf deren Weg; für sich selbst nehmen sie an, dass das meiste ganz gewöhnlich ist: Gottes Ordnung, die Art und Weise, wie Gott ihren Glauben auf die Probe stellt, indem er sich vor ihnen verbirgt, statt sich zu offenbaren.[50]

Der erste Schritt – das Hören auf Gottes Stimme – geht davon aus, dass Gott zu unseren Entscheidungen etwas zu sagen hat. Wenn wir Gott hören wollen, müssen wir uns Einüben in ein inneres Stillwerden. Ignatius von Loyola spricht davon, dass es angemessene Gelegenheiten gibt, um eine gute Entscheidung zu fällen. Manchmal bewegt Gott unseren Willen dazu, dass wir uns für ein bestimmtes Handeln entscheiden. Ignatius hielt eine solche direkte Führung jedoch für die Ausnahme. In anderen Fällen redet Gott durch unsere Erfahrung von „Trost" oder „Trostlosigkeit". Mit anderen Worten, unsere Lebenserfahrung hilft uns, Gottes Willen zu erkennen. Doch meist redet Gott mit ganz gewöhnlichen Mitteln zu uns. Wir müssen lernen, still zu werden, um hören und antworten zu können. Unruhe und Ablenkung hindern uns daran, Gottes Stimme zu hören.[51]

Manche Christen fasten, um ihre Seele zur Ruhe kommen zu lassen. Das Fasten unterwirft unsere Begierden einer festen Disziplin und erhöht unsere geistliche Sensibilität. Der Körper wird unwichtiger, die Seele wichtiger. In der frühen Kirche wurde gefastet, um den Willen Gottes zu erkennen. Die Gläubigen in Antiochia beteten und fasteten zum Beispiel, bevor sie Paulus und Barnabas segneten, ihnen die Hände auflegten, um sie auf ihre Missionsreise auszusenden. Das Fasten und Beten machte sie aufmerksamer für Gottes Reden (vgl. Apg. 13,1–3).

Gott hat ein größeres Ziel

Neben dem Hören sollten wir immer wieder Gottes größeres Ziel, das Gesamtgemälde seines Erlösungsplanes für die Welt betrachten. Ignatius rät:

> Es ist nötig, als Gegenstand das Ziel zu haben, für das ich geschaffen bin, das ist: um Gott, unseren Herrn, zu loben und meine Seele zu retten. Und ich muss mich somit indifferent finden, ohne irgendeine ungeordnete Anhänglichkeit. Ich soll also nicht mehr dazu geneigt sein noch danach verlangen, die vorgelegte Sache zu nehmen, als sie zu lassen, noch mehr dazu, sie zu lassen, als sie zu nehmen. Vielmehr soll ich mich wie in der Mitte einer Waage finden, um dem zu folgen, wovon ich verspüre, dass es mehr zur Ehre und zum Lobpreis Gottes, unseres Herrn, und zur Rettung meiner Seele ist.[52]

Für Franz von Sales sind Gottes Absichten leicht zu verstehen. Ihre Zielrichtung ist offensichtlich, wenn wir sie nur verstehen wollen. Gott spricht deutlich, wo und wann er es für nötig hält. Wenn er nicht deutlich redet, gibt es wahrscheinlich keinen Grund dazu. In diesem Fall haben wir die Freiheit, selbst zu entscheiden.

> Gottes Wille ist uns bekannt ... durch das, was er anordnet, was er gebietet. Diese Dinge erfordern von uns keine Überlegung; wir führen einfach Gottes Gebote aus. In allem anderen aber sind wir vollkommen frei, unsere eigene Wahl zu treffen, wie es uns am

besten erscheint – obwohl es nicht die Frage ist, alles tun zu können, was erlaubt ist, sondern das zu verwirklichen, was der Sache angemessen ist.[53]

Gottes größeres Ziel hat er in der Bibel offenbart. Der Grundgedanke ist klar. Wir können unseren Verstand einsetzen, um die Bibel zu begreifen und zu interpretieren. Mit anderen Worten: Es braucht keine mystische Erkenntnis, um zu entdecken, was Gott zutiefst am Herzen liegt. Er hat uns nicht betrogen, als er uns einen Verstand gab, und er will, dass wir ihn bei den Entscheidungen, die wir zu fällen haben, gebrauchen. Natürlich kann er auch direkt in unser Leben eingreifen, wenn er das will. Doch solange er das nicht tut, will er, dass wir unseren gesunden Menschenverstand benutzen. Der Verstand ist zwar kein unfehlbarer Ratgeber – schließlich hat der Sündenfall alles verdorben, auch unseren Verstand –, aber er ist immer noch ein guter Ratgeber, wenn er Gott zugewandt ist. Ignatius von Loyola sagt es so:

> Nachdem ich so die vorgelegte Sache durchgegangen bin und nach allen Seiten über sie nachgedacht habe, schauen, wohin sich die Vernunft mehr neigt. Und so soll man nach der größeren Vernunftregung und nicht nach irgendeiner sinnlichen Regung die Entscheidung über die vorgelegte Sache treffen.[54]

Gott gibt uns ein gewisses Maß an Freiheit bei unseren Entscheidungen. Wenn wir vor allem sein größeres Ziel im Blick haben, werden wir bei unseren Entscheidungen einen wesentlich größeren Handlungsspielraum entdecken, sagt Franz von Sales. Gottes Wille ist wie eine Anzahl von Wegen, die alle zu dem einen Ziel führen. Wir können jeden dieser Wege nehmen und werden am Ende unser Ziel erreichen. Die Suche nach der „vollkommenen Entscheidung" (wenn es die überhaupt gibt) ist eine Vergeudung von Zeit und Energie, solange es mehrere gute Alternativen gibt. Außerdem könnte unser Zögern uns davon abhalten, eine gute Wahl zu treffen.

> Während sie sich mühen und sorgen, weil sie zu entdecken suchen, welche die bessere [Wahl] ist, verpassen sie die Gelegenheit, vieles zu tun, was gut ist. Taten machen Gott weit mehr Ehre als all die Zeit, die darauf vergeudet wird, zwischen dem Guten und dem Besseren zu unterscheiden.[55]

Das Wesentliche im Blick haben

Und schließlich sollten wir das Wesentliche im Blick behalten. Nur wenige Tage vor ihrem Tod schrieb Lynda einen letzten Brief. Die Empfänger dieses Briefes, gute Freunde von uns, schickten mir eine Kopie des Briefes. Ihre letzten Zeilen drücken ihre ganze Lebensphilosophie so gut aus: „Ich versuche, mein ganzes Leben im Licht der Ewigkeit zu leben." Eine solche „Ewigkeitsperspektive" wird Einfluss auf unsere Entscheidungen haben. Sie stellt das Wesentliche über das Dringende, die Bedürfnisse über die Wünsche, das Dienen über das Vergnügen und die Menschen über die Dinge. Als ich meine erste Pfarrstelle antrat, meinte ein Theologieprofessor zu mir: „Die Menschen und das Wort Gottes bleiben ewig. Das meiste andere ist zeitlich. Achten Sie darauf, dass Sie in das Ewige investieren."

Ignatius schlägt vor, dass wir uns vor Entscheidungen vorstellen sollten, wir würden einen anderen Menschen bei einer Entscheidung beraten, und dann sollten wir einfach unserem eigenen Rat folgen: „Dann werde ich nach meinem eigenen Ratschlag handeln und das einhalten, was ich einem anderen vorgeschlagen habe." Er rät auch, dass wir uns vor wichtigen Entscheidungen vorstellen sollten, wir stünden an der Schwelle des Todes und würden in den Abgrund der Ewigkeit hinabblicken. Würden wir uns anders entscheiden, wenn wir unser Lebensende im Blick hätten?[56] „Ich habe noch niemanden getroffen", so sagte meine Freundin Kathy einmal, „der sich mit 75 Jahren gewünscht hätte, er hätte mit 40 mehr Zeit im Büro verbracht. Aber ich kenne viel zu viele Menschen, die bedauern, dass sie nicht mehr Zeit mit ihrer Familie verbracht oder für andere investiert haben." Die richtige Perspektive hilft uns, das Gesamtbild im Blick zu behalten.

Diese Perspektive können uns vor allem andere vermitteln. Unsere Zugehörigkeit zum Volk Gottes kann uns so helfen, gute Entscheidungen zu treffen. Seelsorger und Freunde können uns besonders gut raten, weil wir ihnen wichtig sind und weil sie unsere Stärken und Schwächen kennen. Das Gleiche gilt für Hauskreise oder christliche Kleingruppen. Seit Lyndas Tod treffe ich mich regelmäßig mit einer Gruppe von Freunden. Wir sprechen über die Ehe, die Kinder, den Job und Ähnliches. Wir helfen und raten einander bei wichtigen Entscheidungen. So ist die Gemeinde eine reiche Quelle, aus der wir schöpfen können, wenn Entscheidungen anstehen.

Trotzdem bin ich aus zwei Gründen auch vorsichtig, was den Rat anderer für eigene Entscheidungen angeht. Zum einen ist ein Mensch nicht unbedingt weise, nur weil er Christ ist. Selbst der ernsthafteste Christ hat geteilte Motive und erteilt uns möglicherweise einen schlechten Rat. Und zum Zweiten gibt es Menschen in leitenden Positionen, die ihre Autorität missbrauchen. Christliche Gemeinden bilden hier keine Ausnahme. Wer in Anspruch nimmt, im Namen Gottes zu sprechen, sollte sich sorgfältig prüfen. Jesus hat gesagt, gute Hirten dienen ihrer Herde, statt sie zu beherrschen. Und jeder, der einen Rat einholt, sollte selbst beurteilen, ob die Grenze der eigenen Entscheidungsfreiheit gewahrt blieb.

Autoritäre Gemeinden müssen nicht bis zum Äußersten gehen, um für ihre Glieder gefährlich zu werden. Jeder, der meint, die Autorität zu besitzen, anderen vorzuschreiben, was Gott bei einer bestimmten Entscheidung von ihnen will, ist bereits zu weit gegangen. Die Kirche besitzt nur ein Haupt, Jesus Christus. Es ist eine Sache, jemanden zur Rede zu stellen, der Gelder veruntreut, Ehebruch begeht oder sich nicht genügend um seine Kinder kümmert. Aber es ist etwas völlig anderes zu behaupten, Gott wolle, dass ein anderer nicht Lehrer, sondern Arzt wird oder Elvira heiratet statt Daniela. Ich glaube, dass unsere irdischen Entscheidungen Gott gar nicht so wichtig sind, solange wir ihn an die erste Stelle setzen.

Es gibt noch eine andere Gruppe weiser und betagter Männer und Frauen, bei denen wir Orientierung suchen können. Ich meine die Heiligen, Menschen des Glaubens, die vor langer Zeit gelebt haben. Ich habe schon von Menschen Rat empfangen, denen ich nie persönlich begegnet bin. Sie sind für mich zwar Fremde, haben aber dennoch einen tiefen Einfluss auf mein Leben. Bei ihnen hole ich mir gelegentlich Rat, wenn eine Entscheidung ansteht. Ich lese ihre Werke und Biografien. Einer meiner teuersten Berater ist Augustinus von Hippo (356–430), dessen Autobiografie mein Leben verändert hat. Ich hatte das Buch bereits vor vielen Jahren gelesen, hatte aber kaum davon profitiert, vermutlich weil ich noch nicht reif genug für diese Lektüre war. Dann las ich es 1997 erneut und fand auf jeder Seite neue Einsichten über den christlichen Glauben und Hilfestellungen für die wichtigen Entscheidungen meines Lebens.

Entscheiden und vertrauen

Wir sollen also auf Gottes Stimme hören, Gottes Willen erkennen und das Wesentliche im Blick behalten. Trotzdem müssen wir irgendwann die anstehenden Entscheidungen fällen. Wir müssen uns für eine Ausbildung, einen Job, eine Gemeinde oder ein Haus entscheiden. Können wir mit Sicherheit sagen, ob unsere Entscheidungen dem Willen

Gottes entsprechen? Und wenn ja, wie? Welche Kriterien können wir ansetzen, um festzustellen, wie „erfolgreich" wir unsere Entscheidung getroffen haben?

Erfolg ist an sich schon ein gefährlicher Begriff. Wenn wir die Qualität unserer Entscheidungen daran messen, welche Erfolge sie uns bringen, werden wir sehr bald irritiert und enttäuscht sein. Ist denn der Erfolg – was immer das auch bedeutet – ein Beweis dafür, dass wir Gottes Willen getan haben; und ist Misserfolg ein Zeichen dafür, dass wir nicht im Einklang mit Gottes Willen stehen? Nicht unbedingt. Es hängt immer davon ab, was wir mit Erfolg und Misserfolg meinen.

William Carey glaubte, es sei Gottes Wille, dass er als einer der ersten Missionare nach Indien ging. Er bezahlte einen hohen Preis für diese Überzeugung, denn er vorlor viele seiner Angehörigen durch Krankheiten, während er dort war. Hätte er in England bleiben sollen? Samuel Zwemer verbrachte sein ganzes Erwachsenenleben als Missionar auf der arabischen Halbinsel, ohne je zu erleben, dass sich auch nur ein einziger erwachsener Araber bekehrte. Hat er seine Zeit vergeudet? Ich zog nach Spokane, um dort als Dozent zu unterrichten. Ich hatte den sicheren Eindruck, dass Gott diese Entscheidung mittrug. Zwei Jahre später verlor ich drei Angehörige bei einem Unfall, darunter auch die Person – nämlich Lynda –, die mit mir geglaubt hatte, es sei „Gottes Wille", dass wir nach Spokane zogen. Haben wir einen Fehler gemacht?

Es ist kaum ratsam, den Erfolg als Maßstab dafür zu nehmen, ob eine Entscheidung dem Willen Gottes entspricht. Erfolg kann ebenso wie Misserfolg irreführend sein. Erfolg kann uns selbstzufrieden und stolz machen; Misserfolg kann uns dazu bringen, uns noch mehr anzustrengen, um unsere Ziele zu erreichen. Außerdem kann sich ein scheinbarer Misserfolg doch noch als Erfolg erweisen und umgekehrt. Das lässt sich oft erst im Nachhinein erkennen.

Es wird allgemein angenommen, dass alles sich finden wird, wenn wir ein Projekt für Gott in Angriff nehmen. Aber das entspricht nicht der Wirklichkeit ... Vorhaben, die aus einem guten Geist entsprungen sind, werden ebenso Opfer von Katastrophen wie solche, die einem schlechten Geist entspringen. Erfolg war noch nie ein Zeichen für den Willen Gottes. Mutter Teresa hat es treffend beobachtet: „Gott beruft uns zum Glauben, nicht zum Erfolg." Mir erscheint das ein klares Zeichen dafür zu sein, dass eine bestimmte Sache Gottes Werk ist, wenn uns die Gnade geschenkt wird, im Angesicht von Schwierigkeiten und Enttäuschungen ohne Bitterkeit weiterzukämpfen.[57]

Eine Entscheidung ist etwas Endgültiges. Wir sollten keine Vermutungen darüber anstellen, was passiert wäre, wenn wir uns anders entschieden hätten. Natürlich haben die Folgen unserer Entscheidungen eine Bedeutung. Jede Entscheidung zieht Konsequenzen nach sich. Ich habe mich zum Beispiel entschieden, unverheiratet zu bleiben. Ich habe Freunde, die es lieber sähen, wenn ich wieder heiraten würde, und die mich dazu überreden wollen. Aber ich habe andere Freunde, die mich vor einer Wiederheirat warnen, weil sie wissen, wie schwer es ist, zwei halbe Familien zusammenzubringen.

In einem gewissen Sinn ist es egal, was mir wer rät. Denn ich habe entschieden, unverheiratet zu bleiben und meine Kinder allein großzuziehen. Ist es Gottes Wille, dass ich wieder heirate? Wer weiß? Ich weiß nur eines, dass es *nicht* Gottes Wille ist, dass ich mich wegen dieser Frage verrückt mache und das vernachlässige, was ich als den Willen Gottes erkannt habe – ich soll in den Lebensumständen, in denen ich mich heute befinde, Gott treu sein.

Entscheidungen bergen ein Risiko, selbst dann, wenn wir weise Entscheidungen treffen. Und bevor unsere Lebensuhr abläuft, wird jeder von uns die eine oder andere Fehlentscheidung getroffen haben; dann werden wir mit den Folgen leben müssen. Aber wir werden auch ein paar gute Entscheidungen getroffen haben. Doch auch dann werden selbst unsere besten Entscheidungen nicht immer gut ausgehen. Wir werden vielleicht eine Arbeitsstelle annehmen, die uns perfekt erscheint, nur um nach drei Jahren frustriert zu kündigen. Wir werden eine Person heiraten, die unsere kühnsten Träume übersteigt, und zehn Jahre später fragen wir uns, was denn eigentlich schief gelaufen ist. Wir werden mit hohen Erwartungen eine besondere Aufgabe im Reich Gottes übernehmen, doch dann erkranken wir und müssen vorzeitig ausscheiden. Wir werden guten Gewissens unsere Entscheidungen treffen, aber sie werden trotzdem nicht immer gut ausgehen. In solchen Augenblicken werden wir versucht sein uns zu fragen, ob unsere Entscheidung denn überhaupt dem Willen Gottes entsprochen hat.

Weil wir ganz natürlich zum Zweifel neigen, müssen wir Gott vertrauen und dürfen nicht zurückschauen. Das Leben läuft nicht immer so, wie wir es erwarten. Selbst unsere besten Absichten und Entscheidungen können zu Enttäuschungen, Misserfolgen und Leid führen. Aber wir sollten daraus keine voreiligen Schlüsse über den Willen Gottes ableiten. Die Geschichte unseres Lebens ist verworrener und wunderbarer, als wir uns je vorstellen könnten. Und sie ist noch nicht zu Ende.

In der Zwischenzeit gilt es, die anstehenden Entscheidungen zu treffen. Nach gebührendem Nachdenken entschließen wir uns vielleicht, einen Job auf Spendenbasis anzunehmen, umzuziehen, Single zu bleiben und uns einer bestimmten Gemeinde anzuschließen. Wir hätten uns auch anders entscheiden können. Wenn wir vorausblicken, werden wir viele gute Möglichkeiten erkennen, wie wir Gottes Willen tun können. Jede dieser Möglichkeiten *könnte* der Wille Gottes sein, aber nur eine *wird* der Wille Gottes für uns *werden* – und das ist die, für die wir uns entscheiden. Und das ist die Wahl, in der uns Gott segnend und erlösend begleiten wird. Dessen können wir uns sicher sein, weil Gott gut ist und weil er uns dazu geschaffen hat, dass wir zu ihm gehören. Thomas Merton hat gesagt:

> Unsere Berufung ist nicht nur einfach zu sein, sondern mit Gott an der Erschaffung unseres eigenen Lebens, unserer Identität und unseres Schicksals zusammenzuarbeiten. Wir sind freie Wesen und Söhne und Töchter Gottes. Das besagt, dass wir nicht nur passiv existieren sollen, sondern aktiv an Gottes kreativer Freiheit – in unserem Leben wie im Leben anderer – teilhaben sollen, indem wir seine Wahrheit wählen.[58]

Während wir unsere Entscheidungen fällen, während wir Erfolg oder Misserfolg erleben, während wir höchstes Glück erleben oder einen schweren Verlust erleiden – immer sollten wir daran denken, dass wir in der Gnade Gottes leben und auf seine souveräne Herrschaft vertrauen können. Mit der Zeit werden wir zurückblicken und ein Muster erkennen können. Wir werden erkennen, dass Gott bei uns gewesen ist und seinen unermesslichen Willen in unserem Leben verwirklicht hat. Wir werden beobachten, wie er seine Erlösungsgeschichte in unser Leben hineinschreibt. Gott setzt uns ein, um sein Reich zu bauen und alle Dinge zum Guten zu wenden. Am Ende werden wir erkennen, dass es nur einen Weg, einen Willen und ein Ziel gegeben hat. Und das ist das eine Ziel, das wir gewählt haben, und der eine Weg, den wir gegangen sind. Darin erfüllt sich Gottes großartiger Plan – ihm zur Ehre und uns zum Besten.

17

ALLES WIRD GUT

Letztlich kommt alles auf unsere Perspektive an. Alles, was ich hier über den Willen Gottes gesagt habe, erspart uns nicht die Schwierigkeit, Entscheidungen zu treffen, oder den Schmerz darüber, die Konsequenzen aus unseren Entscheidungen tragen zu müssen. Trotzdem können wir sicher sein, dass Gott uns segnet. Er wird durch die Entscheidungen, die wir treffen, sein Heil bewirken, weil es sein Wille ist, in Christus alles zurechtzubringen und die Schöpfung zu erlösen.

Wenn wir Gott und sein Reich an die erste Stelle setzen, wird jede unserer Entscheidungen zu seinem Willen für unser Leben. Mit anderen Worten, wir haben die *Freiheit*, Entscheidungen zu treffen, die *Zuversicht* zu wissen, dass unsere Entscheidungen dem Willen Gottes entsprechen, und die *Zusicherung* der liebevollen Gegenwart Gottes in unserem Leben, egal welchen Weg wir gehen. Wir können unseren Weg gehen und dürfen wissen, dass Gott ihn mitgeht. Er lässt uns nicht los; er verlässt uns nicht und lässt uns nicht im Stich. Gott wird das gute Werk, das er in uns angefangen hat, auch vollenden, egal welchen Weg wir einschlagen (vgl. Hebr. 13,5.6; Phil. 1,6). Gott steht zu uns.

Die Frage nach dem Willen Gottes stellt uns vor allem vor die Frage, wie wir in jedem Augenblick unseres Lebens für ihn leben, egal unter welchen Umständen. Unsere Absichten und unser Ziel zählen. Wenn wir uns vornehmen, für Gott zu leben, können wir darauf vertrauen, dass wir uns stets im Zentrum seines Willens befinden. Mit Gott können wir nicht verlieren. Er sorgt dafür, dass uns alle Dinge zum Besten dienen (vgl. Röm. 8,28).

Wir können unsere Kraft also auf den Weg als solchen konzentrieren und uns an dem freuen, was uns unterwegs begegnet. Die Reise selbst ist geheiligt, weil sie uns auf das Ziel hinweist. Jeder Schritt besitzt seinen Sinn. Oswald Chambers hat das so ausgedrückt:

> Was Menschen den Prozess nennen, nennt Gott das Ziel. Wenn du inmitten des Sturms fest stehen kannst, weil du Jesus siehst, dann ist das das Ziel Gottes in deinem Leben; und nicht, dass du sagen kannst: „Ich habe dies und das getan und nun ist alles gut." Gottes Ziel mit dir ist, dass du dich von ihm und seiner Kraft *jetzt* abhängig machst.[59]

Wenn unsere Reise einmal zu Ende ist und wir mit Gottes Gnade unser Ziel erreicht haben, werden wir erkennen, wie groß und wunderbar sein ewiger Plan ist. Wir werden in diesem herrlichen Augenblick erkennen, wie sich alles vollkommen ineinander fügt. Gottes Plan wird uns wie eine grandiose Landschaft erscheinen, die im goldenen Morgenlicht vor uns liegt. Es wird uns den Atem verschlagen.

Die Größe dieses ewigen Plans überwältigte schon Augustinus. In seiner *Gottesstadt* macht er sich daran, den Unterschied zwischen Gottes ewigem Plan und den begrenzten Plänen der Menschen aufzuzeigen; zwischen der Erlösungsgeschichte und der Menschheitsgeschichte oder, wie er es genannt hat, zwischen Gottes Stadt und der Stadt der Menschen. Die erste meint die Geschichte des Christentums, Gottes Plan, zu erretten und zu erneuern; letztere meint die säkulare Geschichte, die fruchtlosen Versuche der Menschen, die Geschichte auf ihre selbstsüchtigen Ziele hin zu verbiegen.

> Wir erkennen also, dass die beiden Städte von zwei Arten der Liebe geschaffen wurden: die irdische Stadt wurde von der Selbstliebe geschaffen, die so weit gedrungen ist, dass sie Gott verachtet; die himmlische Stadt von der Liebe zu Gott, die so weit geht, sich selbst zu verachten. Ja, die irdische Stadt rühmt sich ihrer selbst, die himmlische Stadt rühmt sich des

Herrn. Erstere sucht Ehre von den Menschen; Letztere findet ihren höchsten Ruhm in Gott, das Zeugnis eines guten Gewissens.[60]

Augustinus hat erkannt, dass niemand der himmlischen Stadt – den Jüngern Jesu – zusichern kann, dass ihr Leben auf dieser Erde leicht sein wird. Wenn etwas sicher ist, dann eher, dass ihr Leben hart sein wird, eben *weil* sie die Jünger Jesu sind. Trotzdem können sie froh und hoffnungsvoll sein, weil sie wissen, dass ihr Weg sie zu einem herrlichen Ziel führt.

> „Und deswegen wird ein solcher Mensch – wenn er das gegenwärtige Leben in einem solchen Geist annimmt, dass er es mit Blick auf das Ende in diesem anderen Leben einsetzt, auf das er von ganzem Herzen zustrebt und mit all seiner Zuversicht hofft – ohne jegliche Absurdität selbst heute glücklich genannt werden, wenn auch eher in seiner zukünftigen Hoffnung als in seiner gegenwärtigen Realität."[61]

Ob wir nun kluge oder unkluge Entscheidungen treffen, Gott wird gut bleiben, weil er sich uns verpflichtet hat. Er wird mit uns gehen, selbst wenn wir beschließen sollten, nach Kathmandu zu ziehen. Er wird sich als treu erweisen, ob wir nun Lehrer oder Manager sind. Er wird uns die Kraft geben, unser Eheversprechen zu halten, wenn wir uns entschließen zu heiraten. Er wird uns mit seiner Barmherzigkeit und seinem Trost nahe sein, wenn eines unserer Kinder an Krebs sterben sollte. Er wird für uns sorgen, selbst wenn wir gerade versucht haben, ein Unternehmen zu gründen und nun Bankrott anmelden mussten, wenn unsere Ehe scheitert, wenn wir eine Querschnittslähmung erleiden oder ins Gefängnis müssen. Er wird sein Angesicht über uns leuchten lassen, während wir unseren täglichen Arbeiten nachgehen, das Haus putzen, uns um einen kranken Nachbarn kümmern, wie jeden Tag zur Arbeit fahren und unsere

Kinder großziehen. Gott wird für uns da sein, weil er Gott ist.

Und das ist die wunderbarste Wahrheit, die es gibt: Letztlich hat der Wille Gottes weniger mit den Entscheidungen zu tun, die wir fällen – so wichtig die auch sein mögen –, als vielmehr mit der einen Entscheidung, die Gott bereits gefällt hat. Er will, dass wir ihn suchen, weil er bereits vor langem beschlossen hat, uns zu suchen. Gott, so schreibt es Thomas Kelly, ist der, der alles beginnt und ins Leben ruft.

> Die Religion ist nicht *unsere* Sorge; sie ist Gottes Sorge. Je eher wir aufhören zu meinen, *wir* wären die treibende Kraft der Religion, und entdecken, dass Gott am Werk ist – der Aggressor, der Invasor, der große Initiator –, umso schneller werden wir entdecken, dass unsere Aufgabe darin besteht, die Menschen dazu aufzurufen, *still zu sein und zu erkennen*, zuzuhören, aufzumerken auf die leise Einladung, die Gott uns durch sein sanftes Rufen ausspricht.[62]

Die biblische Geschichte vom verlorenen Sohn unterstreicht diese Wahrheit. Der jüngere der beiden Söhne verlangt sein Erbe, noch bevor sein Vater gestorben ist – im Nahen Osten war das damals eine Geste herber Verachtung. Er lässt sich sein Erbe in Geld auszahlen, damit er es überall hin mitnehmen kann. Das jüdische Gesetz ließ ein solches Handeln zu, auch wenn die kulturellen Traditionen es verurteilten. Doch wenn ein Sohn sein Erbe an Nichtjuden verlor, würde die jüdische Gemeinschaft ihn in einer offiziellen Zeremonie enterben, weil er seinen Vater entehrt und sein Vermächtnis missachtet hatte. Der verlorene Sohn wusste, dass er mit leeren Händen nicht nach Hause zurückkehren dürfte. Wenn er es dennoch tat, würde man ihn mit Schimpf und Schande davonjagen.

Er geht in ein fremdes Land und verprasst sein Geld, bis er völlig mittellos ist. Er ist am Ende so verzweifelt, dass er sich bei einem Schweinebauern verdingt, nur um an etwas Essbares zu kommen – die äußerste Erniedrigung, denn Schweine sind der Inbegriff der Unreinheit für einen Juden. Schließlich kommt er zur Besinnung und erkennt, dass er als Sklave im Haus seines Vaters besser dran wäre als hier. Er überlegt sich, was er seinem Vater sagen kann, denn er erwartet einen zornigen, abweisenden Vater, der seinen Sohn nur widerwillig anhören wird. Er legt sich die Worte zurecht, mit denen er seine Fehler eingestehen und vorschlagen will, seine Schulden beim Vater als Sklave abzuarbeiten. Und so macht er sich auf den Weg zum Haus seines Vaters.

Während der ganzen Abwesenheit des Sohnes hat der Vater Ausschau gehalten und sehnsüchtig auf die Rückkehr seines Sohnes gewartet. Er ist keineswegs zornig; er will ihn wieder sehen, obwohl der Sohn ihm solche Schande gemacht hat. Als er seinen Sohn kommen sieht, läuft er ihm entgegen – etwas, das ein Vater im antiken Orient niemals getan hätte. Ein gutes Stück vom Haus entfernt begegnen sie einander. Der Vater lässt den Sohn nicht aussprechen; er schließt ihn voller Liebe in die Arme und nimmt ihn wieder als seinen Sohn in die Familie auf. Er streift ihm einen Ring über den Finger, legt ihm ein Gewand über die Schultern und steckt ihm Sandalen an die Füße, um zu zeigen, dass er ihn als Sohn aufnimmt und nicht als Sklaven. Anschließend feiert er ein großes Fest, weil dieser Sohn „verloren war, jetzt hat er zurückgefunden".

Der Sohn wollte zurückkehren, um seine Schuld abzuzahlen und die Achtung seines Vaters zurückzugewinnen, doch der Vater hat schon längst beschlossen, ihm die Schuld zu vergeben und ihn als seinen Sohn anzunehmen. Es ist nicht der Sohn, der nach Hause zurückkehrt; es ist der Vater, der ihn nach Hause zurückführt. Der Vater hat seinen Sohn letztlich „gefunden" und alles gut werden lassen (vgl. Lk. 15,11–32). Jesus ist wie dieser Vater, er geht dem Sünder nach. Er lädt uns zu einer Beziehung mit ihm ein, obwohl wir sind wie der verlorene Sohn. Die Pharisäer hatten also durchaus Recht, wenn sie behaupteten, Jesus sei ein Freund der Sünder gewesen: „Empört zischten die Pharisäer und Schriftgelehrten: ‚Mit welchem Gesindel gibt der sich da ab! Und nicht genug, dass er mit ihnen redet: Er setzt sich sogar mit ihnen an einen Tisch!‘" (Lk. 15,2).

Die Geschichte vom verlorenen Sohn überwältigt mich immer wieder. Gott ist es, der die Initiative ergreift. Gott will unsere Erlösung. Gott ist bis in das Innerste seines Wesens gut.

Gott erwählt uns, schenkt uns seine Gnade und führt die Geschichte unseres Lebens zu einem heilvollen Ende. Das ist sein Wille. Und erst dann ruft er uns auf, in unserem Alltag seinen Willen zu tun. Die Gewissheit, dass wir mit unseren Entscheidungen im Willen Gottes stehen, hat nichts mit der Frage zu tun, ob wir uns weise entschieden haben – auch wenn wir zu unserem eigenen Wohl und zu Gottes Ehre Entscheidungen mit Weisheit abwägen sollten. Nein, diese Gewissheit hat mit der überfließenden Gnade Gottes zu tun. Er ist der Grund, warum wir mutig und zuversichtlich auf unserem Lebensweg voranschreiten können.

Jesus Christus ist der Beweis für Gottes Treue; er wird Gottes Plan erfüllen. Gott wird das letzte Wort haben – ein herrliches Wort.

> Was also könnte uns von Christus und seiner Liebe trennen? Leiden und Angst vielleicht? Verfolgung? Hunger? Armut? Gefahr oder gewaltsamer Tod? Gewiss nicht! Es heißt ja schon in der Heiligen Schrift: „Wie Schafe, die geschlachtet werden sollen, wird man uns deinetwegen überall verfolgen und töten." Aber dennoch: Wir werden über das alles triumphieren, weil Christus uns so geliebt hat. Denn da bin ich ganz sicher: Weder Tod noch Leben, weder Engel noch Dämonen, weder Gegenwärtiges noch Zukünftiges, noch irgendwelche Gewalten, weder

Himmel noch Hölle oder sonst irgendetwas können
uns von der Liebe Gottes trennen, die er uns in Jesus
Christus, unserem Herrn, bewiesen hat.
(Römer 8,35–38)

Julian von Norwich, ein englischer Mystiker des 14. Jahrhunderts, hat sehr gut verstanden, was diese letztendliche
Autorität Gottes bedeutet, die sich am Ende der Zeiten
ebenso herrlich erweisen wird, wie sie aber bereits durch alle
Zeiten hindurch am Werk ist.

> Denn so wahr wir alle ohne Ende in der Herrlichkeit
> Gottes leben werden, ihn preisend und ihm dankend,
> so wahr hat uns Gottes Vorsehung bereits vor allem
> Anfang in seinem unendlichen Heilswillen gesehen
> und erkannt ... Und wenn daher einmal das Urteil
> gesprochen ist und wir alle hinaufgelangt sind, werden
> wir in Gott ganz klar alle Geheimnisse erkennen, die
> uns jetzt verborgen sind. Und dann wird keiner von
> uns sagen wollen: Herr, wäre es anders gekommen,
> wäre alles gut gewesen. Nein, wir werden alle mit
> einer Stimme rufen: Herr, du bist gepriesen, denn so
> wie es ist, ist es gut; und nun erkennen wir wahrhaft,
> dass alles so geschehen ist, wie du es gewollt hast,
> bevor alles erschaffen wurde.[63]

Ich habe im ersten Kapitel erwähnt: Wenn mir mit 25 Jahren
jemand gesagt hätte, dass ich mit 40 Witwer sein, als Dozent
und Autor in Spokane leben und arbeiten und allein drei
Kinder großziehen würde, so hätte ich dies weit von mir
gewiesen. Aber ich konnte den Weg, den mein Leben
einschlagen sollte, nicht voraussehen oder erahnen. Und
heute liegt meine Zukunft ebenso im Ungewissen wie damals
die Gegenwart von heute.

Wer weiß, was geschehen wird? Gott weiß es, weil er
bereits in der Zukunft angekommen ist. Ich habe tief in mir

die Gewissheit, dass Gott etwas Wunderbares wirken wird. Für die Gegenwart reicht es mir, an Christus festzuhalten, meine Entscheidungen so weise zu fällen, wie ich kann, und immer wieder den Atem anzuhalten, wenn ich erlebe, wie sich mein Leben vor meinen Augen entfaltet. Alles ist gut.

Alles *ist* gut, weil Gottes Wille die Oberhand behält, selbst wenn das, was wir wollen, misslingt. Gott wendet für die, die zu ihm gehören, alle Dinge zum Guten.

Wir wissen nie, wie die Dinge ausgehen, aber wir wissen, dass Gott ihren Ausgang bestimmt. Er wird sie so ausgehen lassen, dass am Ende unsere Erlösung, unser Heil steht. Wir werden uns verlieben, einen neuen Job anfangen, einen geliebten Menschen zu Grabe tragen, unseren Kindern Lebewohl sagen, eine Katze halten, ein Vermögen an der Börse verspielen oder vielleicht unser Lebensende in Singapur verbringen. Manchmal werden wir den Willen Gottes an die erste Stelle setzen; manchmal werden wir es nicht tun. Doch trotzdem wird Gott alles zum Guten wenden, weil das seinem Wesen entspricht und weil dies sein Wille ist, sein Wille für unser Leben.

Anmerkungen

Kapitel 2

1 Thomas Merton, *New Seeds of Contemplation*, New York, New Directions 1961, S. 14.

2 Ignatius von Loyola, *Geistliche Übungen und erläuternde Texte*, Graz/Wien/Köln, Styria / Leipzig, Benno, 1978, S. 74.

3 Thomas von Kempen, *The Imitation of Christ*, Notre Dame, Ave Maria, 1989, S. 30. (Dt. Ausgabe Thomas von Kempen, *Nachfolge Christi*, Kevelaer, Butzon & Bercker, 1965 oder Kempen, Thomas, 1980 u.a.)

4 C.S. Lewis, *Pardon, ich bin Christ*, Basel, Brunnen, ⁷1988, S. 173.

5 Joseph F. Powers (Hg.), Francis de Sales: *Finding God Wherever You are: Selected Spiritual Writings*. Hyde Park, N.Y, New City, 1993, S.32.

6 Aurelius Augustinus, *Bekenntnisse*, 1. Buch, 1. Kapitel. Dt. Übersetzung bei Reclam 1888 u.a. © Eulogos (Intratext) 2001.

Kapitel 3

7 Anne Lamot, *Travelling Mercies,* New York, Pantheon, 1999, S. 100.

8 Ebd.

Kapitel 4

9 D. Bonhoeffer: *Nachfolge.* München, Chr. Kaiser, ¹³1937; S. 28.

10 D. Bonhoeffer: Ebd., S. 30.

Kapitel 5

11 Os Guinness, *The Call: Finding and Fulfilling the Central Purpose of Your Life.* Nashville, Word, 1998, S. 29.

12 Evelyn Underhill, *The Ways of the Spirit.* New York, Crossroad, 1990, S. 152.

13 Frederick Buechner, „The Calling of Voices", *The Hungering Dark,* New York, Seabury, 1981, S.27.

14 Os Guinness, *The Call,* aaO., S. 46.

Kapitel 6

[15] Anne Lamott, *Travelling Mercies*, aaO., 1999, S. 84.

[16] Elizabeth Elliot, *A Slow and Certain Light*, Nashville, Abingdon, 1973, S. 101.

[17] Sally Magnusson, *The Flying Scotsman: A Biography*, New York, Quartett, 1981, S. 75.

[18] Elizabeth Elliot, *A Slow and Certain Light*, aaO., S. 104.

[19] Parker Palmer, „On Minding Your Call – When No One is Calling", *Weavings* 11 (Mai/Juni 1996), S. 20.

[20] Elizabeth Elliot, *A Slow and Certain Light*, aaO., S. 108-9.

[21] Ebd., S. 99.

[22] Frederick Buechner, „The Calling of Voices", *The Hungering Dark*, New York, Seabury, 1981, S. 31.

[23] Mutter Teresa, *A Simple Path*, New York, Ballantine, 1995, S. 7.

[24] Thomas R. Kelly, *A Testament of Devotion*, New York, Harper & Row, 1941, S. 29.

[25] C.S. Lewis, *Die große Scheidung*, Gießen, Brunnen, 1998, S. 82 (Engl. Originalausgabe The Great Divorce © C.S. Lewis, 1947).

Kapitel 7

[26] Thomas von Kempen, *Nachfolge Christi*, Kevelaer, Butzon & Bercker, 1965, S. 10.

[27] Aurelius Augustinus, *Bekenntnisse*, 2. Buch, 5. Kapitel, aaO., © Eulogos (Intratext) 2001.

Kapitel 9:

[28] Chaim Pottok, *The Chosen*, New York, Ballantine, 1967, S. 265.

[29] M. Scott Peck, *The Road Less Travelled*, New York, Simon & Schuster 1978; S. 15.

[30] C. S. Lewis, *Dienstanweisung für einen Unterteufel*, Freiburg, Herder 1975, S. 77/78.

[31] Ebd., S. 59.

Kapitel 10

[32] Evelyn Underhill, *The Ways of the Spirit*, aaO., S. 206.

33 John Bunyan, *Pilgerrreise,* Lahr, Johannis, 1998.

34 C.S. Lewis, *Über den Schmerz,* München, Kösel, 1978, S. 134-5.

35 Victor Frankl, *Man's Search for Meaning,* New York: Simon & Schuster, 1984, S. 87

Kapitel 11

36 Charles Frazier, *Cold Mountain,* New York, Atlantic Monthly Press, 1997, S. 334. (Deutsch unter dem Titel: Unterwegs nach Cold Mountain, List/Ullstein).

Kapitel 13

37 Gordon Jackson (Hg.), *Quotes for the Journey: Wisdom for the Way,* Colorado Springs, NavPress 2000, S. 56.

38 Ebd., S. 15.

39 Richard Foster, *Celebration of Discipline,* San Francisco, HarperCollins, 1988, S. 35

Kapitel 14

40 Robert Huntford, *The Last Place on Earth,* New York, Athenum, 1979, S. 508-9.

41 Thomas Kelly, *A Testament of Devotion,* New York, Harper & Row, 1941, S. 102-3.

42 Sue Bender, „Everyday Sacred: A Journey to the Amish", *Utne Reader,* S. 99.

43 A. W. Tozer, *The Pursuit of God,* Harrisburg, Christian Publications, 1948, S. 127.

Kapitel 15

44 Jean Pierre de Caussade, *The Sacrament of the Present Moment,* San Francisco, Harper, 1966, S. 62.

45 Ebd., S. 63.

46 Evelyn Underhill, *The Ways of the Spirit,* aaO., 188-9.

47 Brother Lawrence, *The Practice of the Presence of God,* New York, Barbour, 1993, S. 27-28.

(Dt. Ausgabe unter dem Titel: Bruder Laurentius, Allzeit in Gottes Gegenwart. Metzingen, Ernst Franz, ⁴2000.)

48   Newsweek, 25. Okt. 1999, S. 64.

Kapitel 16

49   Corrie ten Boom, *Die Zuflucht,* Haan, R. Brockhaus (Brockhaus Taschenbücher Bd. 817).

50   Jean Pierre Caussade, *The Sacrament of the Present Moment,* aaO., S. 69.

51   Ignatius von Loyola, *Geistliche Übungen,* aaO., S. 133-135.

52   Ebd., S. 78f.

53   Powers (Hg.), *Franz von Sales,* aaO., S. 117.

54   Ignatius von Loyola, aaO., S. 79f.

55   Powers (Hg.), *Franz von Sales,* aaO., S. 118.

56   Ignatius von Loyola, aaO., S. 80.

57   Benedict J. Groeschel, *The Psychology of Spiritual Development,* New York, Crossroad, 1983, S. 156.

58   Thomas Merton, *New Seeds of Contemplation,* aaO., S. 12.

Kapitel 17

59   Oswald Chambers, *God's Workmanship,* Wheaton, Van Kampen, 1953, S. 37.

60   Aurelius Augustinus, *The City of God,* New York, Penguin, 1984, S. 593 (Dt. Ausgabe: Aurelius Augustinus, Vom Gottesstaat, 2 Bde., München dtv, 1997.)

61   Ebd., S. 881.

62   Thomas Kelly, *A Testament of Devotion,* aaO., S. 97.

63   Julian of Norwich, *Showings,* New York, Paulist, 1978, S. 341.

Brent Curtis / John Eldredge

Ganz leise wirbst du um mein Herz

Wie Gott unsere Sehnsucht stillt
272 Seiten. Fester Einband
Bestell-Nr. 3-7655-1816-6

„Das christliche Leben ist vor allem anderen eine Liebes-
affäre des Herzens."
Seit unseren Kindertagen kennen wir die Stimme, mit der
Gott uns sein Liebeslied zuflüstert. Ihr Flüstern ist hörbar
im Wind, sie lädt uns ein durch das Lachen guter Freunde.
Wir haben sie gespürt bei der Geburt unseres ersten Kindes
oder während wir den Glanz eines Sonnenuntergangs über
dem Meer beobachteten. Sogar in Zeiten großen persönlichen Leides ist sie gegenwärtig – in dem Verlust einer Ehe,
im Tod eines Freundes. Etwas ruft nach uns durch solche
Erfahrungen und weckt tief in unserem Herzen eine unstill-
bare Sehnsucht nach Intimität, Schönheit und Abenteuer ...
Und die Stimme, die uns von diesem Ort aus ruft, ist keine
andere als die Stimme Gottes.

*„Radikal offen reißen die Autoren Masken toter Rechtgläu-
bigkeit weg und nehmen mit auf die faszinierende Reise,
unsere persönliche Liebesgeschichte mit Gott neu zu entdecken. Dieses Buch hat die Gewissheit in mir vertieft, dass
Glaube nicht ohne Herzensbeziehung zu Gott überlebt."*
Ulrich Eggers, Redaktion AUFATMEN und JOYCE

BRUNNEN VERLAG GIESSEN
www.brunnen-verlag.de

Eugene H. Peterson

Wer den Himmel sucht, muss die Erde lieben

Gott im Alltag finden
288 Seiten. Fester Einband
Bestell-Nr. 3-7655-1818-2

„Wer den Himmel sucht, muss die Erde lieben" erzählt die
Geschichte des Menschen David in ihrer ganzen Größe und
Abgründigkeit.
Unter allen biblischen Figuren ist David vielleicht die
menschlichste. Er lebt sein Leben nicht auf der Schnell-
straße zum Himmel, sondern dort, wo es hart und kantig
ist; wo Siege gefeiert werden, aber auch Träume an der
Wirklichkeit zerbrechen.
Während wir David durch sein Leben begleiten und Zeugen
seiner Erfolge und Niederlagen werden, machen wir Ent-
deckungen: darüber, welche Rolle Gott in unserem Leben
spielt und wo er sich in unsere Wirklichkeit finden lassen
will.

*„Kenntnisreich, lebendig und mit großer Liebe erzählt
Eugene H. Peterson die Geschichten von David – und
spricht darin nicht zuerst über David, sondern über Leute
wie dich und mich."*

Richard Forster

BRUNNEN VERLAG GIESSEN
www.brunnen-verlag.de